NATIONALISME ONDER HET MES

Uitgeverij Fantom, Vrijheidstraat 3, B-2000 Antwerpen

Omslag Peter De Greef
Zetwerk Intertext
Foto voorplat Bert Hulselmans

ISBN 90 5495 528 7
D 2002 4765 1
NUGI 740/754

Ludo Dierickx

Nationalisme onder het mes

Kritiek van het politieke nationalisme in België en in het algemeen

Fantom
Antwerpen / Harmelen

INLEIDING

De titel van dit boek, van dit essay, is niet mis te verstaan. De bedoeling is niet het nationalisme neer te steken. Dit is niet mogelijk, daarvoor is het te machtig. Het is misschien zelfs niet wenselijk. De bedoeling is wel het nationalisme te analyseren, te dissecteren, te ontleden als op een operatietafel. Maar ook analyse is niet zonder risico.

Dit boek wil aanzetten tot studie en discussie. Studie en reflectie zijn nodig, ook in Vlaanderen, waar men geleerd heeft met nationalisme behoedzaam om te gaan. Het volstaat niet bepaalde nationalismen af te wijzen, rechtse nationalisten fascisten te noemen en alleen maar verdraagzaamheid te prediken. Er is meer nodig. Het is nodig meer inzicht te verwerven, beter te begrijpen. Het politieke nationalisme moet worden bestudeerd vanuit verschillende standpunten. Nationalisme is een machtig wapen, een mysterieus verschijnsel. Het neemt veelvuldige vormen aan en is bijna steeds aanwezig.

België is voor de studie van het politieke nationalisme een interessant terrein. Er doet zich een beweging voor die ingaat tegen een algemene trend in Europa. Op het einde van de tweede wereldoorlog ontstond de idee in de toekomst oorlogen te vermijden en onmogelijk te maken. De nationalismen moesten aan banden worden gelegd. De staten moesten afstand doen van soevereiniteit en zelfbeschikkingsrecht. Oorlogen, spanningen en conflicten moesten worden voorkomen. In plaats van naties achteraf te straffen voor agressief optreden, dienden structuren opgericht die eenzijdig en ongewenst nationaal handelen onmogelijk maakten. Vooral Duitsland moest in bovennationale structuren ingebonden worden.

Het Europees integratieproces begon met de oprichting van de EGKS. De zware industrie van Frankrijk en Duitsland werden aan elkaar geklonken en onder een Hoge Autoriteit geplaatst. Het was voor de zes lidstaten van de EGKS voortaan onmogelijk afzonderlijk wapenarsenalen aan te leggen. Het integratieproces zette zich voort in de EEG, de Europese Gemeenschap, de Europese Unie, de Monetaire Unie, de oprichting van een Europees leger...

In België ontwikkelde zich een proces in de andere richting. Aan de Belgische Gewesten en Gemeenschappen werden in het kader van een federaliserings-confederaliseringsproces in toenemende mate autonomie en zelfbeschikkingsrechten (waaronder feitelijke en grondwettelijke vetorechten) toegekend. Ongewenste eenzijdige uitoefening van deze zelfbeschikkingsrechten wordt in België niet voorkomen en niet negatief gesanctioneerd zoals in de EU maar gegarandeerd door de Grondwet en de Bijzondere Wet, gestemd in de opeenvolgende fasen van de staatshervorming. Inderdaad, de Belgische staatsstructuur kent geen normenhiërarchie, geen federale instantie die zich boven de gewestelijke kan plaatsen, die belangenconflicten daadwerkelijk kan beslechten en maatregelen strijdig met de federale loyaliteit kan vernietigen.

De Belgische politici hebben zich het nationalistische denken in zulke mate eigen gemaakt dat zij bij de minste moeilijkheid grijpen naar de gemakkelijkheidsoplossingen aangeboden door de nationalistische partijen: splitsen, defederaliseren, regionaliseren, communautariseren: economie, infrastructuurwerken, milieu, ruimtelijke ordening, landbouw, buitenlandse handel, ontwikkelingssamenwerking, administratief toezicht op gemeenten en provincies... morgen Sociale Zekerheid, Justitie, de NMBS. Zijn er verschillen, meningsverschillen, geschillen, dan ligt de oplossing voor de hand.

De oplossingen aangeboden door de nationalisten zijn niet alleen gemakkelijkheidsoplossingen, ze sussen ook de gewetens. Door de communautarisering van het gezondheidsbeleid zijn de Vlamingen niet meer medeverantwoordelijk voor eventuele misbruiken in Wallonië. Door de regionalisering van de wapenhandel kunnen de Vlamingen hun handen in onschuld wassen als er door Waalse wapens mensen doodgaan.

Het Belgische systeem is voor velen misleidend. Confederalisme geeft aan de deelgebieden het recht en de mogelijkheid (op een diplomatieke ondemocratische wijze in het kader van het zogenaamde coöperatieve federalisme), samen te werken, maar ook dit niet te doen, samenwerking te weigeren, te verbreken en elkaar stokken in de wielen te steken. Dat leidt dan tot blokkeringen, inefficiëntie en irritaties. Dat daar een groot gevaar schuilt wordt door velen nog niet gezien.

Deze feiten en nog te verwachten ontwikkelingen zijn redenen om de nationalismen in België te bestuderen en dit in een Europees perspectief. De Europese Unie staat voor een belangrijke uitbreiding. Ten minste tien staten uit Oost-Europa willen toetreden. Het zijn staten die hun nationalismen, begrijpelijk en gewettigd onder het sovjetregime, zullen moeten herzien.

Het is waarschijnlijk dat over bijna elke zin in dit boek discussie kan ontstaan. Het zou goed zijn. Vele nationaal voelenden zullen met verontwaardiging reageren. Zij moeten bedenken dat zij in onze wereld de meerderheid vormen, maar ook dat er op alle niveaus van de samenleving mensen nodig zijn die permanent of ten minste als het nodig is willen denken in andere dan nationale termen. De wereld, Europa en België hebben behoefte aan de actie van deze minderheid. Tot deze minderheid behoort de auteur van dit boek.

Een overzicht van de in Deel II uit *Belgen op de tweesprong* overgenomen stukken vindt de lezer achteraan in dit boek.

Ludo Dierickx
oktober 2002

EERSTE DEEL

Nationalisme in het algemeen en in België

Nationalisme, macht en mysterie

In dit boek wordt gepoogd in te gaan op de problemen in verband met het politieke nationalisme. Het is een uitnodiging om deze problemen te bespreken. Dit lijkt in België en Vlaanderen, gezien recente ontwikkelingen, dringend nodig.

Vele auteurs hebben in de loop der jaren waardevol feitenmateriaal verzameld. Enkele hebben gezagvol theorieën ontworpen en zijn erin geslaagd door hen voorgestelde definities in brede kringen ingang te doen vinden. Eugen Lemberg, Ernest Gellner, Ernst B. Haas, Benedict Anderson en anderen moeten in dit verband worden vermeld. Eugen Lemberg wees reeds op de overvloed aan feitenmateriaal en het gebrek aan theorie.[1] De vraag is of doorgedrongen werd tot het wezen van het politieke nationalisme, of het bestudeerd werd in zijn verschillende aspecten en ontwikkelingsstadia, – van zijn nauwelijks te ontwaren kiemen[2] tot zijn uitbarstingen –, in zijn interne en externe dialectiek en of er een afdoende verklaring werd gevonden voor de doeltreffendheid en het succes van het nationalistische discours.

Vragen betreffende het wezen, de aantrekkingskracht en de macht van het nationalisme moeten steeds weer worden gesteld. Ze beantwoorden is niet eenvoudig. Nationalisme neemt verschillende vormen aan en wordt verschillend benoemd: volksnationalisme, staatsnationalisme, democratisch nationalisme, rechts nationalisme, fascistisch, imperialistisch, bevrijdend, emancipatorisch,... nationalisme. In onze kleiner wordende, bedreigde en overbevolkte wereld, spelen de nationalismen meer dan ooit een rol.

De aandacht voor het nationalistische denken en handelen in dit boek betekent niet dat er geen aandacht moet gaan naar de andere politieke denkrichtingen. De evoluties die het socialistische, christen-democratische, liberale en ecologische denken ondergingen, zijn zeker het bestuderen waard. Hoe staat het met de continuïteit en de coherentie in deze gedachtestromingen? Een studie zou kunnen worden gewijd aan de standpunten waarmede ze zich profileerden in de loop van de laatste jaren. Hoe poogden de partijen zich tegen elkaar af te zetten? Hoe groeiden ze naar elkaar toe? Hoever verwijderden ze zich van hun oorspronkelijke ideologie? Hoe vervaagde hun denken? Is het succes van de nationalistische partijen niet voor een deel te wijten aan de ideologische verzwakking van de universalistische partijen en het ontbreken van fundamentele en mobiliserende spanningen tussen deze universalistische partijen? Was dit niet in het voordeel van de nationalisten? Deze vraag wordt niet gesteld in het kader van de discussie over partijvernieuwing in Vlaanderen. Ook het feit dat tal van beslissingen getroffen worden op bovennationaal en Europees niveau kan verklaren waarom Belgische politici zich vooral toeleggen op het hervormen van instellingen. Bij gebrek aan andere visies doen ze dit dan maar zoals gewenst door de nationalistische krachten.

Nationalisme bestuderen omdat het belangrijk is

Vragen betreffende het nationalisme moeten worden gesteld omdat op talrijke plaatsen in de wereld krachten ageren die zich openlijk nationalistisch noemen en omdat op nog meer plaatsen machten aan het werk zijn die zich niet openlijk nationalistisch noemen, maar als nationalistisch kunnen worden bestempeld. Denken we aan de conflicthaarden in ex-Joegoslavië, het Nabije Oosten, Oost-Europa, de Russische Federatie, Baskenland, Cyprus, Corsica, Ierland en vele andere in Azië en Afrika. In landen als Frankrijk, Oostenrijk, Italië, Duitsland, Hongarije, Rusland, België spelen formaties die zich nationalistisch noemen, een belangrijke politieke rol. Daarnaast zijn er de talloze programmapunten en doelstellingen waarvoor bewegingen, partijen en regeringen zich inzetten die nationalistisch te noemen zijn, omdat ze vanuit een nationaal of regionaal standpunt worden verdedigd. Mooi voorbeeld is de manier waarop de vijftien lidstaten van de Europese Unie in december 2000 in Nice de unanimiteitsregel en hun vetorechten hebben willen behouden en dit op het ogenblik dat er besloten werd de Unie uit te breiden tot wellicht vijfentwintig lidstaten. De vetorechten waarover de oude en nieuwe lidstaten zullen beschikken, ook bij de herziening van de verdragen, laten hen toe toegevingen van de andere lidstaten af te dwingen en chantage te plegen. Ze kunnen immers steeds eenzijdig de besluitvorming lamleggen als ze hun zin niet krijgen. Ze kunnen een 'do ut des'-politiek blijven voeren.

Nationalisme is een factor die samenwerking tussen naties bemoeilijkt en democratische integratie afremt. Als er toch bovennationale structuren totstandkomen zijn deze vaak gedoemd inefficiënt te blijven door de onwil van kleine minderheden die de besluitvorming blokkeren. De macht van het nationalisme, in dienst van de nationale economische en andere belangen, is vandaag binnen de EU zo groot dat aan de kleinste lidstaat met 300.000 inwoners nog steeds evenveel blokkeringsrechten toegekend worden als aan de grootste met meer dan tachtig miljoen inwoners.

Dat in onze wereld honderden miljoenen mensen in ellende en armoede leven en de aarde bedreigd wordt door ecologische catastrofen en massale vervuiling zonder dat daadwerkelijk ingegrepen wordt, is niet in de eerste plaats de schuld van het kapitalisme, maar wel van het nationalisme dat zich ten dienste stelt van de industriestaten. Als de rijkere landen weigeren de nodige inspanningen te leveren en minder dan 0,7% van hun BNP afstaan voor de hulp aan ontwikkelingslanden, is dat niet omdat ze kapitalistisch, racistisch of fascistisch zijn, maar omdat ze het nationale belang stellen boven het internationale. Ze staan op hun zelfbeschikkingsrecht, wat hen toelaat eerst aan het belang van het eigen volk te denken.

Studie en discussie zijn nodig, want alles laat vermoeden dat de conflicten van de toekomst er geen zullen zijn tussen kapitalisten en socialisten, tussen voor- en tegenstanders van de vrije markteconomie, tussen links en rechts, maar wel tussen de naties, die zich in bepaalde gevallen zullen verbinden met religies. De nationalismen zullen het politieke leven, o.a. volgens Francis Fukuyama, blijven beheersen.[3] Dit is de reden waarom er vandaag dringend behoefte is aan grondig kritisch denken over de rol van het politieke nationalisme, meer dan over die van het socialisme, het liberalisme, de christen-democratie en zelfs het ecologisme.

Binnen België speelt het nationalisme een belangrijke rol. Inderdaad, vergelijkt men de verwezenlijkingen in de laatste decennia van de christen-democraten, de socialisten, de liberalen en de groenen met deze van de nationalistische partijen en bewegingen aan beide kanten van de taalgrens, dan komen de nationalisten er niet slecht uit. Ze hebben hun stempel gedrukt op de structuren van het land en de vier universalistische partijen in hun termen doen denken en ageren. Dit laatste heeft de woordvoerders van deze partijen blijkbaar nooit verontrust.

Voor hen die het nut van studie en discussie zouden betwijfelen, mag eraan worden herinnerd dat, vooral sinds de vervanging van de huurlegers door volkslegers – onder meer op aanraden van Machiavelli[4] –, honderden miljoenen in nationalistische oorlogen het leven lieten. Want nationalistisch waren ze de oorlogen die in Europa werden gevoerd. De sinds de 18de eeuw tussen de naties uitgevochten oorlogen, waren er geen tussen dynastieën en religies zoals voorheen. Het waren geen racistische, geen fascistische, geen kapitalistische oorlogen, het waren nationalistische oorlogen tussen vaderlanden. Ook in de recente oorlogen in Joegoslavië bestempelden de strijdende partijen elkaar als nationalistische partijen, niet als religieuze.

Het nationalisme is niet alleen een kracht die gewelddadige conflicten kan ontketenen en oorlogvoerenden kan bezielen, het is ook een kracht die zonder aanwending van geweld kan leiden tot het vormen en/of opsplitsen van democratische staatkundige beslissingssystemen en het verbreken van solidariteitsbanden tussen mensen. Denken we maar aan het geweldloos uiteenvallen van Tsjechoslowakije en het in België aan de gang zijnde confederaliseringsproces.

Nationalisme kan allerlei vormen aannemen, van latent tot virulent, van romantisch tot zakelijk economisch, van gezapig tot extreem en fascistisch. Het verdedigen van het nationale eigenbelang is een algemeen verschijnsel en dit eigenbelang wordt volgens nationalisten het best verdedigd door een eigen soevereine staat. En indien die er niet is moet die er komen. Er onstaan dan ook in de wereld steeds meer door de UNO erkende onafhankelijke staten. Vooral taalgemeenschappen, eilanden en archipels – de enen beroepen zich op het bestaan van taalgrenzen, de anderen op het bestaan van natuurlijke grenzen – ontdekken hun eigen identiteit. Ze eisen als soevereine staten door de VN erkend te worden om deze eigen identiteit te kunnen verdedigen tegen hen die deze identiteit niet hebben. Gelet op het feit dat onze aarde ongeveer 5000 taalgemeenschappen en honderden bewoonde eilanden telt is er voor nationalisten nog heel wat werk aan de winkel. Er kan nog lang gestreden worden over wat al dan niet behoort tot oude en nieuwe staten.

HET HISTORISCH WARE

Reflectie en discussie over de institutionele hervormingen in eigen land zijn noodzakelijk. Ze zijn nuttig in een Europees perspectief. Het is echter de vraag of onze politici en publicisten voldoende stilstaan bij het aan de gang zijnde proces. Stellen ze zich vragen? Beschouwen ze het historisch ware niet te gemakkelijk als het ware, als de werkelijkheid waarvan moet worden uitgegaan? Het is niet omdat een nationalistische trend, uitgaande van historische oorzaken zich doorzet, dat hij niet het voorwerp kan zijn van discussie. Het is niet omdat het recht op een eigen staat voor elk volk in het verleden een waarheid was, dat dit vandaag nog zo is. Het is niet omdat meertalige staten, zoals België, in een relatief recent verleden als artificieel werden beschouwd en deze visie niet werd aangevochten, dat dit vandaag nog geldt.

Bij het zoeken naar verklaringen voor het bestaan van nationalistische stromingen wordt vaak verwezen naar feiten uit het verleden, – al dan niet verbonden met mythen – die aanleiding waren tot het ontstaan van nationalistische acties en reacties: geleden onrecht, ondergane vernederingen, aanvechtbare beslissingen bij het vastleggen van grenzen, niet-erkenning van eigen identiteit of natuurlijke grenzen. Vaak wordt gesteld dat bepaalde feiten uit het verleden aan de basis liggen van het ontstaan van nationalismen. In België is dat de manier waarop België in 1830 'artificieel' werd gevormd, Vlamingen vernederd en achteruit werden gesteld, de taalgrens werd vastgelegd…

Historici nemen vaak vrede met het zoeken naar het historisch moment waarop de nationalistische beweging in het daglicht treedt en het beschrijven van de evoluties die ze onderging. Het is hun taak niet het begrippenarsenaal van nationale bewegingen kritisch te bekijken. Ook in de literatuur, de politiek en zelfs in de politieke wetenschap staat men meestal kritiekloos tegenover basisgedachten uit het nationale denken: wanneer is een volk een volk, een natie een natie? Begrippen als vaderlandsliefde, nationale solidariteit, zelfbeschikkingsrecht voor alle naties, voorrang voor de eigen natie, nationale offerbereidheid, worden niet aan een kritisch onderzoek onderworpen. Vernederingen die bevolkingsgroepen ondergingen worden aangevoerd als verklaring voor nationalistische reacties. Betekent dit dat alle bevolkingsgroepen die ooit vernederd werden om die reden aanspraak mogen maken op een eigen soevereine staat? En juist omdat dit kritisch nadenken niet gebeurt in de geschiedenisboeken en de literatuur zijn deze begrippen zo onaangevochten in de geesten. Dit laatste feit is één van de verklaringen voor de macht van het nationalisme. Men staat argwanend tegenover het nationalisme maar gebruikt zijn begrippen.[5] De houding van geschiedkundigen is begrijpelijk. Men kan van hen niet verwachten dat zij gaan filosoferen over de houdbaarheid van politieke ideeën die in het verleden van determinerend belang waren. Zo was het mooi en eerbaar voor het vaderland te sterven en te doden. Ook moest elk volk streven naar grootheid en onafhankelijkheid. Verloren gebieden moesten heroverd worden en taalgrenzen moesten samenvallen met die van de staat. Dit was het argument van de nazi's bij de inlijving van Oostenrijk, Elzas en het Sudetengebied. Ook in ons land moest de taalgrens zoveel mogelijk overeenstemmen met de grenzen van de provincies.

Historici wekken vaak ongewild de indruk dat het historisch ware het ware is. Men kan inderdaad niet verwachten dat ze zich gelijktijdig gedragen als geschiedkundigen en als kritische filosofen. In elk geval is het zo dat politieke leiders vaak geneigd zijn voort te bouwen op ideeën die historisch waar waren, maar in een toekomstperspectief onbruikbaar. Bijvoorbeeld dat staten taalhomogeen moeten zijn.

De studie van het nationalisme moet beginnen met een analyse van de hierboven opgesomde en andere basisbegrippen. De analyse dient behoedzaam te geschieden omdat ze kan leiden tot de demystificatie van waarden waaraan mensen gehecht zijn. Voor de daarmee verbonden gevoelens moet respect opgebracht worden. Kritische bezinning is echter gewenst. In onze kleiner wordende wereld moet het nationalisme worden bestudeerd, o.a. omdat de interdependenties elke dag toenemen en er een groeiende behoefte is aan solidariteit en besluitvaardige bovennationale instellingen die aan deze solidariteit vorm en inhoud kunnen geven. Sommigen geloven dat het mogelijk is bovennationale, federale en andere politieke organen op te richten zonder te raken aan het nationale en nationalistische begrippenarsenaal. Ze zitten fout. Je kan niet pleiten voor bovennationale rechtsorde en gehecht blijven aan het zelfbeschikkingsrecht van elke natie. Je kan niet akkoord gaan met de aanstelling van een Europese regering en de verkiezing van een Europees parlement en blijven ijveren voor eentaligheid in partijen, vakbonden, ziekenfondsen, administraties. De zaak van de eigen nationale identiteit moet in een nieuw licht worden bekeken. De kijk op het nationale moet herzien worden wil men vermijden dat onze medeburgers morgen binnen de Europese Unie in de oude nationalistische termen blijven denken. Als ze dat doen, zullen zij door nationalistische middelpuntvliedende krachten al te gemakkelijk worden gemobiliseerd en zal de Europese democratische solidariteit op drijfzand gebouwd zijn. Met een overdrijving mogen we zeggen dat er bij de totstandkoming van de Europese Unie een ander begeleidend bewustwordingsproces moet plaatsvinden dan dat wat de Belgen beleefden bij het onstaan van België. De Europese samenleving mag niet worden gezien als een 'artificiële', door vreemde krachten gewilde constructie.

Deze visie druist in tegen de stelling van de zogenaamde institutionalisten, onder wie Altiero Spinelli, toonaangevend lid van het Europees Parlement. Deze gingen ervan uit dat het volstond bovennationale democratische instellingen op te richten om de mensen ertoe te bewegen in bovennationale termen te denken en het oude nationalisme af te schudden. Ze rekenden op de heilzame 'dialectiek der structuren' die een verschuiving in de loyaliteiten (a shifting of loyalties) zou teweegbrengen. Dat deze verschuiving in het denken van de politici en de burgers niet automatisch plaatsgrijpt, blijkt uit de Belgische geschiedenis. België had en heeft nog democratische instellingen en toch worden de gemeenschappen uit elkaar gedreven.

HISTORISCH EN INTERNATIONAAL PERSPECTIEF

Het volstaat niet het nationalisme te beschrijven en na te gaan welke min of meer dramatische gebeurtenissen aan de basis lagen van bepaalde ontwikkelingen en van het onheil dat werd aangericht. Er moet ook gezocht worden naar de psychologische, sociaal-psychologische, politieke en conflictologische factoren die genoemde historische gebeurtenissen zo belangrijk maakten. Onder meer door de vorming van mythen die vaak mettertijd veranderingen ondergingen, zoals bijvoorbeeld deze i.v.m. de Guldensporenslag, die eerst dienstig waren voor het Belgische, later voor het Vlaamse identiteitsbewustzijn.

Om het nationalisme beter te begrijpen is het niet alleen nodig het te plaatsen in een historisch maar ook in een internationaal perspectief. Hoe was het nationalisme vroeger en hoe is het nu? Hoe is het bij ons en hoe is het elders?

Zelfvoldaan gaan regionale politici in België door met hun streven naar gewestelijke machtsuitbreiding. Ze zijn tevreden met de reeds bereikte machtsopdeling, maar willen verder gaan. Ze verheugen zich over de goede sfeer waarin de splitsingen beslist worden, maar laten na hun actie te situeren in een ruimere historische en transnationale context. Ze zien niet hoezeer ze bijdragen tot het vergroten van het belang van het nationalistische denken. Ze zouden het proces waaraan ze deelnemen moeten vergelijken met processen die zich voordoen in andere landen. Ze zouden hun politiek discours kunnen vergelijken met dat van collega's uit andere Europese gewesten: Noord-Italië, Baskenland, Cyprus, Corsica, Schotland... Interessant zijn vergelijkingen met het discours van leiders van de acht Joegoslavische deelstaten in de jaren voor de burgeroorlog. Nuttig te lezen is het boek van Raymond Detrez *De sloop van Joegoslavië*. In het hoofdstuk 'Nationale partij-aristocratieën' schrijft hij: '*... elke politieke instelling, dus ook de rege-*

ring van de deelstaat, streeft nu eenmaal naar de uitbreiding van haar bevoegdheden... Naarmate de bevoegdheden van de deelstaten groeiden, en dat deden ze de hele tijd, groeide ook de afhankelijkheid van de burger. Wie op een of andere manier wel voer bij de lokale partij-elite, kon alleen maar hopen dat haar bevoegdheden zouden uitgebreid worden. Deze situatie vormde een sterke motor achter het federaliseringsproces... De partij-elites in de deelstaten drongen voortdurend aan op uitbreiding van hun politieke bevoegdheden, in naam van de democratie, of van het socialistisch zelfbestuur, of van een beter bestuur, of van de homogeniteit van de bevoegdheden, of van de autonomie van de bevolking.' De overeenstemmingen zijn opvallend. Het eigen nationalistische discours in de eigen taal klinkt vertrouwd. Vertaald in een andere taal, bijvoorbeeld het Duits, stoort het. Het nationalistische discours tussen Vlamingen en Franstaligen mag in het Belgisch parlement. We zijn ermee vertrouwd. Dat het ongewoon is binnen een federatie merken we niet meer. In andere federaties zou zo een taal niet worden geduld.

NATIONALISME, FASCISME, RACISME

Het is omdat nationalisme alom aanwezig is en nog meer zal zijn in de toekomst (o.a. omdat de traditionele ideologische spanningen aan belang verliezen), omdat de nationalismen verschillende gedaanten aannemen en nationalistische conflicten niet te vermijden zullen zijn, dat het nationalisme moet worden bestudeerd. Soms lijkt het alsof men het wil wegdenken. Kijk maar hoe in ons land vlijtig wordt betoogd tegen fascisme en racisme, maar niet tegen nationalisme. Met nationalisme wordt behoedzaam omgegaan, net alsof nationalisme niet evenzeer als fascisme en racisme onheil aanricht. Overigens, fascisme en racisme zijn zonder nationalisme onleefbaar. Er heeft nooit een fascisme bestaan dat niet stoelde op nationalisme, op volksnationalisme. Zonder nationalisme is fascisme ondenkbaar. Meer nog, nergens bestaat er multinationaal, meertalig fascisme. En racisme? Liggen racisme en nationalisme niet in elkaars verlengde? Beide discrimineren op basis van elementen die onafhankelijk zijn van de menselijke wil. Als mensen sterven in bombardementen, in zelfmoordaanslagen, in genocides dan is dit niet omdat ze schuldig zijn of verantwoordelijkheden dragen maar omdat ze behoren tot staten, naties en volksgemeenschappen, zelfs niet tot rassen. In ons land willen velen samen met Turken en Marokkanen democratisch beleidsbeslissingen treffen, maar niet met mensen behorend tot de andere taalgemeenschap. Men vindt het normaal het kijk- en luistergeld af te schaffen alleen voor de Vlamingen, niet voor de Walen.

Men spreekt van democratisch nationalisme, maar ook dat staat op het behoud van het zelfbeschikkingsrecht, voert een politiek ten overstaan van asielzoekers en buitenlanders en wil zelf en eenzijdig beslissen in welke mate het solidair is met andere volkeren. Over nationalisme en democratie is veel te zeggen. Dit thema wordt verder in dit boek behandeld.

De vraag is: waarom gaat men vooral tegen het fascisme te keer en laat men het nationalisme onaangeroerd? Waarom zoveel omzichtigheid? Waarom is nationalisme zo zelden het thema van debatten, in een tijd waarin de debatcultuur zo hoog in het vaandel gedragen wordt? Heeft men het fascisme voldoende bestudeerd en zijn de banden met het nationalisme niet ontwaard?

MENSEN OF NATIES?

Wat er ook van zij, het nationalisme in al zijn verschijningsvormen speelt een dominante rol. Velen zijn geneigd de natie centraal te stellen en de wereld te zien zoals Johann Gottfried Herder, de vader van het Duitse nationalisme, dit deed. Volgens Herder was de wereldgemeenschap een gemeenschap van naties, niet van mensen, niet van individuen. De naties waren de eerste dragers van rechten en plichten. Het ging volgens hem niet om het belang van de aardbewoners, maar om het belang van naties en volkeren. De conflicten ontstonden niet tussen concreet levende mensen, maar tussen naties. Er werden geen afspraken gemaakt tussen mensen, maar tussen naties. Er wordt niet gestreefd naar de gelijkheid, de vrijheid en de rijkdom van de mensen, maar naar de gelijkheid, de vrijheid (de soevereine vrijheid) en de rijkdom van staten, net alsof dit hetzelfde zou zijn. Herder vond wel dat de vaderlanden elkaar moesten bijstaan en rustig naast elkaar liggen: '... *sie liegen ruhig nebeneinander und stehen sich als Familien bei.'* Dat dit niet het geval is bewijst de geschiedenis.

Dat zij die pleiten voor vrede en bovennationale afdwingbare rechtsorde kritisch staan tegenover nationaal en nationalistisch denken ligt voor de hand. Doch ook zij die met hun bewegingen (NGO's) strijden tegen armoede, honger, ziekte, werkloosheid, schending van mensenrechten, (zoals Amnesty international) vervuiling van lucht en water en tegen de vernietiging van de natuurlijke en culturele patrimonia (zoals Green Peace) kunnen niet anders dan nadenken over de macht van de nationalismen die hun acties dwarsbomen. Ze mogen het nationalisme niet wegdenken. Het bedient zich van het zelfbeschikkingsrecht. Denken we maar aan de onwil van de USA mede te werken aan de vermindering van CO2 emissies en aan Japan dat weigert de walvisvangst te beperken. Denken we maar aan de landen die hun kerncentrales bij voorkeur plaatsen vlak bij hun grenzen met buurlanden: Frankrijk, Tsjechië...

Het nationale denken en het nationalisme – de dekmantel voor collectieve egoïsmen – zijn dominant in de internationale en nationale politieke machtsstrijd. Indien ze niet gekanaliseerd en aan banden gelegd worden, kunnen ze vooruitgang verhinderen en bijdragen tot uitbuiting, onrecht, discriminaties, uitsluiting, vervolgingen en oorlog. Om al deze redenen is nationalisme een belangrijk politiek verschijnsel en moet het worden bestudeerd, ook wanneer studie kan uitmonden in pijnlijk aangevoelde demystificaties. Voor studie en reflectie kan informatie en inspiratie gevonden worden in het Europees integratieproces en in het desintegratieproces dat in België aan de gang is. Het gaat hier om twee belangrijke politieke processen waarrond de burgers door de politieke partijen echter niet worden gemobiliseerd. Dit is opvallend in een tijd waarin men het voortdurend heeft over democratie en participatierechten. Het is jammer want het werkt studie en reflectie niet in de hand.

Mijn aanloop tot een reflectie over het onbegrijpelijke en het mysterieuze in de nationalismen is de hierna volgende ongewone beschouwing.

Bekijkt men de mensheid, dan is de dominante macht van het nationalisme inderdaad een mysterie, een onbegrijpelijk verschijnsel. Enerzijds is er de verdelende macht van de nationalismen, anderzijds is er de opvallende eenheid van het menselijke geslacht. De eenheid springt in het oog, niet de verscheidenheid. Alle menselijke wezens lijken op elkaar en zijn onmiddellijk als mensen herkenbaar. Alle mensen beschikken over het woord en het abstractievermogen. Herder moest zelfs toegeven dat er op aarde eigenlijk maar een alfabet bestaat. *'Woher kommt's, dass doch fast nur ein Alphabet auf dem Erdboden sei?'* Daarbij komt dat elke man samen met elke vrouw gezonde kinderen kan verwekken. Mensen uit alle streken van de wereld kunnen zich tot elkaar lichamelijk en intellectueel aangetrokken voelen. Kinderen spelen probleemloos met elkaar en taalproblemen worden overwonnen wanneer het verlangen daartoe bestaat. Op uitzonderingen na zijn alle aardbewoners beducht voor krijgsgeweld en hebben ze een afkeer van oorlogsstokers. In normale omstandigheden hebben ze begrip voor elkaars lijden en zijn ze bereid solidariteit te betonen, vooral wanneer ze daartoe door gezagsfiguren aangespoord worden. Deze mening wordt gedeeld door Etienne Vermeersch. In zijn boek *De ogen van de panda* (Uitg. Marc van de Wiele, Brugge 1988) schrijft hij dat het *'naastebegrip' reeds wordt aanvaard en dat de houding van medemenselijkheid aanwezig is tegenover alle actuele menselijke wezens die lijden en het geluk kunnen ervaren, tot welk ras of volk ze ook behoren.'*

HET WEET-, LEED- EN VERGEETVERMOGEN

De onbegrijpelijkheid van de nationalistische houding komt nog meer tot uiting als men het volgende bedenkt. De aarde bestaat volgens de wetenschap vier à vijf miljard jaar en de zon kan nog een paar miljard jaar instaan voor het behoud van organisch leven op onze planeet. Van deze miljarden jaren kunnen wij, mensen, er enkele (60, 70, misschien 90, als het meevalt) bewust meemaken. Alleen de mensen, – die zich daardoor onderscheiden van de andere op de aarde levende wezens – kunnen vragen stellen, ontelbare vragen, zelfs vragen betreffende hun capaciteit vragen te stellen. Vragen over de oneindigheden die hen omringen, vragen over de grenzeloosheid te midden van dewelke zij zich gedurende hun korte leven bevinden: oneindigheid in tijd (miljarden jaren) en ruimte (de sterren bevinden zich op lichtjaren afstand van hun, wellicht enige, bewoonde planeet). Duizelingwekkend, als je het bedenkt. Ze kunnen niet alleen vragen stellen, ze kunnen ook hun eigen denken en voelen vanuit een tweede 'ik' (of is dit hun eerste 'ik'?) in het oog houden en in zekere mate leiden en manipuleren.

De leden van deze soort hebben nog een ander kenmerk waardoor ze zich onderscheiden van de andere op aarde levende schepselen. Ze hebben een zeer groot lijdensvermogen. Ze kunnen bijzonder intens en langdurig lijden. Dit is het gevolg van hun groot weet- en beperkt vergeetvermogen. In tegenstelling, waarschijnlijk, tot alle andere levende wezens, kunnen mensen weten welk lijden hen onafwendbaar te wachten staat en eens geleden leed kan hun gemoed een leven lang zwaar belasten. Denken we maar aan de angst en aan het leed van ouders die kinderen verloren. Zij kunnen niet vergeten, ook als ze dit zouden willen. Het leedvermogen is immens, het vergeetvermogen beperkt. Dit behoort tot de tragiek van 'la condition humaine'. Mensen kennen niet alleen het leed dat ze zelf te verduren hebben, ze kennen ook het leed dat hun medemensen ondergaan. Ze kunnen meeleven en meevoelen. Volgens A. Schopenhauer ontstaat hieruit de moraal. Tegenover de bekwaamheid van de mens met anderen mee te leven en medelijden te voelen staat echter ook zijn zijns- en geldingsdrang. Deze bevredigt hij o.a. door het 'zijnsrecht' en de geldingsdrang van medemensen te beperken en te onderdrukken. (Zie *Te rade bij Sade*)

Omwille van hun ongewone kwetsbaarheid en groot lijdensvermogen zijn menselijke wezens bijzonder meelijwekkend en medelijdenwaardig. Dit zou een reden moeten zijn om gedurende het korte verblijf op aarde voor elkaar goed, verdraagzaam, hulpvaardig en inschikkelijk te zijn. Dit is echter niet het geval. Velen zijn niet goed en niet bereid zich te schikken. Ze staan op hun zelfbeschikkingsrecht. Als enkelingen dit doen en zelf willen bepalen wat recht en onrecht is, wat goed en kwaad is, belanden ze al vlug in één of andere instelling, als gestoorden of misdadigers. Prof. B.V.A. Röling noemde misdadigheid de zelfbeschikking of soevereiniteit van het ik en het ogenblik.

De toestand is heel anders, als niet individuen of kleine benden, maar grote bevolkingsgroepen, onder leiding van culturele en politieke leiders weigeren zich te schikken, aanspraak maken op het recht zelf te bepalen wat goed en kwaad is en het zelfbeschikkingsrecht opeisen.

Als de eis uitgaat van een volksgemeenschap, wordt de zaak heel anders bekeken. De eis is dan een respectabele eis. Het recht wordt dan een heilig recht: het heilige recht eenzijdig beslissingen te treffen en geen rekening te houden met de wil en de belangen van andere groepen. Waarom dit zo is, is een discussie waard. Zeker is dat het zelfbeschikkingsrecht van de volkeren en de naties de diepere en ware oorzaak is van onrecht, uitbuiting, discriminaties, wanorde, koude en warme oorlogen. Niet territoriale aanspraken, revanchisme, economische expansiedrang, machtshonger zijn de diepere oorzaken van tussenstaatse conflicten, ze zijn slechts de aanleidingen. De ware oorzaak ligt in de soevereiniteit der naties die geen bovennationale rechtsinstanties en politiemachten erkennen en dulden om hun conflicten vreedzaam en geweldloos op te lossen en dus aangewezen zijn op hun eigen economische en militaire macht om recht, hun recht, te doen gelden. Lees Emery Reves *Anatomy of peace* (Elsevier, Amsterdam, New York 1947).

Het onderscheid tussen de verschillende aanleidingen tot krijgsverrichtingen en de permanente diepere oorlogsoorzaak moet worden gemaakt. De diepere oorzaak is het ontbreken van een bovennationale rechtsorde. Dit wil zeggen van federale rechtsorde, wat iets anders is dan confederale 'wanorde', omdat in een confederale relatie de staten hun zelfbeschikkingsrecht behouden. Het onderscheid tussen 'federaal' en 'confederaal' moet duidelijk worden gemaakt. Velen geloven immers dat er tussen beide slechts een gradatieverschil bestaat. Federalisme zou dichter staan bij eenheid dan confederalisme. Confederalisme is echter niet een beetje minder federalisme, maar het tegenovergestelde ervan.

Het zelfbeschikkingsrecht dat de naties het 'recht' geeft met een gerust geweten hun nationale eigenbelang na te gaan wordt eigenaardig genoeg nog steeds door de andere natiestaten respectvol erkend. Alle willen zich immers, telkens dit nodig is, op dit recht kunnen beroepen om hun nationale eigenbelang te vrijwaren. Het zelfbeschikkingsrecht wordt door de machtigen bijna nooit aangevochten (de laatste tijd is er wel een evolutie te bespeuren o.a. binnen de EU) omdat ze niet bereid zijn hun eigen machtsbasis te ondergraven.

In het ontbreken van een bovennationale rechtsorde ligt één van de verklaringen voor het permanente succes van het nationalisme, niet voor het mysterie van het nationalisme zelf. Bovennationale wetteloosheid leidt tot mobiliserende spanningen, maar verklaart niet wezen en inhoud van de nationalismen waartussen de spanningen ontstaan.

DE DUIVELSE KRINGLOOP

De tegenstelling valt op. De macht van het nationalisme dat staten opricht en aan de basis ligt van ontelbare catastrofen is onbegrijpelijk. Enerzijds is er de grote eenheid van het menselijke geslacht, die alle aardbewoners zou moeten verbinden en aanzetten tot solidariteit. Anderzijds slagen leiders er voortdurend in de solidariteit te verbreken en de aardbevolking te compartimenteren op basis van bijkomstige factoren: bergketens, waterlopen, kusten; verschillen in taal (ze zeggen hetzelfde met andere woorden); religie (ze bidden anders); geschiedenis, gewoonten, welstand... Met het oog op machtsbehoud en machtsverwerving worden bijkomstige (culturele) verschillen opgeblazen, gesacraliseerd, aangewezen als irriterend, gedramatiseerd, beschouwd als bedreigend of verheven tot criteria voor natievorming en tot redenen om solidariteitsbanden te smeden en te verbreken.

Deze criteria voor groepsvorming worden echter ook (vaak met goede redenen) aangewend in het verweer tegen imperialistische groepen die hun macht misbruiken. Als een nationalisme zich keert tegen een groep, bijvoorbeeld die van de joden, dan is het voor de hand liggend dat deze groep zich weert door het verzamelen van al diegenen die jood zijn en aan bepaalde criteria beantwoorden. Door de actie van agressieve nationalismen en nationalismen die zich daartegen te weer stellen komt de mensheid terecht in een duivelse kringloop van nationalismen die elkaar voeden en rechtvaardigen. Het nationalisme is een mysterieus verschijnsel maar de kettingreactie die erdoor ontstaat is goed te begrijpen.

Waarom het in onze beschaafde wereld zo moeilijk is deze duivelse kringloop te doorbreken, zelfs binnen de EU, is het te bestuderen probleem. Hierbij moet nogmaals de vraag worden gesteld: kan het zelfbeschikkingrecht der naties voldoende aan banden worden gelegd zonder te raken aan het nationalisme? Kan men het zelfbeschikkingsrecht beschouwen als een gevaar en het nationalisme, waaruit dit recht geboren wordt, onaangeroerd laten? Kan men nationalisme blijven zien als een waardevolle factor in de menselijke samenleving? Kan men het nationale zelfbeschikkingsrecht veroordelen zonder het nationalisme aan te vallen en te pogen zijn onbegrijpelijke, mysterieuze kracht te ontsluieren? Hoe slaagt het nationalisme erin de mensheid te compartimenteren en redeneringen van toepassing op de individuen, de gezinnen en de families te transponeren naar het niveau van naties en natiestaten?

Voortschrijdend nationalisme

EEN DUBBELE EVOLUTIE IN EUROPA

Staatslieden verkondigen vaak, meestal in plechtige toespraken, dat zij tot het inzicht gekomen zijn dat er zich in de moderne wereld een 'interessante' dubbele evolutie voordoet: enerzijds tendeert onze wereld naar éénheid en globalisering, anderzijds naar decentralisatie en uitbreiding van lokale, regionale en nationale zelfstandigheid. Kenmerkend voor deze uitspraken, die men steeds weer kan horen – vele redenaars laten uitschijnen dat ze op eigen houtje tot het inzicht zijn gekomen – is dat beide evoluties voorgesteld worden als door de natuur en hogere krachten, ook als door de volksmassa's, gewild.

Dat de technologische en economische evoluties de creatie van steeds grotere samenwerkingsverbanden in de hand werken zal niemand ontkennen. In zekere zin zou kunnen worden gesproken van een soort materialistisch determinisme: de beslissingsstructuren passen zich aan aan de nieuwe economische werkelijkheid, 'de zogenaamde onderbouw', teweeggebracht door de aanwending van de moderne communicatietechnieken. Er ontstaan steeds meer multinationale ondernemingen; de Europese Unie streeft naar uitbreiding; grenzen vallen weg, de monetaire unie is een werkelijkheid; de Europese Centrale Bank heeft een stuk macht in handen genomen.

De militaire interventies tegen Irak, in Somalië en Joegoslavië, wapenembargo's en andere maatregelen tegen schenders van mensenrechten, de opstelling van UNO-blauwhelmen, wijzen erop dat de internationale gemeenschap een grotere rol speelt en minder respect toont voor de nationale soevereiniteit. Er wordt een aanzet gegeven tot het scheppen van een begin van bovennationale rechtsorde. Deze laatste evolutie vindt haar verklaring vooral in moreel-politieke factoren, de eerste meer in economisch-technologische.

In de trend naar internationalisering en europeanisering speelden de politieke universalistische partijen quasi geen rol. De oprichting van grensoverschrijdende Europese semi-diplomatieke, semi-democratische politieke beslissingssystemen was niet de zaak van de drie of vier grote politieke families, de socialistische, de christen-democratische, de liberale, de ecologische. Drijvende krachten waren veeleer de producenten van goederen en diensten, de industriëlen, – zij stonden meer onder druk van de technologische en economische evoluties – en in zekere zin de criminelen, die zich transnationaal organiseren, en de politici en diplomaten dwingen de politiediensten te europeaniseren.[6]

De volksmassa's speelden geen rol – de massa's werden niet gevraagd, waren er niet tegen, werden niet gemobiliseerd door de politici. Ontegensprekelijk hebben bepaalde politici in het

Europese eenwordingsproces een vooraanstaande rol gespeeld – denken we aan figuren als Altiero Spinelli, Jean Monnet, Robert Schuman, Alcide De Gasperi, Paul-Henri Spaak, Konrad Adenauer, Helmut Kohl, François Mitterrand, Jacques Delors –, maar men kan niet zeggen dat één of meer politieke families zich hebben ontpopt als de Europese drijvende kracht en zich ten dien einde transnationaal structureerden. De oprichting van bovennationale instellingen was niet de zaak van de politieke partijen. Deze bleven ageren binnen de omheiningen van de nationale arena's, maar weerden zich ook niet tegen de beslissingen genomen door de diplomaten, de ministers van buitenlandse zaken en de regeringsleiders. Men moet zich dus genuanceerd uitdrukken als men het heeft over de eerste trend, deze die taken en bevoegdheden overhevelt naar het bovennationale niveau, o.a. naar het Europese.

De vraag is nu of de andere trend, de regionalistische en nationalistische, die gezien wordt als de tegenbeweging en leidt tot decentralisatie en oprichting van autonome en onafhankelijke staatkundige entiteiten, evenzeer, als de tendens tot globalisering, zijn oorzaak vindt in technologische en economische veranderingen. Als uit de nieuwe technologische en sociaal-economische werkelijkheden de behoefte ontstaat de politieke en economische beslissingssystemen trans- en bovennationaal aan te passen, zijn dan de nieuw gecreëerde bovennationale beslissingssystemen te zien als de oorzaak van de tegenreactie die streeft naar compenserende decentralisaties? Is deze reactie tegen bovennationale concentraties te beschouwen als een spontane, een door de natuur, hogere krachten of stuwende volksmassa's (niet door de politici) gewilde reactie? Gebeuren de decentralisaties omdat de politici daartoe gedwongen worden door het volk of een hogere noodzaak? Zijn de pleidooien, o.a. in Duitsland voor meer autonomie voor de Länder, ingegeven door duistere krachten, door volkse verlangens, door de vrees voor Brussels centralisme of eenvoudigweg door de bevoegdheidshonger van regionale mandatarissen?

Het lijkt duidelijk dat de initiatieven tot verdere decentralisatie binnen bestaande staten en tot uitbreiding van de autonomie van regionale besturen uitgaan van kleine politieke elites, die in de globalisering en de Europeanisering, vaak terecht, argumenten vinden om hun regionale bevoegdheden uit te breiden. In de trend, die ijvert voor decentralisaties, spelen de politieke partijen, en vooral hun elites, een essentiële rol. In elk geval is de rol van de politieke formaties hier belangrijk. De rol van de politieke partijen is hier uitgesproken aanzienlijker dan in het streven naar Europeanisering van beslissingsorganen.

De vraag kan echter uitgebreid worden. De neiging bestaat immers de spanningen in Baskenland, Corsica, Ierland, ex-Joegoslavië, Tsjechië en Slowakije, Noord-Italië, Vlaanderen, Wallonië, streken waar het gaat om autonomie en onafhankelijkheid, te zien in hetzelfde perspectief, dat van de regionalistische en nationalistische tegenbeweging. Moet hier geen onderscheid worden gemaakt? Kan worden gezegd dat de spanningen in genoemde gewesten teweeg worden gebracht door krachten die spontaan reageren op de europeanisering en de globalisering, door krachten waarop de politici geen greep hebben, krachten uitgaande van de volksmassa's? Zijn het de volksmassa's die de conflicten uitlokken, afscheidingen en oprichting van soevereine natiestaten afdwingen? De vraag is belangrijk, het antwoord niet makkelijk te geven. Waren de aanslagen en moordpartijen in Zuid-Tirool, Spanje, Corsica, Ierland, ex-Joegoslavië onafwendbaar, lagen ze in de lijn van de geschiedenis, waren ze gewild door de volksmassa's? Niemand zal ontkennen dat ze het werk waren van kleine benden terroristen die ageerden tegen de wil van de vreedzame massa. In Bosnië leefden Moslims, Kroaten en Serviërs vreedzaam samen – ze leefden samen in dezelfde flatgebouwen en vierden samen hun feesten – tot politieke elites, gesteund door de media, haat zaaiden en gruweldaden uit het verleden in herinnering brachten.[7]

Kan worden gezegd dat de opsplitsing van Tsjechoslowakije historisch onafwendbaar was, dat ze door de volksmassa's gewild werd. De meerderheid van de bevolking sprak zich in opiniepeilingen uit tegen de afscheiding, maar de mening van het volk werd niet gevraagd. De afscheiding was het resultaat van onderhandelingen tussen regeringsleiders.

Soms krijgen de betrokkenen wel de kans zich in een referendum uit te spreken, zoals dit gebeurde op 23 december 1990 in Slovenië waar 88% van de bevolking stemde voor autonomie binnen een Joegoslavische confederatie. Dit was ook reeds een paar keer het geval in Québec, waar een meerderheid (een nipte van 50,6% in het laatste referendum) telkens toonde dat ze voor afscheiding niet te vinden was. In beide gevallen werd de bevolking ten minste geraadpleegd en kon worden nagegaan wat de 'volksmassa' wilde, maar dat is een uitzondering. Wel moet gezegd dat er principiële bezwaren bestaan tegen referenda die in één landsgedeelte gehouden worden – meestal het rijkere – en dit landsgedeelte toelaten tot de afscheiding over te gaan en de bestaande solidariteitsbanden eenzijdig te verbreken. De vraag is echter of een referendum ten minste in één landsgedeelte niet te verkiezen is boven beslissingen die volledig zonder raadpleging van de burgers doorgevoerd worden. Een volksraadpleging is normaal aanleiding tot een breed maatschappelijke debat, diplomatieke onderhandelingen achter gesloten deuren meestal niet.

De verantwoordelijkheid van de intellectuele elites mag niet worden onderschat. Het zijn de intellectuelen die over het woord beschikken en het woord gebruiken zowel voor goede als slechte doeleinden. Zij kunnen onder woorden brengen waarom mensen het goede moeten doen, waarom ze offers moeten brengen en inspanningen leveren. Maar het zijn ook de taalvaardige intellectuelen die de collectieve egoïsmen goedpraten en misdaden (tegen de menselijkheid) met woorden rechtvaardigen. Het zijn de intellectuelen die de aarzelende en bevende gewone man uitleggen waarom het zijn plicht is medemensen leed te berokkenen, zoals o.a. onder het nazi-regime. De gewone man doet dit niet, omdat hij minder over het woord beschikt.

EVOLUTIE IN BELGIË: STUWENDE KRACHTEN

Ook in verband met België kunnen de twee vragen betreffende de drijvende krachten worden gesteld. Is het toekennen van meer gewestelijke autonomie aan Vlaanderen en Wallonië te zien als een spontane reactie op de globalisering en de europeanisering, of is dit niet het geval? En: wordt de opdeling van België in twee of meer lidstaten van de EU gevraagd door een hogere noodzaak? Gaat er een stuwende kracht uit van de bevolking? Worden de hervormingen gewenst door een meerderheid van de Vlamingen, de Walen, de Brusselaars, of is dit niet zo?

Op de eerste vraag kan negatief geantwoord worden: het

federaliseringsproces kan nauwelijks worden gezien als een compenserende reactie op de europeanisering en de globalisering. De politieke spanningen tussen Vlamingen en Franstaligen waren immers reeds aanwezig nog voor er sprake was van Europese integratie en globalisering.

Deze spanningen werden gevoed door politieke ideeën betreffende de rol van de taal bij het vormen van staten. Vooral vanaf de achttiende eeuw werd de taal door politieke leiders ingeroepen ter afbakening van machtsgebieden. Herder had in zijn werken uitgelegd dat de taal niet ontstond door de wil van God of door afspraken tussen de mensen, maar dat ze werd gevormd door de natuur in en rond de mens en dat uit de taal stammen en naties groeiden: '*nun wird die Sprache schon Stamm*'. De idee, de taal is heel het volk, speelde ook bij ons een centrale rol. (Toch bestaan er functionerende meertalige staten zoals Canada, Zwitserland, Zuid-Afrika, India, en vele andere. In deze landen zijn politici vaak trots op het multiculturele in hun samenleving.) De idee dat de natie, samenvallend met het taalgebied, een door de natuur gewild gegeven was, domineerde vele geesten, onder meer deze die België bestempelden als een onnatuurlijke artificiële staat. Het taalcriterium stond centraal bij bijna al de tot op heden doorgevoerde splitsingen. Het is dus niet juist te stellen dat het streven naar meer gewestelijke onafhankelijkheid een spontane reactie is op de europeanisering. De bewering past natuurlijk wel in het politieke discours van hen die hun ambities wensen te kleden in modieuze redeneringen.

Betreffende de wil van de Belgische massa's – de tweede vraag – is het volgende te zeggen. Het taalonderscheid tussen de Belgische Gemeenschappen is groter dan tussen Tsjechië en Slowakije, dan tussen Kroatië, Bosnië en Servië. Dit grote taalverschil had de Belgen nog meer van elkaar kunnen verwijderen dan nu het geval is. In België is er niettegenstaande dit verschil geen sprake van een massabeweging van Nederlandstaligen tegen Franstaligen en omgekeerd. De relaties zijn vreedzaam, men beperkt zich in de media tot wat woordgeweld. Wel waren er de marsen op Brussel in het begin van de zestiger jaren. Doch die behoren tot een ver verleden.

Ook zijn er geen duistere determinismen die de taalgemeenschappen uit elkaar drijven en is er zeker geen vraag van de bevolking over te gaan tot de splitsing van het land. De splitsing van de Universiteit van Leuven werd geëist in betogingen, maar welke bevolkingsgroepen eisten de splitsing van het economisch beleid, van het milieubeleid, van Openbare Werken, van het verkeersbeleid, de NMBS, Justitie, het gezondheidsbeleid, de ziekteverzekering, Buitenlandse Handel, Landbouw en Ontwikkelingssamenwerking? In de drie laatste gevallen waren daarentegen protesten te horen van de betrokken belangengroepen. In een grote opiniepeiling in 1999 spraken meer dan 75% van Vlamingen en Franstaligen zich niet alleen uit tegen de splitsing van het land maar ook tegen de splitsing van de Sociale Zekerheid. Niemand vraagt in betogingen fiscale autonomie. De Vlamingen houden van de Ardennen en zijn er welkom, Walen en Brusselaars voelen zich thuis aan de Vlaamse kust, ook Belgische kust genoemd. In communautaire aangelegenheden is de bevolking geen vragende partij. Als de partijen in plaats van het land op te delen in Gewesten en Gemeenschappen geopteerd hadden voor een provinciaal federalisme naar Oostenrijks voorbeeld, dan zou onder de bevolking geen opstandige kreet te horen zijn geweest.

Nu kan men wel stellen dat de regionalistische en nationalistische bewegingen – gezien als reactie op globalisering en internationalisering – niet gestuwd worden door determismen en evenmin door het volk, toch moet erkend worden dat er tegen de aan de gang zijnde staatkundige herstructureringen weinig politiek protest te bespeuren is. De mensen komen niet in grote getale op straat om een afscheiding af te dwingen, ze komen evenmin op straat om ze te verhinderen.

In België zegt men: de communautaire problemen zijn de problemen van de politiekers; ze raken de mensen niet; de gewone mensen liggen er niet wakker van. De mensen liggen echter van zeer weinig problemen wakker, als ze niet wakkergeschud worden door politieke en syndicale leiders. Mensen liggen vaak niet eens wakker van het onrecht dat ze zelf ondergaan. Het is aan de politicus te zeggen: 'Kijk is wat men doet zonder uw mening te vragen. Misschien ontwaakt ge morgen in een ander land. Ziet ge niet dat er fronten worden gevormd in de geesten en in de instellingen en dat een vonk, een eenzijdige agressieve maatregel van een gewestregering, een rel met gekwetsten, kan volstaan om een escalatie te verwekken?' Deze taal wordt door politici niet gesproken.

Er is geen sprake van geweld, maar de fronten worden gevormd en frontvorming is een fase die aan het conflict voorafgaat. Eerst worden de fronten gevormd, vervolgens gaan de mensen elkaar te lijf. Het omgekeerde is nooit het geval. Het conflict begint met een afbakening van de kampen, niet met een verward gebeuren waarin in het wilde weg klappen worden uitgedeeld. Eerst worden de mensen gecompartimenteerd, ingedeeld, en krijgen ze een identiteit, die niet veel inhoudt maar hen onderscheidt van de anderen. Daarmee zijn we in ons land volop bezig. Sommigen zien de gevaren, maar komen in de media niet aan bod.

Verder in dit boek zullen we het hebben over diegenen, die de mensheid indelen in vakken (wetenschappers, denkers, staatslieden) en die anderen die deze vakken tegen elkaar in het harnas jagen. Alleen tegen deze laatsten keren zich de verontwaardigden.

ALS EEN LUIE RIVIER

Het confederaliseringsproces is te vergelijken met 'a lazy river' De frontvorming in de geesten, op het terrein en in de instellingen maakt van dit proces deel uit. Dit wordt niet steeds gezien. Een uitzondering is Alain Maskens in zijn boek *Mono-Vlamingen en Mono-Walen, dwaalwegen van mono-identitaire ideologieën,*[8] Hij geeft voorbeelden van reductionisme o.a. uit het sportleven en het muziekonderwijs.

Het confederaliseringsproces kent een relatief rustig verloop.[9] Soms is er discussie, soms is er onenigheid tussen de politieke beslissers, maar dan is het omdat ze aan de andere kant van de taalgrens wonen, niet omdat er gevaren dreigen voor de democratie en het behoud van de sociale solidariteit. Er zouden nochtans homerische debatten kunnen worden gevoerd tussen de confederalisten en de voorstanders van het behoud, niet van het koninkrijk, maar wel van het Belgisch model van multicultureel en meertalig vreedzaam, solidair en democratisch samenleven. Deze debatten zouden nuttig kunnen zijn voor de Europese Unie in wording.

Wat zich in België voordoet wordt in de Europese Unie vermeden. Wat zou er gebeuren moest in het Europees Parlement en in de nationale media van lidstaten een taal te horen zijn vergelijkbaar met wat in Vlaanderen en Franstalig België gezegd en geïnsinueerd wordt? Denken we maar even dat Franse media en politici het voortdurend zouden hebben over de verschillen tussen Frankrijk en Duitsland en deze verschillen zouden bestempelen als onoverbrugbaar, als een reden om de integratie te stoppen. Zo een discours is in de Eurosfeer ondenkbaar en ongehoord (uitzondering dient gemaakt voor een deel van de Britse pers), maar in ons land is dit dagelijkse kost. Vreemd genoeg wordt dit niet gezien door de Belgische leden van het EP. De luie rivier, die uitmondt in een estuarium met twee of drie armen en confederatie heet, wordt niet gestuit, ook niet door de Vlamingen en Walen die in het EP zitting hebben en daar ijverig pleiten voor solidariteit en democratische integratie.

De geduldig stuwende krachten zijn niet de volksmassa's, niet de globalisering die aanzet tot compenserende regionaliseringen, niet de grote ideeën, de grote emoties, maar de actieve nationalisten (aan beide zijden van de taalgrens) die inspelen op economische, financiële en politieke belangen: economische voordelen, meer geld en meer ministerportefeuilles voor de gewestregeringen, grotere budgetten en meer beslissingsbevoegdheden. Telkens er een federaal ministerie geregionaliseerd wordt ontstaan er drie of vier ministeries. Zich daartegen verzetten is voor politici niet gemakkelijk. Ook niet voor Waalse politici die in een eerste tijd weten dat bepaalde splitsingen nadelig zijn voor Wallonië, maar compensatie vinden in bijkomende bevoegdheden en ministerportefeuilles. Het zijn niet de politici en hun reeds geconfederaliseerde partijen die de 'luie rivier' tot staan zullen brengen.

MARKANT SUCCES VOOR NATIONALISTEN

Toch zijn er in het land nog velen die kritisch en zelfs afwijzend staan tegenover het gebeuren. Ze staan aan de wal en zeggen dat bepaalde hervormingen hen niet aanstaan. Vaak komen ze echter onder de indruk van de massale waterverplaatsing. Sommigen, ook intellectuelen, 'die aan de kant wilden staan', weerstaan dan niet langer aan het duistere verlangen niet meer tegen de stroom te roeien en zich te laten meedrijven. Ze vinden een argument of een voorwendsel (een gebeurtenis uit hun onmiddellijke omgeving, een recente informatie...) om dan toch maar partij te kiezen voor één van de twee kampen, voor Vlaanderen of voor Franstalig België. Hoe intellectuelen in een conflictsituatie meegesleept worden en vaak onbekwaam zijn te weerstaan aan de nationalistische verleiding wordt door Stefan Zweig beschreven in zijn memoires gewijd aan de eerste wereldoorlog.[10]

Sommigen aarzelen en bekennen eerlijk sociale druk te ondervinden en in hun milieu – dit kan ook het universitaire zijn – voor belgicist versleten te worden. Anderen fluisteren dat ze aan voorzichtigheid de voorkeur geven omdat ze op economisch gebied afhankelijk zijn van de Vlaamse of Waalse gewestregering. Niemand wil graag door het leven gaan als oubollige conservatieve belgicist. Dat de nationalisten aan beide zijden van de taalgrens erin slaagden voorstanders van eenheid en solidariteit conservatieve belgicisten te noemen mag beschouwd worden als één van de meest markante successen van het nationalisme in België. Nergens elders in de wereld worden voorstanders van vrede, samenhorigheid en verzoening tussen strijdende partijen conservatief genoemd. Het tegendeel is waar. Meestal vindt men hen moedig en progressief. Kijk maar naar Zuid-Afrika, Ierland, Bosnië... Zij die blijven pleiten voor het behoud van het Belgische model van meertalige democratische solidariteit mogen, op de keper beschouwd, worden gezien als de meest democratische, de meest sociale, de meest multiculturele, de meest Europees- en toekomstgerichte en vooral de meest consequente en de meest revolutionaire van alle in België agerende partijen en bewegingen. Vandaag ijveren voor 'solidariteit in democratie' binnen België is revolutionair.

NU EN DAN EEN RIMPELING

De metafoor 'luie rivier' gaat wellicht op voor het confederaliseringsproces, maar niet voor het politieke leven in België. Het splitsingsproces verloopt gestaag. Elke week worden stappen gezet of pogingen ondernomen om ze te zetten. Ze verwekken nauwelijks een kabbeling, laat staan een deining. Zijn de Belgen te loom, te lusteloos? Het tegendeel is waar. Belgen zijn wakkere burgers. Om de haverklap wordt er gestaakt en geprotesteerd door ambtenaren, arbeiders en bedienden, boeren en veehandelaars, natuurbeschermers, dokters, verpleegkundigen en paramedici, bestuurders van trams, bussen, treinen, vliegtuigen, politieagenten, studenten, buurtbewoners van asielcentra... Naast de witte beweging was er de witte woede. Maar om een herziening van de staatsstructuren te bekomen, gaat er geen mens de straat op. De hervorming van de staat is de zaak van de politieke wereld, niet van de burgers. Dit blijkt onder meer uit de resultaten van interviews in volkse buurten.

Het zijn de politici die discussiëren en onderhandelen, niet de gewone mensen. Op de oevers van de 'luie rivier' zijn de toeschouwers gering in aantal. Soms trekt er een rimpeling over de watervlakte, maar tegen de stroom oproeien, dat doet niemand. Een enkele keer is er meer dan een rimpeling te zien. Bijvoorbeeld toen Eddy Boutmans, staatssecretaris voor Ontwikkelingssamenwerking, protesteerde tegen de regionalisering en communautarisering van zijn departement. In *Knack* van 25 oktober 2000 schreef Marc Reynebeau dat *'hij van de regering wellicht de toelating had gekregen zijn gram te ventileren'*. Even ontstond er een kolkje toen Karel De Gucht, voorzitter van de zeer flamingante VLD, de rondzendbrieven-Peeters van de Vlaamse Regering, die de Franstalige inwoners van de zes randgemeenten verplichten telkens opnieuw de vertaling aan te vragen van Nederlandstalige documenten, een 'pesterij' noemde en bij zijn uitspraak bleef. Een paar rimpeltjes werden eveneens verwekt door gewezen CVP-minister Herman Van Rompuy. Op 1 februari 2001 had hij het in een Vraag om uitleg in de Kamer over de splitsing van het departement Landbouw. Zijn Vlaams engagement, o.a. inzake de communautarisering van het gezondheidsbeleid, belette hem niet de regionalisering van het departement Landbouw te betreuren. In de handelingen stond te lezen: *'De vitale beslissingen worden voortaan voor België niet getroffen door één minister maar door drie regionale ministers. Als er geen consensus is tussen hen moet België zich onthouden* (bij de stemming in de Europese Ministerraad, zoals bepaald in het Samenwerkingsakkoord) *Zo wordt een klein land nog kleiner. Dit is geen werkzaam federalisme.'* In hetzelfde kamerdebat met de Eerste Minister verkondigde Van Rompuy nog een andere waarheid: *'Er zijn overigens tal van federale staten, zoals Duitsland en Oostenrijk, die geen enkele fiscale autonomie kennen.'* Op deze uitspraak werd door

Guy Verhofstadt, die vaker beweert dat België het Duitse voorbeeld volgt, niet gereageerd. Bovendien mag men zich vragen stellen over de kijk van de federale Premier op het Belgische federalisme. In antwoord op een Vraag om uitleg van Magdeleine Willame-Boonen in de Senaat antwoordde hij op 11 januari 2001: *'Samenwerkingsfederalisme betekent de wil van ieder Gewest en elke Gemeenschap om naar elkaar te luisteren, met elkaar te praten, aanwezig te zijn bij elkaars feesten, intergouvernementele conferenties te organiseren.'* (sic in de Handelingen) Geen enkele senator meende te moeten opmerken dat de door de Premier voorgestelde relatie deze is die België onderhoudt met elke land waarmee het niet in oorlog is.

Kleine strubbelingen en pertinente kritieken van belangengroepen als de Boerenbond tegen de defederalisering van Landbouw, het Verbond van Belgische Ondernemingen tegen de regionalisering van de Belgische Dienst voor Buitenlandse Handel (BDBH) en van NGO's zoals *11 11 11* en *Broederlijk delen* tegen de opdeling van Ontwikkelingssamenwerking remmen de evolutie niet af. Hetzelfde geldt voor de bemerkingen geformuleerd door vooraanstaande juristen, zoals Francis Delpérée, die stelde dat de overheveling van de Gemeente- en Provinciewet naar de Gewesten slechts mogelijk was door middel van een Grondwetswijziging en niet door middel van een Lambermont-akkoord.

EN DE PERS?

Ondertussen bleek in de pers dat het scheidingsproces gewoon doorging. Op 13 februari 2001 was de grote titel op de frontpagina van *De Morgen: 'Vlaamse kabinetten verdwijnen, Franstalige niet'*. Op de sportpagina werd aangekondigd: *'Wielerbond splitst zich op in Waalse en Vlaamse vleugel'* en commentaarloos meegedeeld dat Vlaams minister Johan Sauwens daarvoor 40 miljoen had aangeboden, alsook *'dat hij liefst ook de voetbal- en de basketbalbond communautair opgesplitst zag.'* Diezelfde dag was de grote titel op de derde pagina van *De Standaard: 'Dewael wil Gewesten in NMBS-structuren'*. Nooit is er in de Vlaamse pers tussen de redacties discussie over defederaliseringen die wel of niet dienen te gebeuren. De eensgezindheid is groot en draagt bij tot het rustig verloop van het confederaliseringsproces.

Opmerkelijk is dat de communautarisering van alle sportfederaties die door de sportbeoefenaars en hun supporters nooit gevraagd werd en o.a. voor gevolg heeft dat Vlaamse basketbalploegen niet meer tegen Waalse mogen spelen, wat door tal van ploegen betreurd wordt, nooit kritische perscommentaren uitlokte. In alle grote voetbalploegen spelen buitenlanders, maar in derde afdeling mogen Vlamingen niet meer tegen Walen voetballen. Deze absurde apartheid werd door de pers niet aan de kaak gesteld. Dit was toch 'ein gefundenes Fressen' voor sportjournalisten? Volgens Jan Peeters, voorzitter van de Belgische Voetbalbond, vindt hij geen open steun bij de sportjournalisten in zijn strijd voor het behoud van een gedeeltelijke eenheid van de Bond.

Even opmerkelijk is dat ministers zoals Frank Vandenbroucke en Magda Aelvoet talloze interviews ondergaan maar nooit gevraagd worden wat ze denken over de eisen van Vlaamse partijen i.v.m. de communautarisering van het Gezondheidsbeleid en de Ziekteverzekering. Etienne Schouppe wordt in mei 2002 uitvoerig geïnterviewd door Walter Zinzen maar geen vraag over de door Steve Stevaert en anderen nagestreefde regionalisering van de NMBS. Weten Vlaamse journalisten welke vragen ze liever niet moeten stellen? Stellen ze ze niet om de bezwaren en tegenargumenten niet te moeten aanhoren? Of zijn het de geïnterviewden die vragen deze vragen – die toch op de lippen branden – liever niet te stellen? Op dit punt is Eddy Boutmans te beschouwen als genietend van een bijzondere behandeling.

TOCH EEN STROOMVERSNELLING

Toch heeft de Vlaamse regering iets gedaan om in de 'luie rivier' een deining en een stroomversnelling te verwekken. Ze wilde een voor de bevolking voelbare deining. De bevolking moest betrokken worden bij de viering van de 700ste verjaardag van de Guldensporenslag en daarom werden feestcheques van 200 euro uitgereikt aan al wie voor de gelegenheid een buurtfeestje wilde organiseren. Geld voor een beetje Vlaamse feestvreugde. Geld speelt een rol in het confederaliseringsproces.

Ook politiek moest er een daad worden gesteld ter viering

van de verjaardag. In een *Vlaams Manifest* kondigde Patrick Dewael aan welke de eisen waren die Vlaanderen zou stellen bij de volgende regeringsonderhandelingen na de verkiezingen van juni 2003. Duidelijke taal. De reactie van de Waalse partijen was prompt: dit is het einde van de Belgische democratische federatie. Er werd met open kaart gespeeld. Men kon de politieke wereld niet meer verwijten de volgende staatshervorming stiekem en achter de rug van de burgers voor te bereiden. In een gesprek op 2 juli 2002 liet Karel De Gucht weten dat de VLD, indien ze bij de volgende regeringsvorming 'incontournable' was, de inwilliging van alle Vlaamse eisen o.a. regionalisering van de NMBS en Zaventem en communautarisering van de ziekteverzekering, zou vragen. *'Zolang de Walen niet akkoord gaan komt er geen federale regering. Dat kan twee maanden duren en langer...'* De reeds bekende strategie, zou weer worden toegepast, maar nu met het doel te komen tot een definitieve hervorming: een confederale structuur. Patrick Dewael had wel in zijn *Vlaams Manifest* geschreven dat hij tegen separatisme was en voor solidariteit. Dat het geen interpersonele solidariteit, besproken en vastgelegd in een federaal parlement, zou zijn, was duidelijk.

Ruimte voor discussie

VLAAMSE GEWETENSPROBLEMEN

Dat Vlaamse politici worstelen met gewetensproblemen blijkt uit het vaak betonen van hun wil de solidariteit te handhaven, ook al bedoelen ze een totaal andere solidariteit: *geen interpersonele maar een tussenstaatse, een omkeerbare, doorzichtige, een solidariteit die de zelfredzaamheid in de hand werkt.* Ze zijn voor radikale hervormingen maar niet voor separatisme en confederalisme. Kort na de publicatie van zijn *Vlaams Manifest* zei Patrick Dewael aan *De Standaard* van 6/7 juli 2002: *'Misschien hebben we in het verleden bevoegdheden aan de deelstaten gegeven die we beter federaal hadden gehouden. Ik hoop dat we dat ooit eens kritisch kunnen onderzoeken, zonder dat de Vlaamse opiniemakers meteen gaan steigeren.'* Vanuit de SP.A werd bijna gelijktijdig gemeld *'dat de Vlaamse socialisten van België een volwaardige federale staat willen maken... Wij verzetten ons uitdrukkelijk tegen elke andere staatsvorm i.c. het confederalisme of het separatisme, die het einde van de Belgische staat zou inluiden.'* (bron: http://www.politicsinfo.net). Het door elkaar gebruiken van de begrippen federalisme en confederalisme en het ontbreken van duidelijke uitspraken over de toekomst van de Sociale Zekerheid, maken het de waarnemers niet makkelijk. Insiders weten dat het splitsen van het gezondheidsbeleid en de ziekteverzekering de meest definitieve stap is en in feite van België een confederatie maakt. Duidelijk was de houding van de CD&V die zich uitsprak voor confederalisme en op 8 juni 2002 een open conferentie hield onder het motto *Vlaanderen kom uit uw schelp.* Hierop werd het woord gevoerd door een reeks nationalistische voorstanders van Vlaamse onafhankelijkheid (tendens Geert Bourgeois en N-VA).

Vele progressieven in Vlaanderen zijn er niet gerust in. Ze weten dat er nieuwe stappen in de staatshervorming zullen worden gezet en dat deze leiden tot de verbreking van de solidariteitsbanden met mensen en gezinnen in Wallonië. Ze weten dat het rijkere Vlaanderen, met al zijn zeehavens, streeft naar nog meer autonome macht, naar nog meer beslissingsbevoegdheden om nog rijker te kunnen worden, om nog meer gunstmaatregelen te kunnen treffen alleen voor Vlamingen: belastingvermindering, afschaffing van het kijk- en luistergeld, de zorgverzekering... Ze weten ook dat het Vlaams Blok in dit streven de vaandeldrager is. Ze hebben slecht geweten en weten dat ze een asociale houding ten aanzien van Waalse gezinnen niet kunnen wettigen door te verwijzen naar nationalistische uitspraken of wrevelverwekkende houdingen van Waalse politici. Ze weten dat een tijd geleden Wallonië de rijkere regio was en dat Vlaanderen van die welvaart toen mee profiteerde. Dit werd op 10 juli 2002 door Jean-Claude Van Cauwenberghe in zijn reactie op het Vlaams Manifest van Patrick Dewael in herinnering gebracht. Sommigen in Vlaanderen vonden deze reactie gewettigd en zeker niet agressief. Anderen, zoals Luk Van der Kelen in *Het Laatste Nieuws* van 11 juli, waren verontwaardigd en vonden de redenering van de Waalse Minister-President ongehoord.

Vlaamse voormannen willen Vlaamse onafhankelijkheid, maar weten wat dit betekent voor Wallonië. Ze weten ook dat die onafhankelijkheid door de grote meerderheid van Vlamingen en Franstaligen niet wordt gewenst en doen dan ook het nodige om de pil te vergulden en de bedoeling te verdoezelen. Op 11 juli 2002 pleitte Norbert De Batselier, voorzitter van het Vlaams Parlement, voor een eigen Vlaamse Grondwet, maar voegde er onmiddellijk aan toe dat *'hij de weg van het integrale federalisme bewandelde en niet van het separatisme.'* Diezelfde dag hamerde Patrick Dewael in zijn speech op samenwerking met de Walen en beklemtoonde nogmaals geen separatist te zijn. Handig pareerde hij het *'Waalse vrienden laten we scheiden',* dat een paar jaar vroeger op de IJzerbedevaart weerklonk, met *'Waalse vrienden, laten we samenwerken voor meer zelfbestuur'.* Dat Patrick Dewael hetzelfde, maar vriendelijker, zei als zijn voorganger Luc Van den Brande, ontging bijna niemand, zeker niet de Waalse Minister-President.

POLITIEK EN POLITIEKE WERKELIJKHEID

Een conclusie uit het voorgaande is dat we met politiek te doen hebben, politiek zijnde het domein van de bewerende mens. De 'homo politicus' is de mens die met woorden en/of daden zijn medemensen ertoe aanspoort dingen te zien, te beoordelen, te waarderen, te kiezen en te verkiezen (boven al de rest), te verwerpen, te bestrijden. Kortom het politieke leven bestaat in deze visie uit het geheel van aansporende handelingen – aansporingen die met elkaar botsen of elkaar versterken – en die, zoals Bertrand de Jouvenel, auteur van *De la politique pure* (Calmann-Lévy, Parijs, 1963) het schrijft, gericht zijn op de sturing van 'les affaires publiques'. We kunnen daaraan toevoegen dat het daarbij niet enkel gaat om de beïnvloeding van het gemeenschapsbeleid, maar ook van de gemeenschapsvorming zelf. (zie *De groene idee, het monetaire en de macht)*

Andere waarnemers van het politieke leven gaan ervan uit dat enkelingen bijna geen greep hebben op het historisch gebeuren en dat de geschiedenis gestuwd wordt door determinerende krachten of door de drang van de massa's. Tot hen die geloven dat elites wel een rol spelen behoort Max Lamberty. In de conclusie van *Filosofie der Vlaamse beweging* schrijft hij:

'Indien de Vlaamse beweging sedert de jaren 1910 een volksbeweging is geworden; indien nagenoeg alle Vlamingen flaminganten zijn geworden, dan is dit niet door een soort langzaam, onweerstaanbaar en duister groeien der natuur, maar omdat de flamingantische theorie ingang gevonden heeft bij de overgrote meerderheid der Vlaamse geesten.'

Sommigen maken het onderscheid tussen deterministen en possibilisten en menen dat de politieke actor binnen bepaalde grenzen invloed kan uitoefenen op het geschiedkundig gebeuren. Iemand, zoals Jean Haesaert, hoogleraar natuurrecht aan de Gentse Rijksuniversiteit en auteur van *Sociologie générale* (ed. Erasme, Brussel-Parijs 1956) gaat een stap verder en stelt dat het de morele plicht is van het individu aan politiek te doen, waarden te verdedigen en onwaarden te bestrijden en dat het een vorm van immoraliteit is aan de kant te blijven staan. Het is immoreel, want hij die zich afzijdig houdt, geeft anderen de kans waarden en onwaarden onaangevochten te verkondigen.

De afwezigheid van kritische stemmen kan in het politieke leven ernstige gevolgen hebben. De grootste onwaarheden kunnen politieke waarheden worden, wanneer niemand ze waarneembaar aanvecht. Dingen die 'wetenschappelijk' irreëel zijn, kunnen onder de druk van intense en aangehouden aansporingen uitgroeien tot politieke realiteiten. Het worden dan realiteiten waarmede rekening moet worden gehouden, bijvoorbeeld dat het Duitse volk volgens de nazi's een 'Herrenvolk' was. De waardevolste idee daarentegen is politiek onbestaand als ze niet ten minste door enkele individuen (zo mogelijk met de hulp van de media) waarneembaar wordt voorgehouden.

Doch op het politieke niveau volstaat het niet voor een idee of een gevoel bekend en verspreid te zijn. Tal van waardevolle ideeën leven onder de bevolking, maar zijn politiek betekenisloos. Politieke betekenis krijgen ze van zodra politici deze gevoelens en ideeën gaan kapitaliseren met het oog op machtsvorming, dit wil zeggen als politici er hun aansporingshefbomen op plaatsen. Vaak wordt dit niet gezien. Velen troosten zich met de resultaten van opiniepeilingen waarin burgers hun waarderingen en preferenties uiten, maar vergeten dat deze resultaten van geen tel zijn als de politici nalaten erop te steunen in de machtsstrijd. De Vlaams-nationalistische gevoelens worden stelselmatig gekapitaliseerd door bepaalde Vlaamse partijen, de Belgische gevoelens, die vaak tot uiting komen o.a. bij sportprestaties (het zwaaien met de Belgische vlag is nog steeds een uiting van vreugde, veel meer dan het zwaaien met de Vlaamse leeuw) worden door geen enkele partij succesvol gekapitaliseerd.

Dit alles om aan te duiden van welke visie op de politiek in dit geschrift wordt uitgegaan. De politiek is in de eerste plaats de zaak van de aansporende politiek bedrijvige mens. Zonder deze mens is er geen politiek en zeker geen democratische politiek. Bijna alle mensen doen aan politiek, omdat bijna alle mensen aansporende handelingen stellen die bewust of onbewust invloed hebben op het gemeenschapsbeleid en op de gemeenschapsvorming. Dit laatste heeft belang bij de reflectie over het nationalisme.

VERSCHILLEN EN MEERWAARDEN

Dat er geen waarheden ontstaan zonder de tussenkomst van bewerende mensen is iets waaraan we in België moeten denken, vooral als politici het hebben over hun 'realiteitszin' en ermee pronken. Waakzaamheid is geboden als politici zeggen dat ze de zaken willen zien zoals ze zijn. Dit doen ze onder meer als ze het hebben over de communautaire problemen, over de gemeenschappen en hun eigenheden, over de onoverbrugbare verschillen tussen Vlamingen en Franstaligen, die redenen zijn om te defederaliseren en te splitsen, tot en met de vakbonden, de ziekenfondsen en de nationale sportfederaties. Risico's ontstaan wanneer zij die pronken met hun realiteitszin door niemand tegengesproken worden, door geen enkele politicus, door geen enkele journalist. Zorgwekkend wordt het wanneer zij die toekijken weten dat er overdreven wordt, maar onder voorwendsel dat de mensen er niet wakker van liggen, hun mond houden.

Het begrip 'verschil' in het politieke discours is aandacht waard. Voortdurend worden er verschillen tussen Vlamingen en Franstaligen, tussen Vlaanderen en Wallonië ontdekt en aan het licht gebracht. Velen hebben de neiging deze verschillen te accentueren. Tegenover hen staan zij, ook in Vlaanderen, die deze verschillen minimaliseren. Beide partijen discussiëren op dezelfde golflengte. Het belang van verschillen wordt door hen niet geloochend, ook niet dat ze een scheidingsgrond kunnen inhouden. We denken hier aan de verschillen inzake consumptie van geneeskundige prestaties en inzake rechtsbedeling. Volgens de enen zijn de verschillen groot genoeg om de communautarisering van de Ziekteverzekering en Justitie te rechtvaardigen, volgens de anderen zijn ze te miniem om daartoe over te gaan. Dat het bestaan van verschillen 'an sich' geen reden is om solidariteitsbanden te verbreken en een rechtsstaat te splitsen wordt in de discussie over verschillen vaak niet meer gezien. Als de economische achterstand in Wallonië tegenover Vlaanderen gering is kan men solidair zijn, is hij groot dan mag men de solidariteitsmechanismen opblazen. Onrustwekkend is dat de slordige redeneringen in verband met de verschillen door de pers niet worden ontkracht.

Ook wordt nooit bemerkt dat men wel steeds weer op verschillende niveaus verschillen ontdekt, maar dat het steeds verschillen zijn tussen dezelfde entiteiten, namelijk Vlaanderen en Franstalig België, niet tussen Antwerpen en Limburg, tussen de grote en kleine steden, tussen de universitaire, algemene en landelijke ziekenhuizen. Het steeds weer vergelijken van de twee zelfde entiteiten is te beschouwen als een politieke aansporing de werkelijkheid te zien vanuit een nationalistisch perspectief. Steeds wordt Vlaanderen vergeleken met Wallonië of Franstalig België. Hierdoor ontstaat een dramatisering van de verschillen. Er is geen 'door elkaar' van de verschillen. Een voortdurend insisteren op de tegenstellingen en de verschillen tussen dezelfde bevolkingsgroepen past in een nationalistische strategie, die onbewust door velen wordt gevolgd. Zo een strategie binnen de EU zou voor de verdere integratie noodlottig zijn en wordt dan ook angstvallig bestreden. Rechtse nationalisten stuiten in de EU op weerstand.

Ook hier zien we dat het nationalisme opteert voor de faciliteit, voor het simplisme. Het is veel gemakkelijker steeds dezelfde min of meer afgebakende gebieden en bevolkingsgroepen met elkaar te vergelijken dan de verschillen te zien binnen deze gebieden en andere entiteiten tegenover elkaar te plaatsen. Ook is het gemakkelijker te stellen dat er in een administratie evenveel Vlamingen als Franstaligen moeten zijn, dan te verlangen dat er een evenwicht zou zijn tussen bekwame en minder bekwame, plichtbewuste en minder plichtbewuste ambtenaren. In de Belgische politiek is er meer te doen over het evenwicht tussen Franstaligen en Vlamingen, tussen mannen en vrouwen dan over andere evenwichten. Wellicht ligt de verklaring het feit dat het gaat om verschillen die door eenieder gemakkelijk worden waargenomen. Streven naar andere even belangrijke evenwichten is te moeilijk en te delicaat voor de bewindslieden. Minder gemakkelijk uit te leggen aan de kiezers en voor de kiezers minder gemakkelijk te volgen. Over een onevenwicht tussen Vlamingen en Franstaligen kan iedereen zich opwinden omdat eenieder het probleemloos kan vaststellen. Nationalisten richten de aandacht van kiezers op eenvoudige aandachtspunten, bijvoorbeeld ook op grensafbakeningen, het veroveren of afstaan van grondgebied...

Zorgwekkend wordt de kwestie van de verschillen wanneer de meerderheid (o.a. de zwijgenden) het politieke denken laat beheersen door nationalisten en nalaat o.a. volgende fundamentele vragen te stellen: 'Welke verschillen tussen mensen zijn zo belangrijk, zo onoverbrugbaar dat ze democratisch en solidair samenleven in een democratische staat verhinderen en onmogelijk maken? Welke religieuze, culturele, linguïstische, sociale, economische verschillen zijn voor een democratie ondraaglijk, ook voor een federale democratie? Welke verschillen inzake politieke gedragingen en hygiëne kan een democratie niet verwerken, niet verteren, niet te boven komen? Wanneer vormen verschillen een scheidingsgrond, een reden om over te gaan tot secessie en de oprichting van nieuwe soevereine staten, met eigen wetten, eigen politiek op alle gebieden, eigen leger...?' Dit zijn vragen die in België in een Europees en mondiaal perspectief moeten worden gesteld. Met welke verschillen kunnen we leven, met welke niet? Niet te vergeten dat wij een tijd geleden geloofden niet te kunnen samenleven met protestanten en dat deze overtuiging tot heel wat geweld aanleiding was.

Het hele gedoe over verschillen en gelijkenissen is aan een flinke beurt toe. Het is niet omdat de eetgewoonten en de mentaliteiten overeenstemmen dat we moeten samenblijven en het is niet omdat de visies op de tabaksreclame en het asielbeleid verschillen dat we het Belgische democratische beslissingssysteem uiteen moeten rukken. Zij die zich voortdurend op verschillen beroepen om aan te tonen dat mensen niet kunnen samenleven en -werken moeten zich toch vragen stellen bij het bekijken van de wereldkampioenschappen voor voetbal. Voetbalploegen uit alle werelddelen, aangevuurd door geestdriftige massa's, tonen dat ze dezelfde technieken beheersen en zich houden aan dezelfde regels van 'fairplay'.

In de debatten wordt ook wel eens gevraagd of België een meerwaarde voor Vlaanderen inhoudt. Als dit niet het geval is zou Vlaanderen zich mogen afscheiden. Als de Europese Unie voor Duitsland geen meerwaarde betekent, kan Duitsland zich uit de Unie terugtrekken. Ook hier hebben we te doen met gevaarlijke redeneringen. Hoe de meerwaarde berekend wordt blijft buiten beschouwing. Meerwaarde in welvaart, in geld, aanzien, macht? Als er geen meerwaarde is mag men het andere landsgedeelte in de steek laten en mag men de sociale solidariteit verbreken.

Daarbij komt dat alle beweringen betreffende voldoende verschillen en gebrek aan meerwaarde behoren tot het domein van de structurele onwaarheden, net zoals de beweringen over het bereiken van bewapeningsevenwicht tussen mogendheden. Het gaat om beweringen die vanuit verschillende standpunten kunnen worden betwist en om structurele redenen steeds onjuist zijn: hoeveel verschillen en minwaarden zijn vereist, hoe ze vergelijken, hoe ze meten?

DEBATCULTUUR MAAKT WEINIG KANS

'Kans op slagen' moet als volgt worden begrepen. De kans dat we mensen ervan overtuigen nationalisme kritischer te bekijken, is gering. Dit is wellicht erg. Erger is echter dat de discussie over het thema er niet zal komen. De discussie wordt ontweken. Men wil er niet van weten. De kans dat er, niettegenstaande pogingen, geen debat, zeker geen diepgaand en breed maatschappelijk debat komt, is groot.

We maken ons geen illusies. Het debat zal er niet komen omdat de werkelijkheid is zoals ze is, dit wil zeggen, zoals ze ons wordt voorgesteld door de politici en de media. Deze werkelijkheid is bevredigend, hoort men. Men moet er dus liefst niet aan frunniken door vragen te stellen, door de zaken in een breder perspectief te plaatsen, door verworven en verkondigde waarheden in twijfel te trekken, door te wijzen op gevaren en verantwoordelijkheden. Ook is het niet nodig vergelijkingen te maken met toestanden in andere multiculturele staten met of zondere federale instellingen, waar door Eerste Ministers ten onrechte naar verwezen wordt als zijnde voorbeelden voor het Belgische federalisme. 'Zoals in de Duitse Bondsrepubliek' heet het dan, maar men vergeet dat Duitsland 16 deelstaten telt en niet twee of drie en dat geen van hen in de Bundesrat beschikt over een vetorecht, ook niet bij de goedkeuring van gemengde internationale verdragen.

Een groot maatschappelijk debat zou nochtans wenselijk zijn. De Belgische staatshervorming is een gebeuren van historisch belang, niet alleen voor de Belgen, maar ook voor de hele Europese Unie. Er wordt naar België gekeken. Hoe lossen Vlamingen, Walen, Brusselaars en Duitstalige Belgen hun problemen op? Hoe gaan zij met hun nationalismen om en hoe verzoenen zij ze met de federalistische idee in een tweeledige – drieledige federale – confederale staat? België is een prachtig oefenterrein voor institutionalisten, Europese en andere federalisten, bestrijders van extreem rechts, pacifisten en andere verzoeners. België is ook een door sociologen, sociaal-psychologen, politicologen, conflictologen en filosofen te bezoeken studiegebied. Ook voor historici is er nog werk aan de winkel, ook al er werd er reeds heel wat geschreven over de geschiedenis van onze nationalismen. De benadering was vooral geschiedkundig, minder politicologisch, zeker niet multidisciplinair.

DE ONAFWENDBARE TOEKOMST

De politieke werkelijkheid is dat de taal algemeen aanvaard wordt als het criterium voor de hervorming van de instellingen op alle niveaus. Er moeten nog enkele hervormingen worden doorgevoerd, o.a. op het gebied van het gezondheidsbeleid en de sociale zekerheid (de meest definitieve), maar die komen er bij de vorming van de federale regering in 2003, aldus André Denys (VLD) in *De Standaard* van 10 juli 2002. De actuele institutionele werkelijkheid draagt interessant genoeg een spillover effect in zich. Het argument is vaak niet meer zozeer het belang van de eigen gemeenschap, van het eigen gewest, maar de noodzaak de bevoegdheidspakketten te homogeniseren en dus uit te breiden. Uit de nieuw geschapen werkelijkheden ontstaat de behoefte consequent verder te gaan op de ingeslagen weg. Nieuwe stappen zijn aanpassingen aan de nieuwe werkelijkheden. Aan de zin van deze nieuwe werkelijkheden wordt niet meer getwijfeld. De preventieve geneeskunde werd gecommunautariseerd, dus moet nu ook de curatieve gesplitst worden (de preventieve vertegenwoordigt slechts 1% van de gezondheidsbegroting) De evoluties worden voorgesteld als onafwendbaar. Yves Desmet schreef het op 14 september 1996 in het editoriaal van *De Morgen: 'Natuurlijk zal dit land verder in confederale zin evolueren. Natuurlijk zullen de bevoegdheidspakketten homogener afgelijnd worden, de deelstaatbevoegdheden uitgebreid, de persoonsgebonden aspecten van de ziekteverzekering gefederaliseerd, de fiscale autonomie vergroot. Dat staat in de sterren geschreven...'*

Sommigen zijn voor door hen voorspelde evoluties in de toekomst zeggend dat er feiten zijn die zich in de toekomst onafwendbaar zullen voordoen. Ik noem ze de voorspellers. Zij vinden plezier in het voorspellen van de toekomst en genoegen in de zekerheid dat hun voorspelling zal uitkomen. Vaak geven ze de indruk geneigd te zijn de voorspelde 'feiten' en evoluties goed te vinden onder meer omdat de afloop hun eigendunk als voorspeller bevredigt. Een osmose van gevoelens doet zich voor. Daarbij komt wellicht de voldoening tijdig te weten welke zijde te kiezen. Het is echter niet omdat een evolutie onafwendbaar is dat men ze goed moet vinden en er zich bij neerleggen. Het is niet omdat de confederalisering wellicht onvermijdelijk is dat men ze moet goedvinden. Evenmin moet men een oorlog, een dictatuur, een verloedering van de democratie, goedvinden omdat ze niet te vermijden zijn.

Naast hen die zich steunen op feiten die zich in de toekomst zullen voordoen, zijn er anderen die argumenten vinden in feiten uit het verleden, bijvoorbeeld: grenzen die in het verleden ten onrechte verlegd werden, vernederingen die volksgenoten in het verleden moesten ondergaan. Net alsof alle bevolkingsgroepen die in het verleden ooit vernederd werden aanspraak moeten kunnen maken op het recht nationalistisch te denken en te streven naar de oprichting van een eigen soevereine staat. Ondergingen zwarten en kleurlingen niet honderdmaal meer vernederingen in Zuid-Afrika dan de Vlamingen in België?

Anderen, de meesten, vinden hun argumentatie in door hen vastgestelde actuele feiten, o.a. de reeds besproken verschillen.

THEMA'S VOOR EEN VERNIEUWEND DEBAT

De kans op een breed debat is gering omdat de Vlaamse media de nieuwe politieke werkelijkheid dragen en geen enkel persorgaan bereid lijkt aan een debat deel te nemen, laat staan het uit te lokken. Dit is vreemd want ondertussen hebben ze het voortdurend over het gebrek aan debatcultuur. Velen promoten de debatcultuur, maar willen schijnbaar geen debat over wat in alle normale staten het voorwerp is van open debatten en zelfs van volksraadplegingen. Er zijn geen discussies op televisie met de partners van over de taalgrens. Debatten tussen de vertegenwoordigers van de Vlaamse partijen over communautaire problemen zijn vaak te beluisteren op radio en televisie, maar bijna nooit met Vlamingen die het met deze Vlaamse partijen oneens zijn, zeker niet Vlamingen met politieke ervaring. (Ondergetekende kreeg een mail van de Zevende Dag waarin werd medegedeeld dat hij weinig kans maakte deel te nemen aan het debat 'Laat ons scheiden' omdat men gewone mensen zocht en geen mensen met politieke ervaring, net alsof de staatshervormingen worden gerealiseerd door mensen zonder politieke ervaring.) Er zou bijna probleemloos kunnen worden gedebatteerd met vertegenwoordigers van Franstalige partijen, waarvan een aantal voortreffelijk Nederlands spreekt.

Het moment is gunstig. Alle partijleiders hebben de mond vol over vernieuwing. En wat is er meer vernieuwend dan een debat over regionalisme en nationalisme in Europees perspectief. Iedereen voelt aan dat de partijen zich moeten vernieuwen, niet door het recruteren van televisievedetten en sportfiguren, maar door zich in hun actie en structuren aan te passen aan de transnationale dimensies van de problemen. (Ze moeten dit doen omdat de problemen zich niet aanpassen aan de dimensies van de Vlaamse partijen.)

Het uitblijven van een boeiend en nuttig debat over nationalisme en regionalisme is wellicht niet alleen te verklaren door het feit dat de politieke werkelijkheid door de politici en de media voorgesteld wordt als onontwijkbaar en definitief, maar ook te wijten aan de ongewone complexiteit van de problematiek. Om een diepgaand debat mogelijk te maken moet klaarheid worden geschapen in het begrippenarsenaal. Wat is het verschil tussen een nationaal gevoel en politiek nationalisme, tussen chauvinisme en liefde voor de vertrouwde omgeving, tussen nationalisme en het streven naar autonomie en zelfbeschikking, tussen autonomie en nationale soevereiniteit, tussen federalisme en confederalisme, tussen samenwerking en democratie, tussen diplomatieke en democratische besluitvorming, tussen solidariteit tussen staten en deelstaten en solidariteit tussen personen (cf. de financiering van het gezondheidsbeleid)? Culturele identiteit, culturele eigenheid, moeten worden omschreven en de mogelijkheid ze te vrijwaren dient te worden onderzocht. Aandacht moet gaan naar de macht van veralgemeningen, gemeenplaatsen, clichés en vooroordelen in verband met de mentaliteit en de gedragingen van de leden van de eigen en de andere gemeenschap. Gewenst is een discussie over de ideale grenzen van de deelstaten van een (meerpolige) federatie. Nuttig is zo een discussie in Europees perspectief, vooral sinds er wordt gepleit voor een Europa, niet van staten, maar van regio's. Zijn het linguïstische, religieuze, etnische, culturele, historische, economische, natuurlijke of arbitraire grenzen waaraan de voorkeur moet worden gegeven? Moeten deze grenzen samenvallen met de grenzen van staten en deelstaten? Mogen het arbitraire grenzen zijn als de deelstaten maar groot genoeg zijn om leefbaar te zijn en klein genoeg om vormen van directe democratie toe te laten? (cf. Georges Goriély). Zo veelomvattend is het debat dat velen liever uit de weg gaan.

IS HET VLAAMS BLOK DE TEGENSTANDER?

Waarschijnlijk is wel dat lezers van wat volgt de auteur met een klop op de schouder zullen betichten van gebrek aan realiteitszin. Hierop kan worden geantwoord dat de realiteit het voorwerp mag zijn van kritisch onderzoek. Het is niet omdat iets behoort tot de dagelijkse werkelijkheid, geduld en aanvaard wordt, dat men het goed moet vinden. Het is niet omdat de Belgische universalistische partijen alle enkele tijd geleden gesplitst werden op basis van het criterium taal dat men dat vandaag een goede zaak moet vinden, dat men dat vandaag niet mag betreuren. Hetzelfde geldt voor tal van andere splitsingen die doorgevoerd werden in het kader van de verschillende grondwetsherzieningen. Het is niet omdat de Belgen ermee leven dat deze hervormingen geen bedreiging inhouden voor de democratie en het vreedzaam en solidair samenleven. Gevaarlijk is de algemeen verspreide mening dat men nu over het verworvene inzake staatshervorming liefst niet meer moet discussiëren.

Zelfs op flagrante contradicties mag niet worden gewezen. Men is tegen het Vlaams Blok, maar het stoort vele progressieve Vlamingen niet dat de op elkaar volgende hervormingen uiteindelijk zullen leiden tot het verbreken van de laatste solidariteitsbanden en tot het uiteenvallen van de Belgische meertalige democratie. Dat dit uiteenvallen van België toevallig ook het hoofddoel is van het Vlaams Blok verontrust blijkbaar niet.

In het eerste hoofdstukje over het belang van het nationalisme vergeleek ik de in ons land door nationalisten geboekte successen met deze van de vier (of acht) universalistische Belgische partijen. Ik wil er het volgende aan toevoegen. Mag niet worden gesteld dat door de Franstalige en Vlaamse partijen in de laatste decennia tal van daden werden gesteld waaruit blijkt dat zij het Vlaams Blok en de extremisten van de N-VA volgen en ook dat ze nalaten daden te stellen met het doel deze nationalistische krachten de weg te versperren? Zij volgen de extremisten en aanvaarden beslissingen die helemaal niet stroken met de beginselen die de basis vormen van hun ideologie. Inderdaad welke passages uit de leerstelsels van socialisten ('arbeiders van alle landen verenigt u'), Christen-democraten ('bemint elkander' – er werd niet aan toegevoegd 'tot aan de taalgrens'. Is er in het Nieuwe Testament één enkele zin te vinden waarop Christen-democraten zich kunnen baseren om hun keuze voor nationalisme en confederalisme te rechtvaardigen?), liberalen en groenen duiden erop dat zij moeten ijveren voor de splitsing van hun partijen, van het tweetalige parlement, van de economie, het milieubeleid, de buitenlandse handel, openbare werken, landbouw, ontwikkelingssamenwerking, sociale zekerheid en gezondheidsbeleid. Al deze verwezenlijkingen en eisen behoren fundamenteel en alleen tot het gedachtegoed van het Blok en de extremisten. We bestrijden uiterst rechts maar doen voor een deel wat zij, en zij alleen, vanuit hun ideologie, willen. Dat ziet de publieke opinie. We kanten ons tegen de uitspraak 'Eigen volk eerst', maar zijn voor het zelfbeschikkingsrecht om eerst aan het eigen volk te kunnen denken en in de Belgische confederale besluitvorming over een blokkeringsrecht te kunnen beschikken (o.a. in het Agentschap voor Buitenlandse Handel dat volgens de Lambermont-akkoorden in de plaats treedt van de Belgische Dienst voor Buitenlandse Handel, de BDBH). Dat het zover gekomen is, wordt door velen niet gezien. Wat de houding moet zijn tegenover andere volksgemeenschappen, tegenover anderstaligen, staat te lezen in de filosofie van het Blok, niet in die van de andere Belgische partijen.

Wat extreme nationalisten niet kunnen willen en waardoor we deze krachten in hun streven zouden kunnen schaakmat zetten, laten we na: de heroprichting van meertalige federale partijen in België en in de Europese Unie. Belgische democraten hebben elkaar steeds over de taalgrens heen gevonden als er grote gevaren dreigden. Vlaanderen heeft Franstalig België nodig om een dam op te werpen tegen uiterst rechts.

NATIONALISME, LIEVER GEEN HUMOR

Soms ontstaat de indruk dat belgicisten die geen echte belgicisten zijn omdat ze niet dwepen met de driekleur, de monarchie en herinneringen aan het nationale verleden, maar zich opwerpen als verdedigers van een stuk multiculturele democratie en meertalige sociale solidariteit meer in de weg lopen, dan klassieke belgicisten. Als ze dan nog kritiek hebben op het politieke nationalisme zijn ze echt niet meer te pruimen, zeker niet in Vlaanderen. Vlaanderen telde namelijk tot voor kort vijf eerbare democratische politieke partijen en één daarvan was de nationalistische Volksunie. En omdat de debatcultuur in Vlaanderen inhoudt dat men wel discussieert over concrete maatregelen, maar niet over de ideologieën van de partijen, discussieerde men ook niet over de ideologie van de Volksunie en haar opvolgers, SPIRIT en N-VA.

De Vlaamse partijen gaan behoedzaam met elkaar om. Socialisme, Christen-democratie, Liberalisme, Ecologie en

Vlaams-nationalisme zijn alle even 'salonfähig'. De ideologieën worden gerespecteerd, in hun wezen niet meer bekritiseerd, zeker niet bespot. Alle ideologieën, behalve die van het Vlaams Blok; deze wordt verworpen, niet voldoende ontkracht, zeker niet het extreme nationalisme erin.

Door geen enkele partij wordt het nationalisme volledig afgewezen. Sommige Vlaamse politici zijn tegen onafhankelijkheid, maar drukken zich behoedzaam uit. Ze willen niet doorgaan voor belgicisten en zetten een stap in de richting van het Vlaamse denken. Zo verklaarde Freddy Willockx, een moedig tegenstander van confederalisme, in het Zinzen-interview op de VRT van 30 december 2000 dat hij gekant bleef tegen de splitsing van België, maar wel voorstander was van een beperkte vorm van fiscale autonomie. Zo lazen we diezelfde dag in een opiniestuk van Koen Raes in *De Morgen* *'dat men onmogelijk een vertoog van verdraagzaamheid en respect jegens migranten kan ontwikkelen, wanneer men tegelijkertijd de onmogelijkheid van samenwerking met Wallonië blijft beklemtonen.'* In hetzelfde stuk keert Raes zich tegen splitsingen inzake werkeloosheidsvergoedingen en kinderbijslagen, niet echter tegen splitsingen in de gezondheidsstructuren omdat *'de verschillen daar kunnen worden verklaard door een andere cultuur bij de medische elites.'* Raes schrijft dit net alsof het verbreken van de solidariteitsbanden in de ziekteverzekering goed is voor de zieken in Wallonië en niet zal leiden tot verhoging van bijdragen en remgelden.

De omzichtigheid in de omgang met het Vlaamse nationalisme blijkt nog op een ander gebied, dat van de humor. Het Vlaamse nationalisme geniet de status van eerbaarheid. Men spot er niet mee, ook niet met de gekke situaties die erdoor ontstaan. Denken we maar aan de discussies over de regionalisering van de Nationale Plantentuin van Meise. De tuin naar Vlaanderen en de planten verdeeld tussen de Gemeenschappen, zoals de boeken van de Leuvense Universiteit? Denken we aan het getouwtrek rond het cultuurhuis Kladaradatsch, aan de vertegenwoordiging van de Nederlandstaligen in het hoofdstedelijk parlement, in de Brusselse gemeenten en politieraden (Kamer, integraal verslag van 22 maart 2001, p.3), aan de vitterijen rond de oprichting van het Federaal Agentschap voor de Veiligheid van de Voedselketen. Wordt de bestrijding van mond- en klauwzeer een regionale of een federale materie? (Kamer, integraal verslag 28 maart 2001, p.16) We horen reacties van politici, juristen, journalisten, maar missen die van de humoristen. Is het communautaire taboe voor het cabaret? Geert Hoste maakt voortdurend grappen over de leden van de koninklijke familie, maar aan de koddige situaties geschapen door de federalisering raakt hij niet. Het communautaire wordt behandeld 'mit tierischem Ernst'. Maar als je aan een buitenlander zegt dat er in de hoofdstad van Europa geen tweetalige lijsten aan de verkiezingen mogen deelnemen en dat de Duitstalige Gemeenschap van België en de Gemeenschappelijke Gemeenschapscommissie op hun eentje de inwerkingtreding van het Verdrag van Maastricht hadden kunnen verhinderen, gelooft hij dat je grappen vertelt en hem voor de gek houdt.

TWIJFEL GEWENST ALS EENSTEMMIGHEID GROOT IS

In opiniepeilingen spreekt 75% van de Vlamingen zich uit tegen de splitsing van de sociale zekerheid. Dit is wellicht een realiteit, maar zeker geen politieke. Dit is geen politieke realiteit, omdat, zoals reeds gezegd, geen enkele krant, geen enkele journalist zich opwerpt als spreekbuis van deze 75% en omdat de meningen en gevoelens van deze meerderheid door geen enkele politicus, door geen enkele partij in een politiek perspectief gemobiliseerd en gekapitaliseerd worden.

Zonder de media is de realiteit geen realiteit. Als iemand met zijn visies op de realiteit buiten deze realiteit valt kan een gevoel van onzekerheid en angst hem overvallen. Kris Deschouwer schreef in *Politiek zonder boe of bah* (Kritak, Leuven, 1992): *'Daar waar iedereen hetzelfde gelooft, is de nood aan de twijfel het grootst.'* In Vlaanderen heerst er een vreemde eensgezindheid in verband met de staatshervorming en deze wordt door de media niet doorbroken. Zo wordt er verkondigd dat de twee taalgemeenschappen uit elkaar groeien, dat ze elkaar niet meer kennen. Als mensen uit het persmilieu het hierover hebben, vergeten ze eraan te denken dat de oorzaak wellicht bij hen ligt. In het dagelijkse persoverzicht van de VRT heeft men het nooit over de Franstalige pers, – uitzonderlijk eens over La Libre Belgique. In het overzicht van de RTBF, daarentegen, verneemt men bijna elke dag zeer veel over de meeste Vlaamse kranten. We verwijzen naar de uitvoerige studie van Dave Sinardet die de Vlaamse en de Franstalige televisienieuws-uitzendingen met elkaar vergeleek en tot de vaststelling kwam dat de belangstelling van Vlaamse zenders voor het gebeuren in Franstalig België geringer was dan omgekeerd.

De media zorgen voor de beeldvorming en tonen ook 'wat kan en niet kan'. Samenwerking tussen VRT en RTBF komt bijna niet voor, evenmin tussen VTM en RTL, op de verkiezing van Miss België na. In Zuid-Afrika daarentegen kon men in 1994 een populaire televisieserie volgen, 'Egoli, City of Gold', waarin de figuren door elkaar en tegen elkaar Engels en Afrikaans spraken. Voetbalmatchen worden in Zuid-Afrika kameraadschappelijk becommentarieerd door twee journalisten, die naast elkaar zitten, waarvan de ene Engels en de andere Zoeloe praat. Vergelijk dit met de situatie in België waar in hetzelfde gebouw zelfs de restaurants voor het personeel en de toegang tot de gebouwen gescheiden zijn.

WIE IS VOOR EEN VOLKSRAADPLEGING?

In België wordt door de media een wereld geschapen die ons afschermt – gezellig onder ons binnen ons taalgebied – en waarin velen zich koesteren en geborgenheid vinden. Vlaanderen heeft nu ook zijn schoonheidskoninginnen en zijn soaps op VRT en VTM, – waarin we wellicht onze Vlaamse eigenheid en culturele identiteit moeten herkennen –, jammer genoeg geen politieke humoristen.

In deze nieuwe realiteiten, waarvoor ook zogenaamde belgicisten terugdeinzen, voor de dag komen met deze en de hiernavolgende hoofdstukken is een riskante zaak. De Belgische politiek vloeit door het land als een luie rivier. Deze rivier mag in haar debiet niet worden gestoord, zeker niet door querulanten die de burgers bij de hervormingen willen betrekken of doodgewoon hun mening vragen in een referendum of een consultatieve volksraadpleging, zoals in het Franstalige Québec. De Belgen zullen overmorgen misschien in een andere staat leven maar dat is niet belangrijk genoeg om ze bij de zaak te betrekken. Er zijn problemen, maar de juristen, politici en syndicalisten die ze onderkennen, mogen er iets over zeggen op colloquia, niet op de televisie. Geen rustverstoorders. Opmerkelijk:

door nationalisten en separatisten werd nog nooit gepleit voor het houden een volksraadpleging over de afscheiding, vreemd genoeg ook niet door gewezen Ministerpresident Robert Collignon die eind december 2000 in Lille openlijk een lans brak voor de aanhechting van Wallonië bij Frankrijk, – en dit in termen van 'la pensée allemande' verwijzend naar natuurlijke banden. Vrezen zij door de bevolking afgestraft te worden?

De voorstanders van eenheid en solidariteit vrezen dit niet, voorlopig nog niet. Zij vragen een volksraadpleging. Ze voelen zich gesteund door de resultaten van opiniepeilingen. Tegenstanders van een referendum over het voortbestaan van België verklaren meestal dat ze tegen zo een referendum zijn omdat ze tegen het referendum 'an sich' zijn. Ze vinden het gevaarlijk en de mensen niet verstandig genoeg om zich op deze manier uit te spreken. Ze vergeten dat ze de mensen wel verstandig genoeg achten om één keer om de vier jaar de programma's en kandidaten van alle partijen met elkaar te vergelijken en te stemmen voor één partij en tegen alle andere, – en dat daaraan eveneens gevaren verbonden zijn. De burgers-kiezers kunnen dan stemmen voor fascistische en extreem nationalistische partijen, wat ze ook doen.

OMDAT WE HET ONEENS ZIJN, NIET OMDAT WE GEKWETST ZIJN

Maar het is niet eenvoudig in Vlaanderen een inhoudelijk debat te starten. Disputandi worden vaak afgewezen niet omwille van hun ideeën, maar omwille van hun relaties. Het relationele staat boven het referentiële. Vaak wordt gezocht naar psychologische en andere verklaringen voor de houding van de tegenpartij, maar vertikt men het op de argumenten in te gaan. Inhoudelijke debatten komen zelden tot stand. Om een twistgesprek op gang te brengen volstaat het in onze contreien vaak niet te verklaren dat men het oneens is. Er is meer nodig. Er moet gekwetst worden. We hopen met dit boek niemand te kwetsen.

Dit boek ontstond uit de behoefte gevoerde openbare debatten voort te zetten, zij het dan slechts in beperkte kring. De meeste van deze debatten waren alles behalve bevredigend. Het panel bestond uit vijf, zes inleiders, ten minste één per Vlaamse partij, en werd gemodereerd door een journalist, liefst van de TV, die verstond het tempo erin te houden. Het debat moest lijken op een TV-debat. Aan de inleiders werd slechts één ding gevraagd: het kort houden en zo vlug mogelijk afronden. De moderator maakte daarvoor een beweging met de twee handen. Elkeen had een microfoon voor zijn gezicht en kreeg hooguit zeven minuten om zijn waar uit te stallen. In deze paneldiscussies, vaak met bekende Vlaamsgezinden, jammer genoeg bijna nooit met Walen, werd niet tot de kern van de problemen doorgedrongen, zelfs het meningsverschil werd niet omschreven. Tijd om op elkaars stellingen in te gaan was er niet, daarom beperkte men zich tot pogingen om te 'scoren' en applaus te oogsten. Wilde je nationalisme situeren ten overstaan van universalisme, fascisme of racisme, kreeg je prompt te horen dat je vergat dat de Vlamingen vernederingen hadden ondergaan. Daarop kon je dan antwoorden dat het de Walen waren die nu leden aan een minderwaardigheidscomplex tegenover het rijkere Vlaanderen, dat alhoewel welstellend nog nooit zo veeleisend was geweest.

CONSERVATIEVEN EN PROGRESSIEVEN

Uit de debatten moest blijken dat de voorstanders van multiculturele samenhorigheid geen zin hadden voor de realiteit. Ze waren belgicisten en conservatievelingen. Dat het tegenovergestelde waar was kwam bij velen niet op. Het antwoord was: het zijn de separatisten, de confederalisten, de verdedigers van de collectieve egoïsmen die conservatief zijn. Multicultureel, democratisch en solidair samenwerken – zoals binnen Brussel – is modern, progressief en volledig toekomstgericht. Het wetenschappelijke, economische, politieke en syndicale leven zal meertalig zijn. Zij die vandaag staan op eentaligheid in de parlementen, de politieke partijen, de vakbonden, de wetenschap, de ziekenfondsen, de sportfederaties... zijn 'dépassés', leven buiten de realiteit, zijn niet modern, zien niet met open ogen naar de toekomst. Ze zouden moeten weten dat ze een bedreiging vormen voor de democratie en de solidariteit die bovennationaal, multicultureel en meertalig zullen zijn of niet zullen zijn. Vlaams-nationalisten zijn voor ééntalige partijen en parlementen in België, zullen zij weigeren zitting te hebben in het Europese Parlement en functies te bekleden in Europese partijen en vakbonden omdat die meertalig zijn? Of menen de nationalisten dat de democratische strijd tegen multinationale economische en diplomatieke beslissingscentra kan worden gevoerd door eentalige nationale en regionale partijen en vakbonden? Ze noemen zich progressief en volksverbonden, maar is het modern en progressief Buitenlandse Handel en Ontwikkelingssamenwerking te splitsen op basis van het criterium taal. *'Ga dat maar eens uitleggen in Togo,'* zei Eddy Boutmans. Ze noemen zich democratische nationalisten, maar hebben ze de mening gevraagd van de exporterende ondernemingen bij de regionalisering van Buitenlandse Handel en van de NGO's die zich bezighouden met ontwikkelingssamenwerking? Ze zijn voor een solidair Vlaanderen. Vlamingen solidair met Vlamingen. Wat betekent dit? Zijn wij ook voor een solidair Duitsland?

Op mensen die pleiten voor het behoud van een stuk Belgische democratie en de sociale solidariteitsbanden met de Franstaligen niet willen verbreken, zoals Freddy Willockx, wordt meewarig neergekeken. Men noemt ze de laatste belgicisten, maar doet dat met nuances. 'Belgicisten zijn geen slechte mensen, het zijn vaak goede jongens, maar ze leven in het verleden. Ze beseffen niet dat de tijden veranderd zijn en dat de toekomst niet meer is aan behoudsgezinde belgicisten, maar aan realistische, dynamische splitsers, nationalisten, confederalisten en separatisten, die bewust of onbewust vrolijk bijdragen tot het verwezenlijken van het hoofddoel van het Vlaams Blok: een onafhankelijke cultuurhomogene solidaire Vlaamse staat. 'Ze zijn voor het behoud van het "cordon sanitaire" maar vinden niet dat het Vlaams-nationalisme uitsluitend de zaak moet zijn van uiterst rechts, van la Forza Fiandra.'

EEN DUBBELE WAARSCHUWING

De lezer zal begrijpen dat bij de studie van het politieke nationalisme onvermijdelijk verschillende benaderingswijzen door elkaar vloeien. Het is moeilijk ze van elkaar gescheiden te houden. Dit kan verwarrend overkomen. Nationalisme is een complex verschijnsel waarin verschillende factoren een rol spelen. De politicus kan zijn aansporingshefboom plaatsen op algemeen verspreide gevoelens van afkeer ten overstaan van andere gemeenschappen, op de zijns- en geldingsdrang en de identificatiebehoefte van groepen en individuen. Deze politiek kan uitmonden in afscheidingen, in de oprichting van autonome deelgebieden, van onafhankelijke staten. Hieruit kunnen dan weer nieuwe spanningen ontstaan, gelet op het feit dat de economische en andere interdependenties door de hervormingen niet wegvallen. Het ontbreken van bovennationale rechtsorde en van middelpuntzoekende krachten kan bijdragen tot het aanwakkeren van nationalistische gevoelens, waarop dan weer kan worden gesteund om macht te verwerven en te behouden. Dit betekent dat bij studie en reflectie de aandacht moet gaan naar de psychologische, sociaal-psychologische, sociologische, conflictologische, politicologische, historische, politieke en juridisch-institutionele aspecten van de problematiek. Dat ik er niet in geslaagd ben deze aspecten overzichtelijk van elkaar gescheiden te houden zal de lezer willen begrijpen. Ook bij de studie van andere politieke bewegingen dient rekening te worden gehouden met meerdere aspecten. Nationalisme leidt echter tot ontwikkelingen, conflicten en spanningen met bijzondere kenmerken en eigenschappen.

Ook zal er moeten gepoogd worden aan taalanalyse te doen. Welke betekenis wordt aan de woorden gegeven? Hebben ze een bijkomende, een verborgen betekenis, een meta-betekenis? Zij die pleiten voor burgernabijheid – 'politiek dichter bij de burger' – zijn vaak voorstander van regionale autonomie, zelfs van afscheiding. (zie het integrale verslag van de studiedag over dit thema georganiseerd door B Plus te Eupen op 29 januari 1999 en gepubliceerd in het *Tijdschrift voor Bestuurswetenschappen en Publiekrecht* van oktober 1999). Hetzelfde kan waar zijn voor voorstanders van kleinschaligheid. De formule 'eenheid in verscheidenheid' heeft een andere betekenis in de mond van een centralist dan in deze van een regionalist of een nationalist. In beide gevallen heeft ze te maken met machtsafbakening, net als het begrip 'nationale culturele identiteit', vooral als het erom gaat deze te beschermen.

Wel moet ik toegeven dat de ondertoon van de volgende hoofdstukken polemisch is. De keuze van het thema is 'an sich' reeds een polemische daad. Dingen die men onaangeroerd wil laten, bestudeert, analyseert men niet. Studie leidt tot demystificatie, tot ontluistering. Het risico zit erin. Machthebbers zullen ook niet vragen het begrip 'macht' te analyseren en er filosofisch-fenomenologische beschouwingen aan te wijden. Volgens hen is macht iets dat zij hebben en anderen niet, en dat volstaat. Zij willen niet weten hoe macht ontstaat en afkalft, door wie en onder welke voorwaarden macht wordt uitgeoefend, onder welke voorwaarden de politieke aansporing met succes wordt bekroond. Zij wensen niet te filosoferen over de waardebelevingen die moeten aanwezig zijn en moeten worden gedeeld om machtsuitoefening mogelijk te maken (in de verschillende domeinen van het maatschappelijke leven en niet alleen op het niveau van de staat, die beschikt over het monopolie van het fysisch geweld). Hetzelfde geldt voor hen die kiezen voor de analyse van de begrippen politiek, conflict, nationalisme, federalisme, confederalisme, politieke integratie, autonomie en soevereiniteit,... (zie in dit verband o.a. wat ik verzameld heb in *Het Europese besluitvormingsproces en het Europese integratieproces* en in *De groene idee, het monetaire en de macht).*

REACTIES OP 'BELGEN OP DE TWEESPRONG'

De eerste uitgave in 1964 van *Belgen op de tweesprong* door de Europese Federalistische Beweging verscheen onder de schuilnaam Dirk Vanderburcht. De reacties waren uiteenlopend. Gerard Walschap schreef: *'Buitengewoon interessant. Het gezond verstand zelf.'* Hendrik Brugmans schreef: *'Een knappe analyse vol scherpzinnige conclusies.'* Volgens Leo Picard was het boek *'een waarschuwing tegen het bedrog dat er in de woorden zit en waarvan door de entrepreneurs van de staatsmacht (en zij die dit willen worden) zo graag en op dikwijls zeer gevaarlijke wijze gebruik wordt gemaakt. Sedert meer dan veertig jaar zeg ik aan mijn Vlaamse vrienden: we moeten concreet leren denken. Dirk Vanderburcht is een concreet denkend auteur.'* In *Ter elfder ure* van december 1965 stond te lezen: *'Een moedig boek dat iedereen moet lezen die naar andere dan de geijkte oplossingen zoekt.'* Volgens *Geschiedenis in het onderwijs* (25 juni 1965) *'had de auteur iets te vertellen, iets dat hij had bestudeerd... Eigenlijk kan eenieder in dit boek ergens aanstoot aan nemen. Misschien dat men het precies daarom moet lezen. Vanderburcht schreef een boek dat vele discussies mogelijk maakt en allicht zal uitlokken.'*

Er was discussie maar slechts in beperkte mate. Sommigen verwierpen de inhoud van het boek en weigerden de discussie aan te gaan. Er waren reacties in kranten en tijdschriften, maar geen groot debat. Een vooraanstaand Vlaams journalist zei dat 'ze' het boek niet zouden aanvallen omdat ze er geen publiciteit voor wilden maken.

In 1967 verscheen een tweede uitgave verzorgd door *De Internationale Pers,* Berchem-Antwerpen, ditmaal niet onder een schuilnaam.

Een overzicht van de hoofdstukken die uit *Belgen op de tweesprong* werden overgenomen en de stukken die werden toe- en ingevoegd vindt de lezer achteraan in dit boek in 'Toelichting'.

TWEEDE DEEL

Nationalisme, theorie, ontwikkeling en succes

Naar een omschrijving van het begrip nationalisme

In de eerstvolgende hoofdstukken uit *Belgen op de tweesprong* wordt een poging ondernomen het begrip nationalisme te definiëren, uitgaande van een voorstel betreffende soorten waarden en criteria en soorten politieke bewegingen.

WAARDERINGS- EN KEUZECRITERIA

De criteria voor politieke beoordeling zijn de door het individu erkende waarden, die hem leiden bij het beoordelen van de factoren, die bijdragen tot de gemeenschapsvorming en de beïnvloeding van het gemeenschapsbeleid. In bepaalde omstandigheden wordt het individu gedwongen tussen de verschillende voor hem geldige beoordelingscriteria een selectie te maken. Door bewuste of onbewuste afweging worden dan bepaalde waarden uitgeschakeld. Het overblijvende criterium bepaalt de politieke keuze van het individu. Het politieke keuzecriterium is de door het individu erkende waarde, die uiteindelijk bepaalt aan welke van de groepen, die wedijveren in de strijd om de macht of streven naar beïnvloeding van het gemeenschapsbeleid, het individu zijn steun zal verlenen.

Voor individuen, waarvan de politieke activiteit zich niet beperkt tot het deelnemen aan nationale verkiezingen of het stellingnemen voor of tegen een of andere bevolkingsgroep, maar die zich geregeld uitspreken over het gemeenschapsbeleid, hetzij als mandataris, hetzij als publicist, of eenvoudig als belangstellende, vinden de criteria van politieke appreciatie een ruimere aanwending. Het zijn de maatstaven, waarmede voorstellen, programma's, argumenten, enz. betreffende het beheer van de gemeenschap beoordeeld, goed- of afgekeurd worden.

Het zijn de politieke beoordelingsmaatstaven en we onderscheiden ze van de criteria voor politieke keuze.

Het is duidelijk dat de motieven, waarom iemand zijn stem geeft aan een bepaalde partij, medewerking verleent aan een denk- of actiegroep, handelingen goed- of afkeurt, zeer uiteenlopend en complex kunnen zijn. Sommigen zien een waarde in de standvastigheid, in de trouw, in de politieke familietradities, in organisatorische banden. Anderen voelen zich gedreven door persoonlijke vriendschapsbanden of weten de houding of het uiterlijk van een voorman naar waarde te schatten. Nog anderen koesteren waardering en achting voor de stijl, de inzet, de ideologie, het programma, de doelstellingen van een groep. Velen denken enkel aan hun onmiddellijke en persoonlijke belang. Gewoonten, stand, persoonlijke relaties, opvoeding, beroep, temperament, conjunctuur, levensniveau spelen een rol. Het is onmogelijk een bevredigende indeling op te stellen. Het begrip criterium van politieke keuze kan negatief of positief gericht zijn. Men steunt een groep, omdat hij deze of gene waarde belichaamt of omdat hij deze of gene onwaarde bekampt. Het begrip criterium houdt de idee van de scheidingslijn (de breuklijn?) in, die niet mag overschreden worden, met name de waarde, die het individu stelt boven alle andere en die tenslotte doorslaggevend zal zijn, wanneer in dramatische omstandigheden of bij verkiezingen, moet gekozen worden tussen de in het strijdperk tredende antagonisten. Halen de principes het op het persoonlijk belang, halen de vriendschapsbanden het op de gewoonte, het klassenbelang op de taalverbondenheid? Dit zijn vragen, die telkens weer gesteld worden. Over het algemeen gevoel van wantrouwen en zelfs van afkeer ten overstaan van de politieke wereld moet hier niet worden uitgeweid; velen stemmen voor 'le moindre mal'.

WAARDEN EN MACHT

De criteria voor beoordeling, waardering, keuze, groepsvorming hebben te maken met macht. Macht wordt in dit geschrift gezien als de graad van voorspelbaarheid van het gevolg dat aan de aansporing wordt gegeven. Een machtig iemand is iemand die met grote waarschijnlijkheid gevolgd wordt en bekomt wat hij wil. Zijn succes in de aansporing is voorspelbaar. Als waarden criteria worden, dit wil zeggen, bepalend gaan zijn voor de beoordeling van mensen en feiten, bij het maken van keuzen en het vormen van groepen dan kunnen zij in de politiek, in de politieke machtsvorming, een rol spelen, dan kunnen zij door politieke instigatoren worden gebruikt met het oog op het verwerven en het behouden van macht. Dan kan naar die waarden worden verwezen in de argumentatie, in het politieke discours. Normaal worden waarden die bepalend zijn voor keuze en groepsvorming intenser beleefd dan waarden die alleen maar dienen voor het waarderen van mensen, gedachten en daden. Iemand zal een ecologisch initiatief waarderen maar daarom nog niet stemmen voor een groene partij. Als een religie (of een taal) bepalend wordt voor partij- en staatsvorming betekent dit dat de mensen niet alleen bereid zijn zich in functie van hun godsdienstige overtuiging te groeperen in bewegingen en staatkundige entiteiten, maar meestal ook voor die religie offers te brengen, wellicht zelfs hun leven te geven. De politieke instigator die van volgelingen eist dingen te doen ter verdediging van diep beleefde waarden (een religie, een taal, een ideologie...) maakt meer kans gevolgd te worden en macht uit te oefenen dan leiders die medemensen aansporen steunend op waarden die niet of nog niet intens beleefd worden. In het laatste geval is er behoefte aan politiek educatief werk. Lukt dit niet dan kan de politieke instigator zijn doel bereiken door, zo mogelijk, te dreigen met sancties of te lokken met gratificaties. Maar ook dan is succes pas voorspelbaar als de sancties door de aangespoorde gezien worden als te vermijden en de gratificaties als voldoende aantrekkelijk. Eigenaardig genoeg moet er in zekere zin overeenstemming bestaan in de waardebeleving van de acteurs. Er is behoefte aan gedeelde waardebeleving. Als de instigator wil overtuigen door als beloning een Bach-concert aan te bieden en de andere geeft niets om klassieke muziek, is er geen machtsuitoefening. Als de 'machthebber' dreigt met executies, maar de opstandelingen hebben hun leven veil voor de vrijheid, dan verliest de machthebber zijn macht. (zie *De Groene Idee, het monetaire en de macht,* p.37-49, op.cit.)

Beoordelingscriteria worden door de overgrote meerderheid van de bevolking slechts in zeer geringe mate gehanteerd. Daar het geheel van beoordelingscriteria bij de massa zich beperkt tot enkele algemene denkbeelden en gevoelens, kan men bezwaarlijk spreken van een geesteshouding, in de ware zin van het woord. In rustige periodes schenken slechts zeer kleine bevolkingspercentages aandacht aan het algemeen beleid en aan de strijd om politieke macht.

Het aantal belangstellenden neemt echter snel toe, wanneer de energieën zich beginnen te bundelen binnen een bepaald spanningsveld. Het aantal onverschilligen neemt af. De gematigden en de voorstanders van andere, minder kanshebbende oplossingen, beginnen zich te scharen rond de vaandeldragers der kanshebbende partijen. Het aantal kanshebbende partijen slinkt meestal tot twee en de elementaire vraag, die overblijft, wordt samengevat in de woordjes: pro en contra. Wanneer het hele politieke gevecht zich herleidt tot een zo elementaire keuze, gaan steeds grotere groepen partijkiezen. Ongetwijfeld is dit een van de cruciale problemen van de democratie. De vraagstukken worden noodgedwongen tot hun elementairste dimensies herleid. Vervolgens beslist een massa, waarvan de overgrote meerderheid er prat op gaat zich niet voor politiek te interesseren. Men begrijpt wat er zich kan voordoen, wanneer de kiezers niet zorgvuldig voorgelicht en geleid worden door equipes van oprechte verantwoordelijkheidsdragers, maar overgelaten worden aan een spanningszuchtige pers of aan collectieve instinctreflexen. De democratie is wellicht de allerbeste staatsvorm, doch deze kan het niet stellen zonder op zijn minst een aantal goede democraten. We bedoelen hiermee, dat een democratisch staatsbestel niet alleen behoefte heeft aan toonaangevende figuren, die zich strikt houden aan de democratische spelregels, maar dat dit bestel eveneens moet beschikken over een aantal persoonlijkheden van formaat, die in staat zijn waarachtig democratisch gezag uit te oefenen en keuzecriteria voor te houden. Niet-democratische stelsels kunnen het meestal stellen met een zeer klein aantal gezaghebbenden... of machthebbenden. Jammer genoeg wordt een te gering aantal persoonlijkheden aangetrokken door het democratische politieke spel. Boeit dit spel hen niet? 'Démocratie, pour quoi faire?' Is de democratie hun te pietluttig? Of is de democratie in het enge nationale kader te bekrompen en te zeer onder het niveau van de ware problemen van deze tijd? Hebben zij begrepen dat de essentiële beslissingen niet meer getroffen worden in onze nationale hoofdsteden?

Na deze korte uitweiding over de democratie terug naar ons uitgangspunt. We zagen dat de politieke beoordelingscriteria van de burger menigvuldig zijn, meestal slapen in zijn onderbewustzijn om slechts beleefd te worden in crisisperioden of wanneer hij er uitdrukkelijk om gevraagd wordt, o.a. bij verkiezingen of referenda.

VERBREIDING VAN DE CRITERIA – POLITIEKE ACTIE

De taak van de politieke leider beperkt zich niet tot het afleggen van verklaringen en tot het stellen van politieke daden, t.t.z. tot stellingnamen en handelingen, die hij door de publieke opinie laat beoordelen. Voor hem is er eveneens een opvoedkundige taak weggelegd. Hij zal namelijk in zijn hoedanigheid van opvoeder de burger leren, hoe hij de politieke gebeurtenissen moet beoordelen. De ideale politieke leider zal ervoor zorgen, dat zijn aanhangers bij het beoordelen van evenementen zoveel mogelijk het instinctief reageren en het gevoelsargument achterwege laten. Deze ideale politicus komt echter maar zelden voor... Met andere woorden: de ideale politieke leider en opvoeder gooit niet alleen verklaringen en daden te grabbel ter beoordeling door de publieke opinie, doch zorgt er tevens voor dat deze verklaringen en daden in de door hem gewenste zin beoordeeld worden. Hiervoor moet hij invloed uitoefenen op de politieke beoordelingscriteria van de burgers, eventueel de voorhandene onderhouden of actualiseren. De oude waarden vervangen door nieuwe en deze ingang doen vinden. Elkeen of elke groep, die een gedeelte van de macht duurzaam wil veroveren, mag geen van beide taken verwaarlozen en in een beginperiode dient wellicht meer aandacht geschonken te worden aan de opvoedende taak dan aan de zuiver politieke activiteit ofschoon ook louter politieke activiteit opvoedende invloed kan uitoefenen op de geesten. Hier dienen dus de ideoloog en de politicus hand in hand te gaan of zich in een persoon te verenigen.[1]

Alhoewel de partijen in hun algemene campagnes verplicht zijn tot het uiterste te simplificeren, om zo weinig mogelijk aanhangers af te schrikken, en ofschoon zij bovendien een aantal motieven dienen te verdoezelen of te verzwijgen, zijn de waarden, die zij aan de burgers voorhouden, toch meestal veelvuldig. Het zijn niet steeds dezelfde als die, welke de kiezers aanzetten te stemmen. Campagnes worden niet gevoerd met slogans als 'stem zoals uw vader', 'denk eraan: wij zijn de minst verwerpelijke partij', 'kijk eens naar het mooie profiel van de echtgenote van uw kandidaat' of 'stem op ons om uw buurman dwars te zitten'. Deze gevoelens worden hoogstens gesuggereerd. Meestal wordt het belang van de gemeenschap als hoogste doel aangegeven; dit wil zeggen het belang van de gemeenschap in al zijn facetten, gaande van het belang van de individuen, die de gemeenschap vormen, tot de gemeenschap in zijn meest abstracte vorm (bijvoorbeeld haar identiteit). De partijleidingen weten dat zij naargelang het publiek, accenten dienen te verschuiven, formuleringen dienen te vereenvoudigen, de stijl dienen te wijzigen. De doctrinaire minderheidsgroep beschikt over de zuiverheid van de idee. Deze is zijn enige rijkdom. De minderheidsgroep verkoopt deze idee niet in politieke concessies en compromissen. De machtige massapartij heeft een grote aanhang, beschikt over financiële middelen, kan druk uitoefenen, steunt op diepgewortelde structuren en kan inzake ideologie een grotere soepelheid aan de dag leggen.

EEN EERSTE INDELING VAN DE POLITIEKE BEWEGINGEN

Los echter van de vraag of een politiek ijveraar of een partijpolitieke formatie op een enkele trommel slaat of aanhangers wint door het inzetten van zeer gevarieerd slagwerk, kan m.i. een onderscheid gemaakt worden tussen drie elementaire soorten van politieke groeperingen. De voorgestelde indeling gebeurt niet zozeer op basis van wat ze in werkelijkheid zijn, maar wel van wat ze beweren te zijn, dit wil zeggen van de manier waarop ze zich aan het publiek voorstellen.

Deze drie soorten politieke bewegingen zijn:

- bewegingen, die beweren te ageren in het belang van de hele bestaande staatkundige gemeenschap;
- bewegingen, die ageren in het belang van een duidelijk omschreven herkenbaar, doch niet geografisch te lokaliseren, deel van de gemeenschap;
- bewegingen, die ageren in het belang van een duidelijk omschreven herkenbare en geografisch te lokaliseren deel van deze gemeenschap of ageren in het belang van een duidelijk omschreven herkenbare en geografisch lokaliseerbare mensengroep, die de grenzen van de bestaande staatkundige gemeenschap overschrijdt.

De vier traditionele Belgische partijen (we schrijven in het jaar 1964) behoren kennelijk tot de eerste categorie. Zij richten zich in hun werving weliswaar meer tot de arbeidersklasse, tot de christenen of tot een of andere groep van de bevolking, maar zij gaan er alle vanuit dat België gelukkiger, welvarender en invloedrijker zal zijn, wilden alle Belgen maar de christelijke, personalistische, socialistische, vrijheid en vooruitgang bevorderende of communistische ideeën, programma's en mandatarissen aanvaarden. In feite komt het hier op neer: alhoewel een christelijke partij zich in de eerste plaats richt tot een katholiek publiek, zal zij evenzeer de steun zoeken van andersdenkenden, deze steun niet versmaden en zal zij ook alle nietgelovigen de voordelen van haar beleid niet a posteriori, maar a priori gunnen. Alhoewel de socialistische partij in de eerste plaats strijdt voor en zich richt tot de werknemer zal zij de steun van een sociaal-voelende bankbeheerder niet afwijzen. In werkelijkheid is het natuurlijk zo, dat een bepaald publiek zich het leeuwendeel in het kiezerskorps van deze of gene tendens toeeigent. Zijn mensen voorbestemd voor bepaalde partijen te stemmen? Als we Albert Thibaudet mogen geloven, zouden er zelfs physieke verschillen bestaan tussen links en rechts, tussen vooruitstrevenden en conservatieven. *'J'ai vu dans la même région, à quelques mois de distance, un congrès de la Fédération catholique et un congrès radical. Il semblait, d'après les têtes, qu'ils fussent ceux de deux races différentes; les premières évoquaient la sculpture sur bois du XIII-*

ième siècle, les portraits du XIVième et du XVième, tandis que les secondes allaient du XVIIIième à Daumier.' (*Les idées politiques de la France, Que sais-je?* pag. 36-37).

Het kenschetsende van de eerste soort politieke bewegingen, de universalistische, ligt niet zozeer in hetgeen ze positief doen, dan wel in hetgeen ze niet doen: ze sluiten principieel niemand uit, er worden a priori geen exclusieven gesteld. Aan geen enkel lid van de bestaande gemeenschap worden de medewerking, de vruchten van de actie of zelfs de leiding, principieel ontzegd.

Tot de tweede categorie behoren de politieke bewegingen, die zich inzetten voor de belangen van burgers, die zich duidelijk onderscheiden van de anderen, ofwel door hun beroep (partij van middenstanders, boerenpartij), door het geslacht (de vrouwenbeweging), ofwel door de omstandigheden, waarin ze zich bevinden (Partei für Heimatvertriebene und Entrechtete). Zij rekenen op de medewerking van een bepaalde categorie van burgers, die alleen de vruchten van de actie zullen plukken en alleen de leiding in handen zullen houden.

Er zal beweerd worden – en in feite zal dit ook wel waar zijn – dat een welvarende boerenstand, een gerehabiliteerde middenstand, gelijkberechtigde vrouwen en tevreden 'Heimatlose', zullen bijdragen tot de welvaart, de realiteitszin en de rust in de gemeenschap, maar dit is zeker niet het objectief van deze bewegingen. Om lid te worden moet men boer, middenstander, vrouw of vluchteling zijn. Men kan weliswaar aan deze groepen steun verlenen als buitenstaander, doch deze steun komt in de eerste plaats ten goede aan de groep en slechts in een verder en toevallig stadium aan de hele gemeenschap.

Tenslotte is er een derde categorie van politieke bewegingen. Deze richten zich tot en behartigen de belangen van burgers, die zich, evenals deze behorend tot de vorige categorie, meestal door bepaalde kenmerken duidelijk onderscheiden van hun medeburgers, doch bovendien geografisch kunnen worden gelokaliseerd, d.w.z. deze groep leeft niet verspreid over het hele territorium van de bestaande staatkundige gemeenschap, maar houdt zich op binnen een vrij duidelijk omlijnbaar gedeelte ervan. Het groepscriterium wordt aangevuld met of vervangen door het begrip territorium. Deze politieke bewegingen kunnen zich eveneens richten tot groepen van individuen, die buiten de grenzen van de staatkundige gemeenschap leven of behoren tot andere staten, zoals de Dietse beweging, het nazisme en de Europese beweging in haar gewone presentatie. De ervaring leert dat in deze bewegingen de taal in de laatste eeuwen een doorslaggevende rol speelt. Doch ook op deze regel doen zich uitzonderingen voor. Historische, religieuze, economische en andere factoren kunnen zonder eenheid van taal de solidariteit van bevolkingsdelen en gewesten in de hand werken, instandhouden en stellen tegenover andere gewesten.[2] Zulke bewegingen kunnen voordelen teweegbrengen voor grotere gemeenschappen, dan deze waartoe de leiders zich richten. Doch dit is slechts accidenteel het geval. In principe worden de anderen van medewerking en zelfs van het samenhorigheidsgevoel uitgesloten. De actie is er alleen ten bate van de wel bepaalde en lokaliseerbare bevolkingsgroep. Alleen de leden van de bevolkingsgroep worden gezien als beneficianten en mogelijke uitdragers van de politieke boodschap.

De vraag die hier gesteld wordt is: hoe gedragen zich de politieke actoren, de politieke bewegingen, t.o.v. de burgers, de kiezers? Welke belangen behartigen ze? Die van alle landgenoten, die van een bepaalde groep, die van een landsgedeelte? En hieruit voortvloeiend: willen zij de macht (of een stuk ervan) veroveren in heel het land of slechts in een gedeelte ervan? Willen ze slechts aan een bepaalde groep meer macht of 'de' macht verlenen? Met andere woorden: tot wie richten ze zich, welke zijn hun doelgroepen, wie beschouwen ze niet alleen als potentiële beneficianten van hun actie maar ook als mogelijke medestanders?

Wel dient gezegd dat bepaalde gebeurtenissen aanleiding kunnen zijn tot fundamentele omzwenkingen in de houding van politieke bewegingen ten aanzien van medeburgers en doelgroepen. Een socialistische partij, die haar aanhangers geleerd heeft bij het beoordelen van gebeurtenissen een bepaalde maatstaf te hanteren, een betere verdeling der aardse goederen te eisen, de kapitalist als vijand nummer één te zien, zich verbonden te voelen met alle arbeiders ter wereld, kan ertoe gebracht worden dit criterium over boord te werpen, bepaalde kapitalisten als bondgenoten en bepaalde arbeiders als doodsvijanden te beschouwen, ongeroerd te blijven bij het zien van de vreselijkste onrechtvaardigheden. Dit kan het geval zijn bij tussenstaatse spanningen, in tijden van koude of warme oorlogen: het socialisme heeft zichzelf in grote mate genationaliseerd en zodoende zichzelf internationaal minder gevoelig gemaakt. Dit geldt voor alle universalistische politieke partijen en gedachtestromingen.

Regionale partijen, anderzijds, brokkelen af in tijden van tussenstaatse spanningen, wanneer het nationale solidariteitsgevoel de regionalistische tendensen overspoelt. Het is een geschiedkundig feit, dat ideologische partijen die zich, principieel althans, niet binden aan een bepaalde streek of bevolkingsgroep en zelfs niet aan de staat, waarin zij invloed uitoefenen, door de omstandigheden kunnen gedwongen worden tot regionale en – wat meer het geval is – tot nationale contracties. Het omgekeerde, het omslaan van een regionalistische in een meer ideologische partij, is eveneens denkbaar, doch slechts in een uitzonderlijk geval: wanneer de staatkundige onafhankelijkheid bereikt is.

In beide gevallen heeft een grondige omwenteling in de criteria van politieke appreciatie en keuze plaats. Deze omwenteling is bijna nooit het gevolg van een menselijke beslissing, maar wordt voortgebracht door de dialectiek der structuren. Wanneer de structuren veranderen, veranderen de criteria. De structuren conditioneren de spanningen, die de criteria doen omslaan.

De lezer zal opmerken, dat het onderscheid, dat hier gemaakt wordt tussen de politieke bewegingen geen verband houdt met de doelstellingen en objectieven van deze bewegingen, maar wel met de individuen tot wie ze zich richten en door wie ze gedragen worden t.t.z. de passieve en actieve subjecten. Dadelijk worden vragen gesteld betreffende de nagestreefde doeleinden en de door de politieke bewegingen verdedigde waarden t.t.z. de objecten van hun actie.

EEN TWEEDE INDELING VAN DE POLITIEKE BEWEGINGEN

Een tweede fundamenteel onderscheid heeft betrekking op de waarden, niet op de subjecten, de passieve en actieve actoren, maar op de objecten van de politieke actie. We bedoelen de waarden en doelstellingen, waarom gestreden wordt in het politieke strijdperk, m.a.w. de verdedigde waarden en bestreden onwaarden.

Een eerste categorie omvat waarden en objectieven, die in principe als waarden kunnen worden aanvaard door alle mensen en a fortiori door alle leden van de bestaande staatkundige gemeenschap. Een tweede categorie omvat waarden, die niet als waarden kunnen worden aanvaard door alle individuen. We pogen een onderscheid te maken tussen waarden, die potentieel toegankelijk zijn voor alle individuen, hoe moeizaam het aanvaardingsproces ook moge wezen, en waarden, die ontoegankelijk zijn voor alle leden van een bestaande of nog te scheppen samenleving.

Democratie, vrijheid, orde, rechtszekerheid, gelijkheid, vrede, sociale zekerheid en solidariteit, verschillende vormen van openbare zedelijkheid, eerbied voor het leven, geboortebeperking, godsdienstvrijheid, monogamie, eigendomsrecht, recht op arbeid... zijn weliswaar niet overal algemeen erkende waarden, maar het is niet uitgesloten, dat steeds grotere scharen begrip opbrengen voor deze en dergelijke waarden en ze tot politieke objectieven maken. De weg is wellicht lang en moeizaam te bewandelen, maar nergens rijst een Chinese muur, die de ijveraar de pas afsnijdt.

Heel anders is het gesteld met een tweede soort politieke waarden en objectieven. Deze beperken hun uitstralingskracht door inhoud of voorstellingswijze. Hiertoe behoren alle soorten van lokale, regionale, nationale, etnische, linguïstische, particularistische, professionele, grootheids-, machts-, overheersings- en exclusiviteitsaanspraken, discriminaties, alsook elke politiek gericht op monopolievorming en autarchie, elk streven naar hegemonie, secessie, segregatie of apartheid, soevereiniteit, confederalisme, nationale economische en militaire macht, neutralisme, wars van elke internationale verantwoordelijkheidszin, isolationisme, xenofobie, anti-semitisme, racisme, elke cultus van traditionele erfvijandschappen en vooroordelen, elk ijveren voor nationale eenheid, absolute gelijkheid tussen staten, cultuurzuiverheid en linguïstische homogeniteit, behoud en ontwikkeling van nationale waarden, nationale eigenheid, eigen nationale identiteit, enz.

Deze politieke doelstellingen beperken hun uitstralingsvermogen door hun inhoud. Ze kunnen slechts voor een beperkte groep aantrekkelijk en waardevol zijn. Andere politieke objectieven beperken hun wervingsvermogen niet door hun inhoud, maar door de manier waarop ze voorgesteld worden: meer welvaart voor de Duitsers, devaluatie in Frankrijk, landbouwsubsidies in Amerika, uitbreiding van het zwangerschapsverlof in Oostenrijk, de culturele verheffing van het Servische volk, maatregelen tegen de werkeloosheid in Italië, het behoud van het bankgeheim in Luxemburg, de vervlaamsing van het bedrijfsleven, (de Vlaamse zorgverzekering, de afschaffing in Vlaanderen en Brussel van het kijk- en luistergeld, verminde-ring van de registratierechten in Vlaanderen)... Telkens gaat het om doeleinden die op zichzelf waardevol en gerechtvaardigd kunnen zijn, maar voorgesteld worden als alleen na te streven in het belang van een welbepaalde bevolkingsgroep. De Zuid-Afrikaanse apartheidspolitiek kon de goedkeuring wegdragen van enkele West-Europese en Amerikaanse blanken, maar zij kon nooit voor alle aardbewoners een politiek voorbeeld zijn. Een Duitser kon begrip hebben voor een Italiaanse devaluatie, – net zoals een zakenman begrip kan hebben voor het winstbejag van een collega of concurrent – maar net zoals een handelaar normaal niets zal ondernemen om de winsten van zijn concurrent te doen stijgen, zal ook een Duitser de Italiaanse regering niet aansporen voor de Duitse economie ongunstige beslissingen te treffen. Meestal is het eenzijdige streven van de andere groep niet bevorderlijk voor het wederzijds begrip, wel voor het verwekken van wrevels en gevoelens van wrok, jaloersheid, vijandigheid...

Er zijn natuurlijk door staten eenzijdig getroffen maatregelen die wel de goedkeuring wegdragen van inwoners van andere landen. We denken aan nationale initiatieven ter bescherming van de kwaliteit van het leven op aarde: sluiting van kerncentrales, bestrijding van lucht- en watervervuiling, beperking van jacht, visvangst, uitvoer van tropisch hout... De relaties tussen de naties liggen in het ecologische vlak anders dan in het klassiek economische. Ecologisten zijn vanuit hun ideologie meer geneigd transnationaal en mondiaal te denken dan de traditionele politieke families.

Inzake de houding van mensen tegenover andere landen loopt alles niet volgens de normale lijnen. We kennen authentieke Vlamingen, die dweepten met het jonge Israël en zich met deze natie vereenzelvigden. We kennen Duitsers, die hun bewondering voor Parijs en de Franse levensstijl openhartig bekennen en u hun afkeer voor het 'Deutschtum' in het oor fluisteren.

Normaal zal men dergelijke houdingen bestempelen met uitzonderlijk, omdat ze niet in de lijn liggen van de traditionele politieke opvoeding. Dat wil zeggen: waarschijnlijk zijn dit uitzonderingen. Velen dromen van een ander land dan het hunne. Velen ergeren zich over hun naaste omgeving en zijn niet zo honkvast als de zangbundeltjes dit doen geloven. Ze zouden zich wel verplaatsen, hadden ze maar de materiële mogelijkheden, de durf, de jeugd, de waarborg in de nieuwe omgeving meer mens te zijn, nuttiger te zijn... Vele Belgen hadden heimwee naar Kongo. Dit heimwee ging bij velen gepaard met herinneringen aan welstand en gezag. Anderen denken graag terug aan de verantwoordelijke rol die ze er speelden. Deze en dergelijke verlangens en uitspraken, waarvan de monden en de weekbladen vol zijn, verdwijnen echter bijna onmiddellijk in het onderbewustzijn en verstommen, wanneer het gesprek een politieke wending neemt. Als het zover komt houdt eenieder het bij het eigen land, de eigen politieke voormannen en gelooft menigeen – wanneer hij in het buitenland een dergelijk gesprek voert – zich te moeten gedragen als de gevolmachtigde woordvoerder van zijn eigen minister van buitenlandse zaken of als epigoon van zijn lokale 'Heimatdichter'.

Kortom, het regelmatig overschakelen van het ene bewustzijnsveld naar het andere houdt in, dat iemand in de gewone omgang zich in een vreemde omgeving kan vermeien, ongewone dingen kan liefhebben en zelfs verkiezen boven het hem vertrouwde. Hij kan het kosmopolitisme najagen in de grootstad en met zich meevoeren in draagbare radiotoestellen, vreemde films en chansons hoog boven de eigen nationale productie verkiezen en dit alles verloochenen, wanneer het erop aankomt de gebeurtenissen in een politiek perspectief te beoordelen. Dat slechts zeer weinigen logische lijnen door de twee bewustzijnsvelden trekken, is te wijten aan het sterke impact van de politieke opvoeding, die, – en dit geldt niet alleen voor de politieke – er in de eerste plaats toe dient de mens bewust te maken van zijn 'appartenances' en hem te doordringen van een wel bepaald groepsgevoel. Elke natie, politieke partij, godsdienst, ideologische groep, stand, beroepsorganisatie, zal de leden vooral overtuigen van hun 'verbondenheid' met de eigen groep. Daar nu de nationale instanties over de machtigste opvoedingsinstrumenten beschikken is het niet moeilijk te begrijpen, dat het individu doordrongen is van zijn nationale gebondenheid. Deze gebondenheid wordt weliswaar geregeld doorbroken door spontane reacties, doch deze zijn gehandicapt door het ontbreken van steun vanuit de pers.

We komen tot een voorstel van besluit. Hoewel er randgevallen en afwijkingen zijn, kan toch volgehouden worden, dat er een fundamenteel onderscheid is tussen de objecten van de politieke bedrijvigheid: *er zijn objecten, die door inhoud en voorstellingswijze toegankelijk kunnen zijn voor eenieder, en objecten, die slechts beperkte groepen kunnen aanspreken.*

EEN DEFINITIE VAN NATIONALISME

Uitgaande van de dubbele hierboven voorgestelde indeling van de politieke bewegingen – op basis van de subjecten en de objecten van hun actie – willen we nationalisme onderscheiden van de andere vormen van politiek denken en ageren.

Het gaat in deze omschrijving van het nationalisme niet om de uitwassen en excessen van het politieke nationalisme, zoals onderdrukking, uitsluiting, chauvinisme, streven naar volledige taal- en cultuurhomogeniteit..., maar wel om het aanduiden van de wezenskenmerken van het nationalisme, kenmerken die reeds aanwezig zijn in het embryonale stadium, in de kiemen van het nationalisme, nog voor het zijn opvallende vormen aangenomen heeft. Al te vaak immers spreekt men pas over nationalisme en waarschuwt men voor de gevaren eraan verbonden, wanneer leiders al te onstuimig de nationale vlag zwaaien en een agressieve of isolationistische politiek t.o.v. andere groepen voeren.

Nationalisme is voorhanden van zodra een zeer bepaalde politieke actie gevoerd wordt. *Nationalisme is een vorm van politieke bedrijvigheid, waarvan de subjecten, als groep, door objectieve kenmerken herkenbaar en/of geografisch lokaliseerbaar zijn en waarvan de objecten, door hun wezen of voorstellingswijze, alleen waarden inhouden voor de betroffen subjecten.*[3]

Dit is een definitie van nationalisme en niet van het nationalisme. Er bestaan ontelbare nationalismen en nationalisme is ook bijna omnipresent. Nationalisme staat, zoals racisme, tegenover het 'principiële' universalisme van alle grote denkrichtingen. Socialisten, christenen, liberalen, islamieten kunnen hopen van alle aardbewoners ooit goede socialisten, christenen, liberalen en moslims... te maken, Slowaken kunnen niet hopen dat alle mensen ooit goede Slowaken worden.

Het nationalisme als leerstelsel bestaat niet. Daarom noemen we nationalisme een bedrijvigheid, een vorm van menselijke ageren, maar tevens noemen we deze bedrijvigheid politiek. *Onder politieke bedrijvigheid begrijpen wij elk doelgericht menselijk streven ter beïnvloeding van het gemeenschapsbeleid of de gemeenschapsstructuur.*

Nationalisme is geen wetenschap, geen gevoel, geen geesteshouding, geen ideologie. Al deze elementen komen er bij te pas. Er kan slechts van nationalisme sprake zijn, wanneer het subject overgaat tot politieke activiteit. Het subject, dat zichzelf nationalist noemt, doch niet de minste nationalistische activiteit aan de dag legt, is geen nationalist. Als christen, socialist, protestant, communist, middenstander, landbouwer kan men zich onthouden van politieke activiteit en zelfs stemmen voor andere partijen dan de christen-democratische, socialistische, enz... Als nationalist moet men zich op z'n minst politiek manifesteren. In de dertiger jaren kon een Duitser geen nationalist zijn zonder te stemmen voor een van de nationalistische partijen, deel te nemen aan nationalistische manifestaties of ordewoorden der nazi's uit te voeren. Deed hij niets van dit alles, dan was hij wellicht een goed staatsonderdaan, maar zeker geen nationalist. Nationalisme is geen geloof, geen leerstelsel, geen moraal, geen doctrine, nationalisme is een vorm van politieke bedrijvigheid met wisselende subjecten en objecten. De nationalist in 'Ruhestand' is een Duitser, Vlaming, Bulgaar of Zuid-Tiroler. Hoogstens cultiveert hij in zich enkele vooroordelen. Wanneer de nationalist in hem gewekt wordt, gaat hij over tot politieke daden. Hij streeft dan naar nationale macht, onafhankelijkheid, grootheid, neutraliteit, disengagement, Lebensraum, hegemonie, uitbouw en behoud van 'eigen' waarden. Wanneer de doeleinden bereikt zijn, is hij terug een staats- eventueel burger van een nieuwe staat.[4]

De nationalist zal beweren, dat er voor hem een permanente opdracht is weggelegd: waken over het welzijn van volk en volksgenoten. Deze taak heeft echter niets te maken met nationalisme. Dit is de taak van eenieder. De nationalist onderscheidt zich van de anderen door het feit dat hij diegenen, die het geluk niet hebben tot zijn landgenoten te behoren, of een deel van hen, van deze liefde uitsluit.

We geloven dat we tot het wezen van de nationalistische bedrijvigheid kunnen doordringen wanneer we geduldig onderzoeken welke stadia deze politieke bedrijvigheid doormaakt, hoe nationalisme tot stand komt, zich ontwikkelt, overwinningen boekt, uitbarst, verstart. Nationalisme kent verschillende fasen en gradaties, van latent of sluimerend tot agressief nationalisme. De verschillende fasen volgen echter niet wetmatig op elkaar; er is geen vaste dialectiek die de verschillende stadia uit elkaar doet voortspruiten.

De stadia volgen elkaar niet steeds in dezelfde volgorde op. Het is duidelijk dat de Zionistische beweging, de Indische Congrespartij, het Italiaanse Risorgimento onder Cavour en Garibaldi, het nationaal-socialisme, het Arabisch anti-semitisme, het nationalisme van de ontwikkelingslanden, de Vlaamse en Waalse beweging, de Dietse gedachte, zeer uiteenlopende ontwikkelingen hebben doorgemaakt. In vele gevallen is dat, wat een eindpunt is in de normale min of meer theoretische evolutie, een uitgangsstadium. Dit is bijvoorbeeld zo in politieke entiteiten gevormd door monarchen uit het 'ancien régime' of door westerse koloniserende mogendheden. In deze gevallen is het staatkundig kader reeds een feit en beschikt het nationalisme over een geprefabriceerde bedding. Wij zullen nagaan, wanneer nationalisme te voorschijn treedt en het onderscheiden van verschijnselen, die er dikwijls mee verward worden. Bij de ontleding willen we pogen een onderscheid te maken tussen de niet-politieke stadia en het politieke stadium, t.t.z. tussen andere verschijnselen en nationalisme. De vraag moet gesteld worden: wanneer hebben we het over wetenschap, volkskunst, folklore, geschiedenis, naastenliefde, taalstudie, letterkunde, moraal, romantisme, verheerlijking van de nabije omgeving en wanneer hebben we het over nationalisme? Wanneer verlaten we deze domeinen en gaan we aan nationalistische politiek doen?

DEFINITIES VAN NATIONALISME VERGELIJKEN[5]

In de volgende drie hoofdstukken worden omschrijvingen en definities van nationalisme tegenover elkaar geplaatst en vergeleken met de door mij hierboven voorgestelde definitie.

Voor Herman Lauwers, Volksunie, was nationalisme een emotie. Voor Wilfried Martens was nationalisme, François Mitterrand citerend, 'la guerre'.

Sommigen menen dat het onbegonnen werk is te pogen nationalisme als begrip te omlijnen. Zo schrijft L.H.M. Wessels onder meer: *'Het nationalisme is een veelkoppig – of, zo men wil, kameleontisch – verschijnsel dat zich, misschien juist omdat het ideologisch gezien van zichzelf betrekkelijk weinig substantie bezit en zelfs ronduit als 'enigszins schraal' kan worden beoordeeld (...), gemakkelijk verbindt met zowel behoudzuchtige als op verandering beluste krachten.'*[6]

Rudolf Boehm, van zijn kant, formuleert het als volgt: *'Ondertussen merkt men al niet meer hoe verschrikkelijk ruim en vaag dat begrip van nationalisme moet zijn, wil je al die verschillende verschijnselen onder dat ene begrip onderbrengen... Natuurlijk kun je al die uiteenlopende verschijnselen onder een noemer samenbrengen: nationalisme. Je moet dan wel een voldoende ruime definitie hanteren, met het gevaar dat je bepaling zo ruim uitvalt dat er plots andere verschijnselen blijken bij te horen, zoals godsdienst, bankwezen, tandheelkunde. De vraag is dan hoe interessant dat nog zou zijn... Men moet zich hoeden voor de intellectuele valstrik alles of niets te bevestigen dan wel te ontkennen al naar gelang men zijn begrippen ruimer of enger definieert, afhankelijk van wat toevallig in zijn kraam past.'*[7]

In zijn rijk gedocumenteerd werk *Het Klauwen van de Leeuw*, verdedigt Marc Reynebeau dezelfde thesis: *'Nationalisme is een uitermate complex en vooral vormloos begrip, waarvan de studie zowel de dieptepsychologie als de geopolitiek kan omvatten. Het is kneedbaar in alle richtingen; elke auteur kan het definiëren volgens het perspectief van waaruit hij het wil behandelen.'*[8]

Als nationalisme een kameleontisch en intellectueel ongrijpbaar verschijnsel is, dan rijst de vraag hoe ermee omgaan op het niveau van de sociale en politieke wetenschappen en van de politiek zelf. Mogen wetenschap en politiek machteloos staan tegenover dit ongewoon belangrijk verschijnsel?

BEKENDE BEGRIPSOMSCHRIJVINGEN

Voor Hans Kohn is nationalisme een geesteshouding, *'eine Bewusstheit,'* die sinds de Franse revolutie algemeen goed geworden is. Volgens Kohn heersen in de denkwereld van de mensen gelijktijdig een ik- en een groepsbewustzijn. Nationaliteiten ontstaan volgens hem wanneer volksgemeenschappen door concrete en reële kenmerken van elkaar afgezonderd worden. Sommige van de door Kohn aangegeven kenmerken lijken ons echter niet zeer concreet: namelijk de gemeenschappelijke afstamming, het landschap, het politieke wezen, zeden en tradities.[9]

Tegenover de door Hans Kohn voorgestelde omschrijving staat die van Ernst B. Haas. Haas legt het accent op de soevereiniteit en het zelfbeschikkingsrecht: *'A nation is a group of people who wish to practice selfdetermination. Nationalism is the belief held by a group of people that they ought to constitute a nation, or that they already are one.'*[10]

Het streven naar nationale soevereiniteit en naar het verwerven van het recht als onafhankelijke natiestaat geen rekening te moeten houden met gesloten verdragen en bestaande solidariteitsbanden, soeverein te kunnen beslissen over recht en onrecht en geen wetten en rechters boven de eigen natie te erkennen, behoort zeer vaak tot het nationalistische gedachtegoed. Maar is dit heel het nationalisme?

Verder is er de overbekende en steeds weer geciteerde definitie en eerste zin van het in 1983 verschenen boek van Ernest Gellner *Nations and nationalism*. Volgens hem is nationalisme een idee, een principe: *'Nationalism is primarly a political principle, which holds that the political and the national unit should be congruent.'* Het streven naar het laten samenvallen van taalgrenzen, natuurlijke grenzen, historische en religieuze grenzen met staatsgrenzen komt in de nationalismen en hun wordingsgeschiedenis inderdaad zeer vaak voor, maar is dit heel het nationalisme?

In de door mij voorgestelde definitie van nationalisme worden de idee van de congruentie der grenzen en van de soevereiniteit geenszins terzijde geschoven. Beide ideeën worden door mij opgenomen in de categorie van objecten (streefdoelen) van het nationalisme die door hun aard en wezen zelf nationalistisch zijn, dit in tegenstelling tot andere objecten die dit alleen maar zijn door de manier waarop ze worden voorgesteld. Objecten van politiek nationalisme die door hun aard zelf nationalistisch zijn, zijn zoals reeds gezegd o.a. culturele homogenisering, onderdrukking en verdrijving van minderheden; zelfbeschikking en soevereiniteit, verbreking van solidariteitsbanden... Ze kunnen door hun wezen zelf niet universalistisch zijn. Streefdoelen die nationalistisch zijn door de manier waarop ze worden voorgesteld zijn (ter herinnering) bijvoorbeeld het verminderen van werkloosheid en inflatie. Dit zijn op zichzelf geen nationalistische doeleinden, wel echter wanneer ze openlijk worden nagestreefd ten koste van buurlanden en als wordt gezegd dat men met de werkloosheid elders niets te maken heeft, omdat dat de zaak is van elk land.[11] Het instandhouden van de sociale zekerheid wordt een nationalistische aangelegenheid als dit streven gepaard gaat met de idee dat elke volksgemeenschap, elke taalgroep, moet instaan voor zijn eigen systeem.

Dit gezegd zijnde meen ik dat er niets mag worden afgedaan aan het belang van de ideeën van Gellner en Haas i.v.m. de congruentie van de volksnatie met de natiestaat (Gellner) en de soevereiniteit van de eigen volksstaat (Haas). Het zijn belangrijke, vaak voorkomende doelstellingen van nationalistische bewegingen. Het zijn deze doelstellingen die het vaakst leiden tot rampzalige conflicten. Het streven naar congruentie gaat dikwijls gepaard met discriminaties en uitsluitingen, met aanspraken op territoria en bevolkingsgroepen; het streven naar onafhankelijkheid leidt tot verbreking van machtsrelaties en solidariteitsbanden.

Alhoewel beide aspiraties vaak zeer centraal staan in de nationalistische actie is het m.i. toch verkeerd het nationalisme tot een van beide of tot beide te herleiden.

Ik stel dat de nationalismen inderdaad hoogtepunten van intensiteit bereiken van zodra ze de eis naar congruentie en nationale soevereiniteit stellen, maar dat ook in de periode voor het bereiken van deze hoogtepunten acties kunnen worden ondernomen, die evenzeer als nationalistisch te bestempelen zijn. Ook nà het bereiken van de congruentie en de soevereniteit kunnen daden en eisen worden gesteld die nationalistisch te noemen zijn. Een nationalisme kan in zijn verloop en ontwikkeling culmineren in een streven naar culturele en linguïstische homogeniteit en naar staatssoevereiniteit, maar deze hoogtepunten kunnen stroomopwaarts worden voorafgegaan en stroomafwaarts worden gevolgd door aspiraties en acties die eveneens nationalistisch zijn.

Tal van eisen, gesteld door nationalistische formaties, hebben niets te maken met streven naar cultuurhomogeniteit en staatssoevereiniteit, maar zijn toch te beschouwen als nationalistisch. We denken hier aan het sociaal-economische egoïsme van deelgebieden die zich verzetten tegen de overheveling van rijkdommen naar minder begunstigde gewesten van hetzelfde land: de eisen van de Lega Nord in Italië, van Baden-Württemberg in Duitsland, van Vlaanderen in België, van Slovenië en Kroatië in Joegoslavië. Deze en dergelijke eisen kunnen door politieke formaties gesteld worden alvorens en zonder dat er sprake is van een streven naar culturele homogeniteit en soevereiniteit.[12] De kreet *'Geen frank meer voor Cockerill-Sambre'* uit de tachtiger jaren stond buiten het streven naar Vlaamse onafhankelijkheid. (Het latere streven naar beperking en afschaffing van de faciliteiten in de randgemeenten en naar Vlaamse onafhankelijkheid en confederalisme beantwoordt wel aan de definities van Gellner en Haas)

Anderzijds, eens homogeniteit en staatssoevereiniteit verworven zijn, is het niet gedaan met het nationalisme. Meestal is het tegenovergestelde het geval. Er kan dan ongebondener, steunend op het zelfbeschikkingsrecht, aan nationalistische politiek worden gedaan.[13] Regeringen en partijen kunnen als doel stellen mee te werken aan initiatieven ter bevordering van de internationale solidariteit, van vrede en waarachtige bovennationale rechtsorde (ze zijn dus niet veroordeeld om steeds nationalistisch te ageren, alhoewel dit wel ligt in de aard van de tussenstaatse constellatie), maar kunnen ook het tegengestelde doen en hun verworven soevereiniteit (eerbiedig erkend door de andere soevereine staten en hun diplomatieën) gebruiken om zulke initiatieven te dwarsbomen. Ze kunnen aan imperialistische politiek doen, zich isoleren, chantage plegen, dreigen met veto's, de unanimiteitsregel verdedigen, een 'do ut des' politiek voeren, eenzijdige maatregelen treffen op fiscaal en sociaal gebied, zwakkere landen uitbuiten, werkloosheid en muntontwaarding exporteren naar buurlanden, zich tot de tanden bewapenen, nucleaire tests uitvoeren, aan overbevissing doen, jacht op walvissen voortzetten, regenwouden rooien, afspraken ter vermindering van de CO_2- uitstoot aan hun laars lappen.

Een streven naar culturele homogeniteit gaat ook niet noodzakelijk samen met een streven naar staatssoevereiniteit. Nationalisten kunnen streven naar culturele en linguïstische homogeniteit binnen een deelgebied van een staat zonder te streven naar staatssoevereiniteit, eventueel wel naar een bepaalde vorm van autonomie.[14] Aan de andere kant kan een multiculturele gemeenschap streven naar staatsvorming en soevereiniteit, zonder haar meertaligheid op te geven. Een multiculturele en federale staat kan staan op zijn soevereiniteit en een nationalistische (zie Zwitserland en Canada) en zelfs een imperialistische buitenlandse politiek voeren. Ook in multiculturele samenlevingen kan een retoriek van 'onvervreemdbare eigenheid' worden opgezet (zie Singapore). Er zijn dus andere nationalismen dan deze voorgesteld door Haas en Gellner.

De vraag is of in al deze varianten van nationalisme dezelfde basiselementen voorkomen, of deze basiselementen onontbeerlijk zijn om nationalisme nationalisme te laten zijn en of daaruit een voorstel van definitie kan worden gedistilleerd dat voldoening schenkt en operationeel is, d.w.z. dat toelaat nationalisme in al zijn stadia en verschijningsvormen te herkennen, te identificeren en te vergelijken. De vraag was dus of een definitie kon worden ontworpen die evenzeer bruikbaar was bij het identificeren en vergelijken van staats- en volksnationalisme, agressief en verdedigend, onderdrukkend en bevrijdend, fascistisch en democratisch nationalisme. Velen zijn immers geneigd een fundamenteel verschil te zien tussen deze soorten nationalismen; Ze zeggen dat ze met elkaar niets gemeen hebben. De ene soort wordt verworpen als nefast en gevaarlijk en de andere beschouwd als een weldaad. Volgens deze gesprekspartners is het verschil tussen deze nationalismen zo fundamenteel dat zij zeker niet onder dezelfde omschrijving te brengen zijn.

Er moest dus naar een definitie worden gezocht die de elementen omvat terug te vinden in al deze nationalismen en zo mogelijk geen waardeoordeel inhield. Er zijn inderdaad nationalismen waarvoor begrip op te brengen is, namelijk die van onderdrukte bevolkingsgroepen, niet voor die van de rijkere gewesten.

Bij de opbouw van mijn voorstel van definitie ben ik uitgegaan van de vraag: hoe onderscheidt zich nationalisme van de andere politieke bewegingen? Kon dit onderscheid duidelijk worden gemaakt door de aandacht te vestigen op de subjecten en objecten van de politieke aansporing?

Wat de subjecten betreft is het zo dat in elk nationalistisch aansporingsproces de subjecten, de aanspoorders, als dragers van de boodschap (de actieve acteurs), evenals de bestemmelingen van de boodschap (de passieve acteurs en potentiële beneficianten) herkenbaar zijn aan uiterlijke kenmerken, meestal onafhankelijk van de menselijke wil, (taal, gewesttaal, religieuze en andere praktijken, klederdracht, eetgewoonten, huidskleur, voornamen, o.a. voor het herkennen van moslims in Joegoslavië, vermeldingen op identiteitsbewijzen, o.a. in Rwanda...). Indien de subjecten van de nationalistische aansporing niet op een van deze manieren herkenbaar zijn dan moeten ze op zijn minst territoriaal lokaliseerbaar zijn (ofwel bewonen zij een territorium ofwel willen zij een territorium verwerven).

Wat de objecten van de politieke actie betreft gaat het steeds om waarden en doelstellingen die door hun wezen of voorstellingswijze alleen waarden inhouden voor de betrokken subjecten. (zie hierboven hoofdstukje 'Een definitie van nationalisme')

De nationalistische waarden, doelstellingen, analyses, visies, eisen, handelingen zijn oneindig in aantal, ze hebben echter een gemeenschappelijke eigenschap, nl. ze worden door de acteurs steeds voorgesteld als zijnde interessant en waardevol voor de betrokken subjecten en niet (of slechts toevallig) voor de subjecten die niet tot de eigen groep of gemeenschap behoren. Nationalistische revendicaties, plannen, ideeën worden nooit voorgesteld of begrepen als waardevol voor andere groepen dan de betrokken nationale groep. Als zij ook voor andere groepen waardevol zijn, zijn ze niet meer nationalistisch. Als subjecten voor alle mensengroepen de idealen aanprijzen die door hun inhoud en wezen zelf nationalistisch zijn (hoogst mogelijk concurrentievermogen, hegemonie, uitsluiting, wapenmacht, verwerping van bovennationaal recht...) maken ze de wereld onleefbaar en vernietigen zij zichzelf. Als ze stellen dat alle volkeren mogen streven naar economische en militaire macht, naar onbeperkte soevereiniteit en dat elk volk mag zeggen *'eigen volk eerst'* richten ze de wereld ten gronde.

De voorgestelde definitie van nationalisme is niet simpel, ze omvat m.i. echter de elementen die steeds aanwezig zijn in elke vorm van nationalisme. Steeds gaat het om eisen, projecten, aansporende handelingen, die betrekking hebben op gemeenschapsvorming en gemeenschapsbeleid. De aansporingen die betrekking hebben op gemeenschapsvorming staan in het centrum van het nationalistische streven vooral in de eerste ontwikkelingsstadia: Wie behoort bij de gemeenschap, al dan niet in opbouw? Wie wordt uitgesloten? Welke territoria, welke aardse rijkdommen worden opgeëist? Aansporingen betreffende de manier waarop de gemeenschap moet worden bestuurd liggen voor de nationalist minder voor de hand. Er wordt gedacht aan het belang van de eigen mensen en hanteert daarbij beginselen uit de universalistische denkwereld of ideeën die afgeleid worden uit de eigen aard, de eigen identiteit en andere vage begrippen, waarmee men alle kanten uit kan, ook wanneer afspraken worden gemaakt met andere volksgemeenschappen, die eveneens uitgaan van dergelijke vaagheden. Het nazisme leverde voorbeelden van dit soort denken. Ook bij ons kon men horen dat het gezondheidsbeleid moest worden gecommunautariseerd om het te kunnen voeren in overeenstemming met de Vlaamse aard en identiteit, Deze gedachte was te horen toen bleek dat de transfers naar Wallonië minder omvangrijk waren dan eerst gedacht.

Deze poging om het nationalisme te vatten in een definitie en zodoende intellectueel onder de knie te krijgen, houdt niet in dat er geen begrip kan worden opgebracht voor sommige vormen van nationalisme in bepaalde fasen van de geschiedkundige ontwikkeling. Verwijzing naar nationale waarden, mythen en symbolen kan nuttig zijn wanneer het erop aankomt in een groep de samenhorigheid te herstellen en gewelddadige interne conflicten te beëindigen. Hetzelfde is het geval als het voor een groep nodig is zich te weer te stellen tegen agressief imperialistisch nationalisme, zelfs wanneer de partijen daardoor in een moeilijk te doorbreken duivelse kringloop terechtkomen. Begrip opbrengen betekent niet goedkeuren. Elk nationalisme draagt gevaren in zich en kan leiden tot rampen en onrecht.

Ook moet men in zekere mate begrip opbrengen voor nationale mythen, gegroeid rond historische figuren, gebeurtenissen, en rond de identiteit en de eigenheid van het volk, (vaak voorgesteld als vergelijkbaar met een levend lichaam, ook in een van de geschriften van Jean-Jacques Rousseau) zelfs wanneer niemand weet wat daarmee bedoeld wordt.

Het lijkt mij dan ook aangewezen niet al te meewarig neer te kijken op mythen en geidealiseerde voorstellingen van de eigen groep en zomaar aan demystificatie te doen. Mythen vervullen een rol, mensen identificeren er zich mee, trekken er zich aan op, klampen er zich aan vast. Zonder mythen kunnen wij niet leven, zoals we ook niet kunnen leven zonder illusies, zonder identificaties met wezens, met groepen, zonder overschatting, zonder zelfoverschatting. Het is wel nodig de macht van de mythen te begrijpen en na te gaan wanneer en hoe zij hun onschuld verliezen. Ook is het nodig tijdig te zien welke politici van deze diep menselijke behoeften misbruik maken om hun politieke doelen te verwezenlijken.

Mythen demystificeren, ontluisteren en wegrationaliseren is een hachelijke onderneming. Ze vergt behoedzaamheid. Ze kan ongewenste reacties uitlokken bij hen die terugdeinzen voor het vacuüm, vooral wanneer het niet mogelijk blijkt dit vacuüm te vullen met andere concepten, andere mythen, idealen, illusies, waarden, samenhorigheidscriteria en andere middelen in de strijd tegen de vereenzaming en de onmacht van het individu. Nationalisme bestuderen en demystificeren is nodig in een wereld die steeds kleiner wordt, bedreigd wordt door meerdere vernietigingsprocessen en schreeuwt om vrede, democratie, solidariteit en bovennationale rechtsorde. Maar het is een delicate opdracht.

De niet-politieke stadia

WETENSCHAP EN ROMANTISME

We bevinden ons op een terrein dat met nationalisme niets te maken heeft, zolang geschiedkundigen, natuurkundigen, filosofen, geografen, etnologen, sociologen, wetenschapsmensen, auteurs van reisverhalen, romanschrijvers en dichters zich bezighouden met het beschrijven van hun waarnemingen en bevindingen en het systematiseren van door hen opgedane kennis. (Dit standpunt wordt herzien in het volgende hoofdstuk.) We bevinden ons evenzeer in een niet-politiek stadium wanneer kunstenaars, en vooral de dichters onder hen, zich niet beperken tot het louter vaststellen en het zakelijk beschrijven van de werkelijkheid, maar overgaan tot het verheerlijken ervan. Volgens sommigen zou dit de zuiverste vorm van romantisme zijn: de verheerlijking van de dingen, die 'zijn', gaande van de dingen, die men waarde toemeet, omdat men vindt dat ze beantwoorden aan bepaalde criteria van schoonheid, harmonie, zuiverheid, tot de dingen, die men verheerlijkt omdat ze eenvoudig aanwezig zijn en tot 'ons' behoren. 'Dit zijn wellicht lelijke krotwoningen en troosteloze stadswijken, maar het zijn de onze'. 'Onze meisjes zijn de mooiste van de hele wereld', 'Dronkenschap is de nationale ondeugd, doch daarom reeds veel minder ondeugd...' Zolang de aan het landschap, het klimaat, de taal, de levenswijze, de folklore toegemeten waarde voorgesteld wordt als van belang voor de individuen en bepalend voor de enkeling, optredend als individu of in apolitiek verband (jeugdbeweging, zangvereniging, heemkundegroep), bewegen we ons op een terrein dat niets gemeen heeft met nationalisme. Zolang de verheerlijking van de taal of van het dialect leidt tot verzorging van uitspraak, woordkeuze en syntaxis of tot vrijwaring van een gewesttaal, zolang de verheerlijking van natuurschoon, in de geest van de dichter of natuurkenner, moet aanzetten tot meer lokaal toerisme en tot een verfijnd genot van de vertrouwde fauna, is er natuurlijk geen sprake van politiek, vermits er niet gestreefd wordt naar beïnvloeding van het gemeenschapsbeleid of naar politieke gemeenschapsvorming.[15] Er kan in bepaalde verenigingen en clubs een semi-politieke sfeer heersen, vooral daar waar 'Heimatlieder' met anti-joodse refreinen of volkszangen, die het hebben over 'stromen Walenbloed', te horen zijn. Vaak wordt zaad gestrooid in een niets vermoedende bodem. Natuurlijke en spontane menselijke gevoelens kunnen middels kunstige technieken opgroeien langs staken die ze naar nationalisme ombuigen.

Het leven is vol bewustzijnselementen, kennis, gevoelens, waardeoordelen, die niet alleen het handelen 'tout court', maar ook het politieke handelen beïnvloeden. Men kan echter slechts van politisering van deze bewustzijnselementen spreken wanneer zij door het politiek actieve individu in een politiek perspectief gebruikt of geëxploiteerd worden.

De politiek bruikbare bewustzijnselementen zijn menigvuldig, maar kunnen niet alle worden aangewend in een politiek perspectief. Zo is het duidelijk dat het hongergevoel onmiddellijk doordringt tot het bewustzijn van de hongerlijdende en hem zal aanzetten tot eten, werken voor de kost, diefstal, bedelen, gewelddaden al naargelang temperament en omstandigheden. Het hongerbewustzijn begon echter slechts een rol te spelen in de politiek op het ogenblik dat menners de hongerlijdenden begonnen te verzamelen, het stillen van de honger tot doel stelden van grotere groepen, honger een probleem noemden dat niet moest opgelost worden door individueel optreden van gegoede burgers of door private caritatieve initiatieven, maar wel door gemeenschapsbeslissingen, door daadwerkelijke beïnvloeding van het staatsbeleid, met of zonder eerbiediging van de bestaande regels inzake besluitvorming.[16]

Zoals honger en armoede werden gepolitiseerd met het oog op beïnvloeding van het gemeenschapsbeleid, werden in de loop der tijden religie, taal, natuurlijke grenzen... gepolitiseerd met het oog op gemeenschaps- en staatsvorming, dit vaak ten nadele van bestaande dynastische banden.

BEGINT NATIONALISME BIJ DE INDELING VAN DE SAMENLEVING?[17]

Zelfs wanneer mensen in een eerste stadium en zonder politieke bedoelingen zich beperken tot het 'wetenschappelijk' trekken van lijnen en tot het indelen van de samenleving in volkeren, etnieën, volks- en taalgemeenschappen, landen en vaderlanden, kan dit indelen toch aangevoeld worden als zijnde in het voordeel van een bepaalde (de eigen) groep en in het nadeel van andere. Dit is niet of nauwelijks het geval als de uitgedachte en voorgestelde indeling niet strekt tot het afbakenen van potentiële vaderlanden, maar tot het afgrenzen van entiteiten die niet met deze geladenheid behept zijn en waarschijnlijk niet kunnen zijn, omdat ze geen 'vaderlanden' in de klassieke zin kunnen worden. We denken aan louter administratieve indelingen van gebieden groot genoeg om leefbaar te zijn en gedecentraliseerde bevoegdheden en gedeconcentreerde taken op zich te nemen, maar waarvan de grenzen niet samenvallen met deze van een etnie, een taalgroep, een religieuze gemeenschap. Afgebakende gebieden die minder kans maken 'vaderlanden' te worden zijn bijvoorbeeld, de Belgische provincies, het Brussels gewest, de Duitse en Oostenrijkse Länder, de Zwitserse kantons, de negen provincies van het nieuwe Zuid-Afrika.

Het eenvoudig vaststellen dat er verschillen bestaan is op zich niet gevaarlijk. Als echter op basis van zulke vaststellingen overgegaan wordt tot de indeling (in de geesten en de sociale structuren) van de menselijke samenleving in administratieve, staatkundige en andere entiteiten stijgt het risico en belanden we in de buurt van nationalistische politiek die kan leiden tot nationalistische conflictsituaties.[18]

Het is nodig in te zien dat de indeling in vakjes (vooral op basis van uiterlijke kenmerken) steeds aan het conflict voorafgaat en dat het omgekeerde nooit het geval is. Eerst worden de vakken afgebakend, eerst worden grenzen getrokken, eerst worden de fronten gevormd in de geesten en de structuren, dan wordt er beschuldigd, uitgedaagd, veracht, geprivilegieerd, achteruitgesteld, vervolgd, verdreven, gedood, enz... Eerst worden de vakjes (de gewesten, volksgroepen...) afgebakend, vervolgens worden de vakjes tegen elkaar in het harnas gejaagd.

Het eerste stadium in dit proces is niet een wild geharrewar, in het eerste stadium worden lijnen en grenzen getrokken. Het eerste stadium is geen ordeloos gebeuren. In een eerste fase wordt bepaald wie waarbij hoort, wat tot de culturele identiteit behoort en wat niet. (De culturele identiteit dient vooral om aan te duiden wie ze niet heeft.) De fronten verharden in de loop van het conflict, maar ze moeten er zijn voor het conflict ontbrandt. Na de afbakening van de kampen volgt verontwaardiging over ongelijke behandeling, over echte of vermeende uitbuiting, over ongewettigde geldstromen, enz... Alvorens te keer te gaan tegen geldstromen, moeten de entiteiten gekend zijn tussen welke ze niet mogen verlopen; alvorens de strijd aan te binden moet de vijand herkenbaar zijn, liefst door uiterlijke kenmerken zoals taal, woonplaats, religieuze praktijken. Zo nodig moet hij een uniform aantrekken. De partijen moeten identificeerbaar worden gemaakt. Ze moeten een identiteit hebben.[19]

Zij die de vakjes tegen elkaar in het harnas jagen worden vaak beladen met de zonden van Israël, zij die de vakjes concipiëren (wetenschappers, culturele leiders), institutionaliseren (juristen, politici, staatslieden) en kenmerken verheffen tot criteria voor groepsvorming, blijven buiten schot en worden vaak zelfs met eerbied bejegend. In conflictsituaties ontstaat dan de neiging genoemde kenmerken niet te verdoezelen of weg te werken, maar, integendeel, ze te accentueren en te sacraliseren.

BEWUSTZIJN VAN DE GROEP

Hoger genoemde, al dan niet gesystematiseerde waarneming en kennis van de naaste natuurlijke omgeving, hebben, zoals reeds gezegd, met het politieke nationalisme 'an sich' niets te maken, maar beginnen op dit gebied een rol te spelen zodra de systematisering der bevindingen – en wat doet de geest anders, wanneer hij door zijn abstractievermogen namen geeft aan de verschijnselen – leidt tot het classificeren van mensen in stammen, etnische groepen, volkeren, volksgenoten, taalgenoten, streekgenoten, rasgenoten, medeburgers. Deze zuiver intellectuele indeling van mens en bodem heeft niet alleen voor gevolg dat het individu zelf kan vaststellen of het beantwoordt aan de normen om te kunnen doorgaan voor blanke, Duitser,

Beier, Papoea, Lap, Vlaming, Limburger, maar ook dat het individu zelf kan vaststellen wie geen blanke, geen Duitser, geen Beier, geen Papoea, geen Lap, geen Vlaming, geen Limburger is.[20] Hier ontstaat een bewustzijn van 'hetzelfde' en 'het andere', wie aan wie in bepaalde opzichten gelijk is, wie in bepaalde opzichten ongelijk is (een denkoperatie die binnen het bereik ligt van de meest eenvoudige geesten). Hier worden termen gevonden, die gemakkelijk kunnen opgenomen worden in het politieke discours. De politicus die deze terminologie wil gebruiken, moet ze met politiek bruikbare gevoelens laden. Hoe geschiedt dit? Hoe komt het dat hogergenoemde indelingen het politiek gebeuren gaan beïnvloeden en soms zelfs conditioneren? Hoe komt het dat deze indelingen de geesten zo sterk beheersen, dat zij het terrein van wetenschap en letterkunde verlaten om buskruit en doelwitten te leveren voor bewegingen, opstandelingen, pressure groups, agitatoren, partijen, staten, legers, enz? Hoe komt het dat deze begrippen bestaande menselijke solidariteit kunnen doorbreken en vervangen door andere? Hoe kan uit deze begrippen zulk een samenhorigheidsgevoel ontstaan dat groepen 'als één man' opstaan en tot actie overgaan?

PRECISERING VAN HET GROEPSBEWUSTZIJN

Om dit stadium van samenhorigheid te bereiken, moeten verschillende fasen achtereenvolgens of simultaan doorlopen worden: intensivering, precisering van het bewustzijn inzake de gemeenschappelijkheden met als onmiddellijk corrolarium een sterker, nauwkeuriger, vollediger bewustzijn van wat de groep onderscheidt van andere groepen. De groep in kwestie moet zich meer bewust worden van wat hem eigen is en dit eigene moet nauwkeuriger omschreven worden, eerst in de geesten van enkelingen, vervolgens in het bewustzijn van steeds meer mensen. De groep wordt bepaald en afgebakend. Er wordt bepaald welke territoria behoren tot de eigen volksgemeenschap. De beweringen worden gebaseerd op historische, linguïstische, geografische (natuurlijke grenzen), economische (bevoorrading), staatkundige, geopolitieke (corridor van Dantzig) argumenten. Er wordt vastgesteld welke dialecten behoren tot de eigen taalgroep, welke mensentypen behoren tot de eigen etnie. Aspecten, die een onduidelijk karakter vertonen, worden toch beschouwd als behorend tot de eigenheid. Taal, huidskleur, haarkleur, territorium, klimaat, historische grenzen vallen gemakkelijk onder de zintuigen. Voor de gewone man zijn de meeste van deze aspecten onaanvechtbare feitelijkheden. Alles wat echter behoort tot het temperament, de mentaliteit, het karakter, de cultuur, de geplogenheden en gewoonten van een volk is niet zonder meer vast te stellen en daarom ook steeds het voorwerp van uiteenlopende opvattingen en van betwistingen. Temperament, karakter en volksgeest worden dan ook gaarne verward met publieke opinie, mentaliteit en collectieve aandachtspunten. Temperament en volkskarakter – wanneer ze bestaan – zijn aangeboren, 'zitten in de genen'. Publieke opinie en mentaliteit, anderzijds, zijn de vrucht van opvoeding, historische omstandigheden, natuurlijk milieu. De meest tegenstrijdige karaktereigenschappen worden aan bevolkingsgroepen toegeschreven, als algemeen verspreid of in overgrote mate aanwezig aangewezen en gelijktijdig door andere observatoren beschouwd als onbestaande. *'Ab uno disce omnes'* maakt opgeld en de brutaalste veralgemeningen zijn schering en inslag. 'De Serviërs dragen hun wreedheid en agressiviteit in hun genen.' Volkeren, streken, steden, gemeenten worden bekleed met allerhande karaktereigenschappen, gaande van zeer algemeen geformuleerde goede en minder goede kwaliteiten, samenhangend met klimatologische en geografische toestanden, tot eigenschappen en gebreken, die ongestaafd, zonder een begin van bewijs of een schijn van verklaring worden toegewezen aan grote en kleine groepen aardbewoners. Men heeft het over de hardheid van de bergvolkeren en de weekheid van hen die de vlakte bewonen, over de temperamentvolle zuiderling en de gelijkmoedige noorderling. Doch er zijn andere collectieve karaktertrekken: flegme, lichtzinnigheid, luiheid, tuchtzin, vlijt, moed, lafheid, hoofsheid, grofheid, gierigheid, trots, sluwheid, naïviteit, welbespraaktheid, onbetrouwbaarheid, gastvrijheid, zwaarmoedigheid, fatalisme, strijdlust, kunstzin, vindingrijkheid, openhartigheid, geslotenheid, mannelijkheid, verwijfdheid.

Al deze eigenschappen worden in de dagelijkse praktijk met zulke een argeloosheid toegekend en ontzegd, dat het een lust is voor de speelse geest. In de regel schittert de eigen groep door goede eigenschappen en worden de anderen, vooral erfvijanden, hoofdzakelijk collectieve gebreken toegerekend. Doch ook hier doen zich uitzonderingen voor. De gebreken van de eigen groep worden soms erkend. Ze worden dan goedgepraat of verheven tot deugden, in elk geval genieten ze het niet onbelangrijke voordeel te behoren tot de eigenheid van het volk, wat ze dedouaneert. De geschiedkundige eenheid van het volk wordt steeds als een vaststaand feit beschouwd; inzake continuïteit en coherentie maakt men zich nauwelijks zorgen. De erfelijkheid, de anders zo belangrijke en steeds presente verklaring, wordt verwaarloosd. De afstammelingen van de strijdlustige Romeinen en condottieri werden in de laatste wereldoorlog gezien als toonbeelden van lafheid. De zonen van de noormannen worden vandaag geassocieerd met weideland, koeien en zuivelproducten. De vlijtige en tuchtvolle Duitser was in Rusland rond 1900 een zinnebeeld van liederlijkheid. De joden werden bekeken als een minderwaardige en onzindelijke soort mensen, doch de wereld krioelt van joodse genieën en de jonge staat Israël geeft voorbeelden van modern dynamisme en militaire doeltreffendheid. De gewone sterveling ontsnapt niet aan het etnisch determinisme. Vele politieke gebeurtenissen en individuele houdingen worden door eenvoudige en vooraanstaande observatoren graag met verwijzing naar deze zogenaamde typische karaktertrekken geïnterpreteerd. De afloop van krijgsverrichtingen wordt verklaard door het volkskarakter van de partijen, de macht van een staat vindt zijn verklaring in de aanleg van zijn onderdanen, enz... Vlaamse welvaart wordt verklaard door Vlaamse ijver, Waalse achterstand door gebrek aan plichtbewustzijn.

Op de open conferentie van de CD&V van 8 juni 2002 onder het motto 'Vlaanderen kom uit uw schelp' sprak Prof. Dr. Wim Moesen over de mogelijkheid de verschillen tussen de volkeren wetenschappelijker vast te stellen, o.a. de verschillen inzake de kwaliteit van de formele en informele instellingen. Met de informele instellingen bedoelt men de gedragingen. Hoe staat het met de graad van corruptie? Moeten er steekpenningen worden betaald? In hoeveel gevallen wordt een op de openbare weg neergelegde portefeuille door de vinder aan de eigenaar terug bezorgd? Volgens Moesen was het mogelijk veralgemeningen betreffende landen en regio's wetenschappelijk te onderbouwen. Over de verschillen tussen Vlaanderen en Franstalig België waren er nog geen gegevens.

Het etnische determinisme speelt een grote rol in de geesten van gewone mensen, die weinig reizen, en kan gemakkelijk door de leiders onderhouden worden. Een nauwkeuriger inzicht in de psychologie der volkeren zou heel wat schijnbaar onoverwinbare barrières opheffen en de weg openen voor een menselijke samenleving verlost van een massa ziekelijke vooroordelen. Deze vooroordelen, hoe beledigend ze ook mogen wezen, hebben op zichzelf niets met nationalisme te maken zolang ze slechts aanleiding zijn tot scherts en spot op een niet politiek niveau.[21]

In de loop van het nationalistische ontwikkelingsproces wordt niet alleen gestreefd naar preciesere en grondigere kennis van de eigen groep, maar ook naar het wekken van een bewustzijn betreffende alles wat tot de groep behoort. De groep bestaat niet alleen. De groep bezit ook. De groep, vergroeid met een territorium, is niet alleen eigenaar van onroerende goederen, maar bezit ook roerende goederen, producten van eigen kunsten, ambachten, nijverheden, landbouw, bodem, visserij... Dit gebeurt in een eerste stadium niet met grote nauwkeurigheid en streven naar volledigheid. Men gaat prat op enkele typische voortbrengselen, op een min of meer duidelijk omschreven eigen cultuurpatrimonium, waarop de groep eigendomsrecht laat gelden. In een later stadium zal naar de grootst mogelijke nauwkeurigheid gestreefd worden bij de bepaling van de roerende, onroerende en culturele bezittingen van de groep (o.a. alles wat zich bevindt op het grondgebied, eronder of erboven, voor de Vlaamse regering ook de Nationale Luchthaven van Zaventem).

TOEKENNING VAN WAARDE AAN DE GROEPSKENMERKEN

In een volgend of een ander stadium dringt het bestaan van de groep als afzonderlijke groep door tot het bewustzijn van de massa. Gaat deze bewustwording gepaard met een systematische overbeklemtoning van het belang van wat de groep onderscheidt van andere groepen, dan bevinden we ons op een pad, dat naar nationalisme kan leiden. Men heeft het over de taal, de bodem, de voorouders, de tradities, het volkskarakter, geschiedkundige feiten, nationale helden en minder over algemeen menselijke thema's. Aan het vreemde wordt slechts aandacht geschonken voor zover dit vergelijkingspunten biedt. Het vreemde vormt de afwijking van het normale, dat nationaal is. Het onloochenbaar eigene wordt in het licht gesteld. Taal en bodem komen op de eerste plaats. De minder opvallende en niet zo tastbare facetten van de groep worden minder systematisch behandeld. Kenmerken, die betwistbaar zijn, worden toch in beslag genomen en genationaliseerd. Zo heeft men het over Spaanse trots, Vlaamse rondborstigheid, Gentse koppigheid. De Heilige Maagd Maria wordt O.L. Vrouw van Vlaanderen. Door de overbeklemtoning van de specifieke eigenschappen en het zich blind staren op de verschillen, gaat een groot deel van de belangstelling voor het algemeen menselijke teloor. Men hecht belang aan het communicatiemiddel, dat verschillend is, en wijdt minder aandacht aan hetgeen meegedeeld wordt. Men wijst naar de verschillen inzake zedelijkheidsvoorschriften in de Islamitische, West-Europese en Noord-Amerikaanse samenlevingen, maar schenkt geen aandacht aan het feit dat voor alle mensen de waarde van zedigheid en de onwaarde van onzedigheid onder een of andere vorm bestaan. Men ziet niet dat de gewetens gevoelig zijn, maar dat de normen anders liggen. Wie het lokale, het regionale, het nationale zoekt, vindt en overaccentueert, blijft noodgedwongen staan bij oppervlakkige uiterlijkheden en veronachtzaamt de algemeen menselijke wezenstrekken. Deze zijn universeel zijn en vormen bruggen tussen alle aardbewoners.

Het territorium, de taal, de groepsgeschiedenis zijn vaak het voorwerp van lofzangen, gedichten, manifestaties. Het ideaalbeeld van de volksgenoot, het prototype van de groep, is steeds ergens aanwezig, maar omdat men er nooit de hand op kan leggen, wordt het in het leven geroepen, laat men het in heldensagen of romans evolueren. Het wordt bekleed met echte en vermeende deugden, met kleine gebreken eigen aan de groep. De geboren en getogen stam- en volksgenoot wordt tegenover de vreemdeling, de bastaard, geplaatst.[22]

Het komt er echter niet alleen op aan dit alles te weten, het individu moet er ook zijn handelen naar richten. Eerst en vooral moet het ervoor zorgen, dat een aantal dingen behouden blijven: herinnering aan de voorvaderen, aan gewonnen en verloren veldslagen, aan ondergane vernederingen, tradities en gewoonten, taal, karaktertrekken. Hij, die eerbied vraagt voor de voorouders en voor lokale helden, pronkt met het natuurschoon van de eigen streek en prat gaat op de rijkdom van zijn moedertaal, doet echter nog niet aan nationalisme. Ook niet wanneer hij gelijktijdig insinueert vreemde helden niet tot voorbeeld te nemen, andere streken minder mooi te vinden en liever geen andere talen te spreken.

VOLKSE WAARDEN

De zogenaamde eigen waarden en typisch nationale idealen worden uitgedacht, geroemd en voorgehouden door de godsdienstige, culturele, morele, politieke en ook wel economische leiders van de groep. Het blijkt mogelijk medemensen ervan te overtuigen idealen na te streven, disciplines te aanvaarden, bepaalde morele principes te eerbiedigen, omdat ze Duitser, Romein, Vlaming, Brusselaar of wat ook zijn. Zo geloven vele Oostenrijkers dat zij, meer dan andere volkeren in Europa, de klassieke muziek moeten eren. Dit doen ze niet, omdat zij begaafder zijn dan de andere Europeanen, maar eenvoudig, omdat ze Oostenrijkers zijn. Trots zijn, omdat men Spanjaard is, 'tüchtig' zijn omdat men Duitser is, houden van Bel Canto en het beoefenen, omdat men Italiaan is.

De doeltreffendheid van deze soort argumentatie is niet te onderschatten. Velen worden bereid gevonden bepaald handelingen te stellen en zich dingen te ontzeggen, omdat zij behoren tot een groep, een groep met een 'eigen identiteit'. Ik woeker niet, omdat ik Engelsman ben. Ik ontwijk de belastingen, omdat ik Belg ben.

Alhoewel hier nog geen sprake is van nationalisme in de ware zin van het woord, – het aangehaalde heeft betrekking op het morele individuele handelen – raken we hier toch aan één van de wezenstrekken van het nationalisme, beter gezegd van de nationalistische argumentatiemethode. Het door het individu te waarderen, te behouden en te verwezenlijken wordt niet kritisch bekeken. De gestelde vraag is enkel: is het eigen aan de groep?

Het antwoord op deze eenvoudige vraag geeft de richtlijn. In enkele gevallen kan iedereen het antwoord gemakkelijk zelf vinden. We bedoelen de vragen betreffende de opvallende specifieke kenmerken en de bezittingen van de groep. In alle andere gevallen kan gemakkelijk een antwoord voorgehouden worden. We bedoelen: iedereen kan hier zoveel antwoorden geven als hij wil, omdat de juistheid ervan niet na te gaan is. Wie durft beweren dat het onjuist is te zeggen, dat elke Hollander – omdat hij Hollander is – moet beschikken over een eigen kleine personenwagen? Wie in Vlaanderen durft de stelling bestrijden dat Vlamingen door de band vlijtiger en betrouwbaarder zijn dan Walen en dat deze ertoe neigen te parasiteren?

De politieke stadia

BEWEEGGROND VOOR POLITIEK HANDELEN

We bevinden ons volop in het politieke stadium en dus midden in het nationalisme, wanneer de hierboven aangehaalde gedachten bestendig uitgangspunten vormen voor politiek handelen. Deze gedachten kunnen inderdaad aangewend worden bij de motivering van handelingen gericht op gemeenschapsvorming en sturing van het gemeenschapsbeleid.

We bevinden ons in het brandpunt van het nationalisme, wanneer vragen zoals: Wie moet in de politieke strijd solidair zijn met wie? Wie moet zich verbonden voelen met wie? Wie moet met wie administratieve, staatkundige, autonome, soevereine entiteiten vormen? Wie kan in onze gemeenschap opgenomen worden? Met wie kunnen wij het democratische politieke spel spelen, met wie niet? beantwoord worden met uitlatingen zoals 'blanken met de blanken', 'Friezen met de Friezen', 'Een taal, een volk, een rijk', 'Je filosofische overtuiging heeft geen belang, als je maar volksgenoot bent.'

Wat voorheen door wetenschapsmensen, taalkundigen, historici en de gewone man vastgesteld werd, wordt nu door de politicus gebruikt om een bepaalde politiek te rechtvaardigen: 'De voorouders van de inwoners van dit land waren voor honderd jaar de onderdanen van deze of gene hertog. Daarom moet dit land geannexeerd of heroverd worden.' 'Volgens de bijbel behoort de westelijke Jordaanoever tot Israel.' 'Vroeger was Brussel een Vlaamse stad.' 'Vermits ze dezelfde taal spreken, mogen ze niet rusten alvorens ze binnen dezelfde staatsgrenzen wonen.' Landen worden gesplitst of samengevoegd om te voldoen aan het streven naar culturele en linguïstische homogeniteit. Bij het totstandkomen van staten, federaties en verdragen, wordt gewezen op historische banden, gemeenschappelijke cultuurbronnen, taalverwantschap. Er wordt gebonden en ontbonden, niet zozeer om dit of dat doel of ideaal te verwezenlijken, doch eenvoudig omdat bepaalde feitelijkheden overeenstemmen. Alle Duitsprekenden spreken Duits. Daarom moeten ze in één staat leven en, zo nodig, voor elkaar sterven. Of dit de beste oplossing is voor de Duitsers en voor de mensheid, wordt niet onderzocht. Groot-Nederland of Dietsland moest totstandkomen, omdat Vlamingen en Nederlanders één waren door de taal, de geschiedenis, de bestemming en... 'het bloed'. Wallonië kijkt meer naar Parijs dan naar Brussel; België kan dus verdwijnen. Velen nemen genoegen met deze simplistische drogredenen en stellen geen verdere vragen. Is dit de beste oplossing voor Vlamingen, Walen en Brusselaars? Moet Europa totstandkomen, omdat de Europeanen behoren tot de geprivilegieerde mensensoort die Johann Sebastian Bach begrijpen kan? (Wat ondertussen onwaar schijnt te zijn. Het Chinese publiek, dat vertrouwd is noch met de Duitse taal, noch met de religieuze inspiratie van Bach, blijkt gefascineerd door de klankbeelden teweeggebracht bij de opvoering van Bach-cantates.)

Het is normaal dat individuen die dezelfde talen of dialecten spreken, die dezelfde eetgewoonten en een gemeenschappelijke historische herinnering hebben, gevoelens van vertrouwdheid en zelfs samenhorigheid onderhouden. Dit schijnt een spontane menselijke reactie te zijn. Bepaalde gemeenschappelijke kenmerken kunnen integraties vergemakkelijken.[23] Feitelijkheden kunnen echter nooit het doorslaggevend motief vormen. Het toch gebruiken daarvan is de grondslag van de nationalistische gemeenschaps- en machtsvorming.

Doch niet alleen bij de politieke indeling van de aardbewoners, bij de vorming van staatkundige gemeenschappen, speelt nationalisme een rol. Het kan ook aanwezig zijn in het politiek debat betreffende het gemeenschapsbeleid. Ideeën worden bekampt, voorstellen afgewezen, eisen gesteld met aanwending van nationalistische argumenten, als zijnde al dan niet in overeenstemming met het nationale belang, de eigen aard, de eigen identiteit.

Voorheen zagen we reeds wat er allemaal onder de nationalistische dekmantel schuil kan gaan. Deze maatregel wordt toegejuicht omdat hij nationaal is, gene verworpen omdat hij niet in overeenstemming is met de eigen aard. Politieke objectieven kunnen nationalistisch zijn door hun inhoud of door de manier waarop ze gepresenteerd worden. Nationalistische politiek kan hierdoor veelomvattend zijn.

De nationalist verdedigt de belangen en idealen van een land of landsgedeelte. Volgens hem gaat alles best, als elkeen uitsluitend voor 'zichzelf' zorgt, voor het eigen volk. De eigen stoep schoonhouden. (Wat we zelf doen, doen we beter.) Jammer genoeg wordt men het over dat 'zichzelf' niet zo vlug eens en wordt duidelijkheid hieromtrent slechts bereikt via de verwerving van nationale staatssoevereiniteit.

GEÏNSTITUTIONALISEERD NATIONALISME

In de ontwikkeling van het werkelijke politieke nationalisme kan men twee stadia onderscheiden: het strevend en het geïnstitutionaliseerd nationalisme. Theoretisch kan men zich een nationalisme voorstellen dat niet naar staatkundige institutionalisering streeft. In de praktijk komt dergelijk nationalisme weinig voor. Een politieke formatie kan, vooral in een eerste fase, nationalistische criteria van politieke appreciatie, keuze, groeps- en partijvorming voorhouden, zonder cultuurhomogeniteit en staatkundige autonomie of onafhankelijkheid na te streven.[24] Een nationalistische formatie kan zich inderdaad tevredenstellen met het verdedigen van de belangen van een territoriaal omlijnbare bevolkingsgroep. De vraag is echter: waarom beperkt de nationalistische formatie zich in vele gevallen niet tot deze vorm van belangenverdediging en waarom wil zij meestal verder gaan? Waarom beperkt zij zich niet tot de beïnvloeding van het gemeenschapsbeleid en streeft zij naar gemeenschapsvorming, naar de vorming van een eigen nieuwe politieke gemeenschap?

Als de nationalistische formatie verder wil gaan, beperkt ze zich niet tot het verdedigen van de maatregelen, die in het belang van het landsgedeelte, waarvoor ze optreedt, moeten worden getroffen. Ze streeft er ook naar personen voor te dragen om deel te nemen aan de macht ten einde de uitvoering van de gewenste maatregelen te garanderen. Doch ook dit, deelnemen aan de macht, volstaat niet. In een volgende fase streven nationalistische formaties naar politieke onafhankelijkheid, – wanneer ze geen aansluiting zoeken bij andere staatkundige entiteiten, bijvoorbeeld bij Frankrijk wat Wallonië betreft.

STREVEN NAAR ONAFHANKELIJKHEID

Eerst en vooral moet worden gezegd dat van alle formaties die in het politiek strijdperk treden, slechts de nationalisten naar politieke onafhankelijkheid kunnen streven. Slechts de nationalisten beschikken – dit beweren ze althans – niet alleen over aanhangers, maar ook over een territorium. Socialisten of middenstanders kunnen zich uit een bestaande geïnstitutionaliseerde gemeenschap niet losrukken, eenvoudig omdat zij over geen territorium beschikken. Ze kunnen niet aan secessie doen. Ze kunnen geen nieuwe staatkundige entiteit oprichten. Nietnationalistische bewegingen kunnen ijveren voor meer rechten en voordelen voor de burgers waarvan zij de belangen verdedigen, maar ze doen dit niet door bijvoorbeeld autonomie te eisen voor een bepaald landsgedeelte.

Naast de eerste vraag is er een tweede. Waarom slagen nationalistische voormannen er bijna steeds in hun volks- of streekgenoten ervan te overtuigen dat eigen regeerders beter zijn dan vreemde, dat wetten rechtvaardiger en doeltreffender zijn, wanneer ze opgesteld worden door eigen wetgevers in de eigen taal? Is het woordje 'eigen' zo aantrekkelijk? Er wordt niet nagegaan of de nieuwe wetgevers en de nieuwe wetten socialer, liberaler, rechtvaardiger, genuanceerder, logischer of wat ook zijn. Meestal volstaat het te beweren dat ze 'van ons' zijn om menigeen gunstig te stemmen en ze met enthousiasme te onthalen. Vaak brachten nationalistische revoluties leiders aan de macht die zich intensiever bekommerden om het welzijn van hun onderdanen of medeburgers, intensiever dan zij die voorheen regeerden vanuit ver verwijderde, autoritaire of democratische centralistische machtscentra. Doch niet altijd bracht de nationalistische onafhankelijkheidsstrijd vooruitgang. Soms was bars fascisme en oorlogszucht gehuld in bevrijdend nationalisme en behandelden de 'eigen' meesters hun volksgenoten even mensonwaardig als de vreemde heersers. Nationalisme ging niet altijd hand in hand met liberalisering, democratisering, herverdeling van aardse goederen en anti-colonialisme.

Dikwijls verlangden het zegevierende nationalisme en de verworven onafhankelijkheid vernietigende disciplines en kruiperige gehoorzaamheid. Persoonlijke vrijheid en familiegeluk werden daar het slachtoffer van.

In het nationalistische streven staat het begrip 'eigenheid' centraal, maar de politieke aantrekkelijkheid van dit begrip groeit niet in het luchtledige. De hierboven beschreven a-politieke educatieve fasen zijn onmisbaar. De veralgemeende bewustwording van het bestaan van een nog niet geïnstitutionaliseerde gemeenschap, gepaard met een overbeklemtoning van specifieke kenmerken is noodzakelijk. Wanneer deze bewustwording aangevuld wordt met een politieke valorisatie van de eigenheden, die moeten worden bewaard en van de idealen, die individueel en collectief moeten nagestreefd worden, dient nog interesse gewekt voor concrete problemen en materiële belangen.

Doordrongen van het bestaan van hun eigenheid, eigen aard, eigen geschiedenis, eigen waarden, eigen noden, eigen problemen is het eenvoudig de massa's te overtuigen van de onmisbaarheid van 'eigen' wetten.[25] Daar alle euvels te wijten zijn aan 'volksvreemde' elementen, volstaat het echt niet een aantal 'goede' wetten te doen stemmen. Zolang deze vreemde elementen macht bezitten of medezeggenschap hebben, is de eigenheid van de maatregelen en de wetten niet gewaarborgd. Om deze reden moeten niet alleen de wetten, maar ook de wetgever 'eigen' zijn. (De meta-betekenis van de geleidelijke splitsing van de Belgische nationale-federale democratische besluitvormingsorganen (partijen, parlement, ministeries..) was dat dit nodig was omdat samen discussiërende en beslissende

Vlaamse en Franstalige politici minder goede wetten maakten en Waalse politici voor Vlamingen te onbetrouwbaar en te onbekwaam waren om samen met hen aan politiek te doen.)

Streeft de nationalistische leider het onafhankelijkheidsideaal na, dan kan een algemeen verspreid nationaal groepsbewustzijn zijn taak slechts vereenvoudigen. Zijn opdracht is nog gemakkelijker te volbrengen, wanneer het bestaan van de groep als nationale entiteit niet alleen behoort tot de kosmologie van de massa, maar wanneer ook de daarmee overeenstemmende solidariteit algemeen als een waarde erkend wordt. Belangrijk is dan, dat deze waarde niet gebeurlijk, maar permanent en in alle omstandigheden haar bestemmende invloed laat gelden als criterium van politieke appreciatie en groepsvorming. Het is nodig dat in alle politieke aangelegenheden een beroep kan gedaan worden op het samenhorigheidsgevoel van de leden. In deze fase worden fronten gevormd in de geesten en de instellingen. Ontstaat er een gewelddadig conflict dan weten de mensen waar en hoe vriend en vijand te vinden en te herkennen zijn. (Deze soort frontvorming heeft reeds plaats in België. De bevolking, in tegenstelling tot een bepaalde pers, gedraagt zich voorbeeldig vreedzaam, maar een vonk kan volstaan om een escalatie uit te lokken. Ook in Sarajevo leefden de mensen tot kort voor de oorlog vreedzaam samen in dezelfde buildings.)

Wanneer het identificatieproces van het individu met de naar soevereiniteit of autonomie strevende gemeenschap voldoende voortgeschreden is, wanneer voldoende individuen zich vereenzelvigen – zo mogelijk kritiekloos – met alles wat de gemeenschap symboliseert, – leiders, vaandels, taal, bodem, wanneer de nationalistische criteria voldoende ingeburgerd zijn bij de overgrote meerderheid van de bevolking, dan is het stadium bereikt, waarin de burgers zich gedragen als 'citoyens avant la lettre' van een nieuwe staat.[26] Er dient dan nog slechts gewacht op de voltooiing: de institutionalisering of oprichting van de nieuwe staat.

Wanneer een nationalisme de geesten tot deze 'staat van rijpheid' gebracht heeft is alleen militaire macht of een zeer sterke morele kracht bekwaam de vorming van een nieuwe nationale staat te verhinderen. In het huidige wereldperspectief is het echter moeilijker dan ooit te voren te weerstaan aan de nationalistische aanspraken op 'autodétermination' en zelfbestuur. De wereld is nog te veel de woorden van President Woodrow Wilson indachtig, die alle heil meende te vinden in het zelfbestemmingsrecht en de soevereiniteit van alle naties. Steeds meer landen, landjes en eilanden verwerven nationale soevereiniteit. De onafhankelijkheid van landen wordt nog al te vaak en ten onrechte gelijkgesteld met de vrijheid van hun inwoners. Alleen in Europa binnen de EU worden schuchtere pogingen ondernomen om de noodlottige soevereiniteitsdrang af te remmen.

De institutionalisering wordt meestal door een opstand of een burgeroorlog teweeggebracht, ook wel door overeenkomsten of verdragen voltrokken. Zelfs de schepping van nieuwe soevereine staten via de weloverwogen weg van de onbloedige democratische beslissing schijnt niet ondenkbaar te zijn.

GEVOLGEN VAN DE INSTITUTIONALISERING

Door de institutionalisering worden de burgers rechtssubjecten en onderdanen van een nieuwe staat. Hun (democratische) rechtsverhoudingen t.o.v. hun vroegere medeburgers worden vervangen door indirecte machtsverhoudingen. Op vele gebieden treden fundamentele veranderingen op. Daar waar onduidelijkheid bestond inzake gebiedsafbakening en aanhorigheid, heerst nu nauwkeurigheid dankzij staatsgrenzen en identiteitskaarten. Deze hercompartimentering van volk en bodem is niet het enige resultaat van de institutionalisering. Kunstenaars, kunstwerken, intellectuele goederen, uitvindingen worden definitief toegeëigend, aangeslagen, genationaliseerd. Niet alleen de individuen ontvangen nieuwe identiteitskaarten, uniformen, aanspreektitels, ook de goederen, onroerende en roerende, worden geïmmatriculeerd en voorzien van stempels en oorsprongscertificaten, enz...[27]

Op het gebied der criteria doet zich eveneens een verandering voor. In de strijdperiode was het voor de burger mogelijk het politieke gebeuren te beoordelen, tussen alternatieven te kiezen, zich in een politiek perspectief te groeperen op basis van andere criteria dan de nationalistische. Na de institutionalisering is er geen keuzemogelijkheid of vrijheid meer op dit gebied. Voorheen kon hij ongestraft andere waarden verdedigen (in VLaanderen in het begin van de 21ste eeuw niet zonder grote inspanningen en zeker niet met de steun van de media), andere banden verkiezen boven deze die de nieuwe staat hem oplegt. Wanneer de nieuwe staat een democratie is, blijven gevoelens van verbondenheid en solidariteit, voortvloeiend uit familiale, economische, ideologische, wetenschappelijke, algemeen menselijke banden en belangen, voor een groot gedeelte onaangetast, doch in feite moeten deze gevoelens vaak voor nationale gevoelens wijken. Familieleden, economische partners, politiek-ideologische broeders, wetenschapsvrienden, enz... kunnen verder contact houden, doch wanneer het erop aankomt, d.w.z. in ernstige conflictsituaties, worden families uit elkaar gerukt, worden broeders vijanden, worden politieke vrienden tegen elkaar in het harnas gejaagd. Ideologie, wetenschappelijk belang en algemeen menselijke waarden worden terzijde geschoven. In een beginstadium of overgangsperiode moeten de nationale leiders soms aanzienlijke morele en andere druk uitoefenen[28] en hardhandig ingrijpen om de nieuwe criteria alle burgers duidelijk te maken. Wanneer de meest halsstarrigen ten slotte het hoofd of het bijltje erbij neerleggen vermindert de spanning tussen het oude en het nieuwe.

In de strijdperioden beschikken de nationale leiders over hun eigen stemgeluid, vlugschriften, bladen, militanten, agitatoren. Nu beschikken zij over een honderdmaal sterker machtsapparaat om hun beoordelingscriteria op te dringen. Bepaalde meningsverschillen binnen het nieuwe nationale kader zijn toegelaten. Dit is democratisch. Doch de grote communicatiemiddelen, radio en TV zorgen ervoor, dat de geesten voldoende nationale klokjes horen luiden en geen 'incivieke' daden gesteld worden.

Tenslotte bestendigt het nationale en nationalistische denken zich door de dialectiek van de structuren. De meest a-nationale denkgroepen ondergaan de kracht van deze dialectiek. Zelfs de nationale afdelingen van internationale en mondiale politieke bewegingen ondergaan de nationale druk. Ideologie en programma zijn nog geheel of gedeeltelijk universalistisch en internationaal, maar de structuren worden genationaliseerd. De politici stellen zich voor aan een nationaal kiezerskorps, bekomen een nationaal mandaat, hun actieradius stricto sensu is het nationaal territorium, ze moeten door een nationaal kiezerskorps gekozen en herkozen worden. De partijfinanciering is nationaal.[29] Tijdens de zomermaanden, op internationale congressen en op zondagen kunnen ze zich bezighouden met grensoverschrijdende problemen, doch op hun schrijftafels wachten nationale dossiers.

De structuren drukken zozeer, dat het de individuele politici ternauwernood mogelijk is het nationale karrenspoor te verlaten. Doen zij het toch, dan worden zij politiek geïsoleerd,[30] en voor irrealisten, soms voor verraders gehouden. Meestal slagen politici er alleen in de internationale problemen te bekijken door een nationale bril. Deze soort internationaal-socialisten, universeel-katholieken, liberalen, progressisten of radicalen gedragen zich dan ongeveer als leken voor een modern schilderij. Deze vinden een abstract of non-figuratief werk doorgaans slechts mooi, wanneer zij vertrouwde lijnen en vormen menen te herkennen. Zij bekijken het schilderij met een renaissance-oog, nemen Rubens en Rembrandt als referenties. De politici, die belangstelling tonen voor grensoverschrijdende problemen, doen ongeveer hetzelfde. Zij bekijken de problemen, niet vanuit een internationaal of een algemeen menselijk, maar vanuit een nationaal standpunt. Het nationaal standpunt is het enige dat hun vertrouwd is. Hoe rampzalig deze evolutie is, hoeft geen betoog.[31]

DE UITERSTE CONCLUSIE

De territoriale basis schept de mogelijkheid. De beklemtoning van het eigene voert tot conclusies op het politieke vlak. Doch dit alles leidt op zich tot niets, wanneer de politieke wil ontbreekt, wanneer er geen leiders zijn, om het volk de weg naar de onafhankelijkheid te wijzen. De wil tot het uiterste consequent te zijn is in het beginstadium van de nationalistische strijd niet steeds voorhanden. De leiders, wier idealistische instelling en edelmoedigheid dikwijls niet in twijfel kan worden getrokken, zoeken invloed en macht met het oog op de verbetering van bepaalde toestanden. Ze doen aan politiek, vormen de geesten, boeken successen, ondergaan politieke nederlagen, verwerven macht, wensen deze macht te bestendigen en uit te breiden. Welk politicus wenst niet dat iedereen oordeelt en kiest zoals hij of zoals zijn groep? Slechts weinigen brengen de kracht op, zoals Lucius Cincinnatus, terug te keren naar het gewone leven eens ze in de politieke machtsappel gebeten hebben. Welk politicus zal na volbrachte politieke opdracht tot zijn aanhangers zeggen: de taak is volbracht, de wet is gestemd, het onrecht is hersteld, keer terug naar jullie gezinnen of, sluit aan bij een andere politieke beweging, die andere beoordelingscriteria voorhoudt?[32]

Normaal zal hij zijn politieke macht en invloed willen bestendigen, voor de toekomst zeker stellen en uitbreiden. Hij zal ernaar streven alleen zijn politieke criteria te doen gelden en deze van politieke tegenstanders zo weinig mogelijk aan bod te laten komen. Wanneer de nationalistische leider, net zoals elk politiek leider, verlangt naar bestendiging en uitbreiding van zijn macht en definitieve uitschakeling van zijn tegenstrevers, kan hij niet anders dan ijveren voor de volledige onafhankelijkheid van zijn volk of landsgedeelte. Het zou te gek zijn van de nationalistische leider meer zelfbeheersing te verlangen dan van andere politieke leiders.

DICTATUREN EN JONGE SOEVEREINE STATEN

Elke politieke richting heeft excessen gekend. Steeds zijn groepen erin geslaagd hun standpunt te doen zegevieren en met geweld op te dringen aan minderheden en meerderheden. Wanneer een ideologische partij haar wil oplegt aan de totaliteit van een staatsbevolking en geen andere criteria duldt noemt men dit een dictatuur. Wanneer een nationalistische partij een nieuwe soevereine staat in het leven roept en haar criteria opdringt aan een hele bevolking, noemt men dit een historische gebeurtenis en haasten staatshoofden zich de leiders van de nieuwe staat eer te betonen. De totale zegepraal van een socialistische partij noemt men een volksdemocratie of een communistische dictatuur. Een totale zegepraal van een katholieke partij noemt men een clericale theocratie. De totale zegepraal van een nationalistische partij noemt men een jonge soevereine staat. De andere staten tonen voor deze overwinning niet alleen begrip, maar ook enthousiasme en soms welwillende hulpvaardigheid. Ze doen dit alle – soms zelfs de landen, die bij de operatie het onderspit moesten delven – omdat ze alle, ook de democratische, voor deze vorm van dictatuur respect hebben en deze zelf aan hun onderdanen opleggen of moeten kunnen opleggen in een wereld van soevereine staten. De nationale staat moet altijd, doch vooral in tijden van tussenstaatse spanningen, zijn onderdanen financiële, materiële, militaire, morele en intellectuele disciplines kunnen opleggen.

Voor deze vorm van dictatuur hebben alle staten begrip. Deze vorm van dictatuur mag geen politicus 'dictatuur' noemen. Dit verklaart meteen waarom de strijd tegen de soevereiniteitsidee zo moeizaam verloopt en ook waarom nationalisme in de praktijk alleen door nationalisme bestreden wordt. Dit laatste leidt slechts tot een versterking van het nationalisme en nooit tot een oorlog tegen het nationalisme zelf. Twee nationalismen, die elkaar bevechten, twee soevereine staten, die in koude of warme oorlog tegenover elkaar staan kunnen alles in elkaar aanvechten, discrediteren, verachten, alles behalve de waarde van het nationalisme en van de nationale soevereiniteit. De soevereiniteitsidee mogen zij niet aanvallen, want hierdoor verdelgen zij zichzelf. De Duitse vorstendommen wisten niets beter dan met nationalisme te reageren op de nationalistische uitdaging van de Franse revolutie en Napoleon I. De Oostenrijkers waren niet beter geïnspireerd, toen een aantal onder hen zich wilden weren tegen de 'Anschluss' in 1938

Steeds werd de andere, de vreemde, de vijand veracht, gehaat en het eigen nationalisme om zijn bezielende kracht gehuldigd.

DE ONVERBREEKBARE VERBONDENHEID

De mensheid bevindt zich in een duivelse 'cercle vicieux': nationalisme leidt bijna steeds tot soevereiniteit, soevereiniteit betekent machtsverhouding tussen staten, dus behoefte aan nationalisme. Soevereiniteit stelt ongehoorde machtsmiddelen beschikking van het nationalisme. Nationalisme kan niet bestaan zonder vijanden. Deze kunnen zich slechts te weer stellen door middel van nationalisme. Wanneer dit laatste nationalisme niet geïnstitutionaliseerd is, zal het streven naar institutionalisering en nationale onafhankelijkheid. In elk geval baart nationalisme nieuw nationalisme en geeft de verwezenlijking van nationalistische doelstellingen aanleiding tot de geboorte van steeds meer soevereine staten, d.w.z. tot een steeds groter aantal machtsgroepen, die de macht tot wet maken, als heiligste principe geen wet boven zich erkennen, in het beste geval met de andere soevereine staten broze omkeerbare diplomatieke betrekkingen onderhouden.

In dit vlak veranderen alle dingen. Recht wordt geschuwd, macht verheerlijkt. Slachtoffers worden helden en helden worden verraders. Wanneer in het civiele leven een lid naar een andere groep overloopt, omdat zijn mening of belang een verandering ondergaat, vindt men dit doorgaans niet lovenswaardig, geen voorbeeld van standvastigheid. Minstens een groep verheugt zich echter over de nieuwe aanhanger. De andere groep spreekt van een verloren schaap, van een onbetrouwbare collega. De meesten (vooral in het Vlaanderen van de jaren 1990) vinden zo een overstap een normaal gebeuren. Wanneer iemand echter van een staat naar een andere wil overgaan, wordt hem dat, ook in vredestijd, vaak aan beide zijden moeilijk gemaakt. Hij is staatsgebonden, denkt nationaal, is soldaat...[33]

Hoe toevallig staten ook tot stand komen, hoe wisselvallig hun grenzen ook mogen wezen, toch willen zij zich voordoen als eeuwige, door de natuur[34] of God gewilde onaantastbare feitelijkheden. De inwijkeling in vredestijd, die uit vrije wil zijn geboorteland verlaat en een ander land verkiest, – waar is de wil tot staatsburgerlijke loyaliteit duidelijker? – wordt met wantrouwen bejegend. Hij moet meestal lange jaren op burgerrechten wachten, omdat hij niet dezelfde waarborgen biedt als het kind, dat door de natuur of de schepper aan het vaderland geschonken werd.

Wie in oorlogstijd meent diensten te moeten bewijzen aan overheden of burgers van de vijandige natie, wordt niet alleen door zijn eigen land als verrader uitgescholden en zo nodig terechtgesteld, maar wordt eveneens door de staat, die van zijn optreden profiteert, als een onbetrouwbaar en tegennatuurlijk element beschouwd. Beide kampen laten spionnen en overlopers vallen. Dit is de stilzwijgende overeenkomst tussen soevereine machten. Deze overeenkomst is onontbeerlijk, willen ze zichzelf niet ondergraven. Houden zij zich niet aan deze overeenkomst, dan aanvaarden ze impliciet dat de aardbewoners kunnen kiezen tussen staten, net zoals ze kunnen kiezen tussen partijen, belangengroepen of godsdiensten, wat zou indruisen tegen het door hen verspreide geloof, dat de staatsaanhorigheid, de hoogste, de heiligste, de natuurlijkste, de opperste, de onverbreekbaarste is. De moderne staten zijn erin geslaagd dit geloof in de hoofden van hun respectieve onderdanen in te prenten. Ter dood veroordeelden voor het executiepeleton roepen niet 'Leve mijn familie, leve mijn stad, mijn partij, mijn geloof...', maar citeren nog dikwijls de namen van staten of naties. Lifters geloven dat ze de aandacht en de sympathie van de autobestuurders kunnen wekken met bordjes, waarop hun staatsaanhorigheid vermeld staat. Schijnbaar is het dus zo dat het voor velen belangrijker is Fransman of Deen te zijn en dit door drukletters mede te delen, dan er fatsoenlijk en betrouwbaar uit te zien.

Dit is alles het resultaat van de politieke bedrijvigheid die men nationalisme noemt. Uitgaande van enkele minder belangrijke, gemakkelijk vast te stellen uiterlijke verschijnselen, wordt een redenering opgebouwd die via educatieve en politieke actie, leidt tot constructies die het zijn en het denken van de mensheid conditioneren en slechts met uiterste inspanningen kunnen worden beheerst en overwonnen. Dit is zo omdat ons beperkt begripsvermogen en gemakzuchtige realiteitszin ons er steeds weer toe dwingen met deze waanzin vrede te nemen. Dit gaat zover dat de geschiedenis en het internationale politieke gebeuren door ons bijna uitsluitend verklaard worden op grond van nationalistische concepten en denkmethoden.

In de loop van dit betoog werd vaak gesproken over de fasen of stadia die waarneembaar zijn wanneer de nationalistische wagen eenmaal aan het rollen gaat. Wellicht was het beter geweest te spreken over de instrumenten die door de nationalist bespeeld worden, en over de redeneringen die hij ter stimulering van het proces aanbrengt. In de nationalistische opgang zijn de opgesomde elementen of stadia bijna steeds aanwezig en vaak gelijktijdig. Het stadium van excessen wordt echter iets minder regelmatig bereikt.

DE EXCESSEN

In zijn denken komt de nationalist vaak tot het besluit dat de landgenoot, de volksgenoot, niet alleen in bijzondere omstandigheden zijn land en volk moet verkiezen boven alle andere[35] (Volgens Fichte vestigt zich het geloof van de edele mens in het voortduren van zijn leven op aarde op de hoop van het eeuwig voortduren van zijn volk), maar dat hij steeds, zelfs met achterstelling van zijn eigen persoon, moet handelen als deel van een geheel, als lid van een lichaam, als een pijl in een bundel. De delen, de ledematen, de pijlen hebben slechts waarde en bestaansrecht in zover het geheel, het lichaam, de bundel, waarde hebben en bestaan.[36] Deze fascistische uitwas van het nationalisme en andere totalitaire uitwassen komen vaak voor. Ze impliceren de volledige onderwerping van het individu aan de staat, aan de leider.

Een dergelijke situatie van volledige onderwerping aan het staatsraison doet zich ook in democratische stelsels voor, doch alleen in periodes van crisis of tussenstaatse spanningen. Om gewapend te zijn tegen buiten- en binnenlandse bedreigingen, moet elke soevereine staat, ook de meest democratische, beschikken over een quasi totalitaire ruggengraat. We bedoelen leger, rijkswacht, politie en in zekere zin de centrale administraties. Deze niet democratisch bestuurde machten beschermen de staat tegen interne gewelddadige opstandigheid en buitenlandse vijanden.

De meest democratische soevereine staat moet om zich te kunnen handhaven, aan zijn onderdanen geregeld offers vragen en een dure, op alle eventualiteiten voorbereide, ondemocratische militaire macht onderhouden. Uiteraard houdt dit gevaren in voor de binnenlandse democratie en de internationale vrede. De staten zijn verplicht zich zo te organiseren, dat ze zich in een minimum van tijd kunnen omvormen tot kazernes, waarin elke man en elke vrouw op dictatoriale wijze taken toegewezen krijgt.

Dit zeer normale verschijnsel wordt nauwelijks bestempeld als een product van het nationalisme. Staatsvorming heeft gevolgen voor de eigen burgers en nog meer voor de buitenlanders, de niet-nationalen, vooral in geval van conflict. Wanneer nationalisme extremistische vormen aanneemt, wordt onverschilligheid voor het vreemde agressieve afkeer.

Elke beweging, elke politieke stroming kent gewelddadige uitwassen en heeft haar onwetende en onschuldige slachtoffers. Maar wat in andere spanningen, opstanden, revoluties vaak voorkomt, is in nationalistische conflicten regel. Wat door de revolutionair normaal wordt betreurd, daarop beroemt zich de nationalist. De revolutionair bevecht tegenstanders, die hem onrecht willen aandoen en betreurt het wanneer slachtoffers vallen onder hen die buiten zijn wil in de zaak betrokken worden. De nationalist vindt het normaal dat slachtoffers vallen onder hen die zijn vijanden niet zijn. De nationalist doodt en bekampt niet zozeer de vijand, de onderdrukker, de schuldige, de verantwoordelijke, hij doodt en bekampt medemensen die anders zijn door moedertaal, geboortestreek, huidskleur of 'Schild en vriend' niet met de vereiste tongval kunnen uitspreken. Zijn nationalistische veralgemeningen voeren hem tot de gruwelijkste consequenties. Er werden in Europa mensen gefolterd, onschuldig omgebracht, families werden uit elkaar gerukt, niet omdat ze een misdaad of 'überhaupt' een daad hadden gepleegd, niet omdat ze een bepaalde mening geuit of eenvoudig gekoesterd hadden, maar alleen omdat ze aanvaard hadden, of voor het tragische feit stonden, te behoren tot een zogenaamd volk, een staat, een etnie, een taalgroep, een ras.

Velen zullen antwoorden dat nationalisme en racisme schuld hebben aan de onrechtvaardigheden en gruwelijkheden die zich zelfs in de twintigste eeuw op grote schaal voordeden.

Maar waar en hoe werd in nationalisme en racisme de kiem gelegd, kiem die als een mostaardzaadje kon opschieten tot een niet te snoeien boom? Zijn het de door God en de natuur gewilde verschillen tussen de mensen? Zijn het de geleerden en dichters, die deze verschillen vaststellen en het belang ervan opblazen? Zijn het de denkers en filosofen, die vooroordelen en veralgemeningen verspreiden?[37] Is het de menselijke geest, die zo graag simplificeert en hiertoe gedwongen wordt door zijn onbekwaamheid de veelvuldige werkelijkheid gelijktijdig waar te nemen? Is het de politicus, die vooroordelen en gevoelens exploiteert, niet alleen om recht te herstellen, maar ook om gezag te vestigen, staten te bouwen? Of is de schuldige hij, die uit dit alles in bepaalde omstandigheden, gedwongen of vrijwillig, de uiterste consequenties trekt, moordt, vervolgt, discrimineert? Hij heeft vernomen dat alle joden aan neusvorm en andere uiterlijke kenmerken te herkennen zijn. Men heeft hem geleerd dat alle joden uitbuiters en minderwaardige wezens zijn. Hij verneemt o.a. van taalvaardige intellectuelen dat het wenselijk is deze mensensoort te mijden, te verdrijven, uit te roeien. Daarom zal hij niet enkele joden, maar zoveel mogelijk joden, ook kinderen, doden.

Wie draagt de grootste schuld: de kampbeul, de politicus, de leraar, de denker, de zwakte van de menselijke geest, de natuur? Hoe verklaren, dat de inwoners van Hamburg en Dresden voor de bemanningen van bommenwerpers geen mensen meer waren, doch slechts Duitsers? Ligt de kern en de kiem van het nationalisme niet in een schijnbaar ongevaarlijke catalogering, die de mensen zichzelf opleggen? De misdaad van de compartimentering, de domheid zich te laten compartimenteren, de machteloosheid zich tegen de compartimentering te verzetten.[38]

OOK BIJ ONS?

Het benadelen, kwetsen en doden van mensen eenvoudig omdat ze tot een volksgemeenschap of een Staat behoren neemt geen einde. Plegers van aanslagen, zelfmoordterroristen, bombardementen, scherpschutters treffen onschuldige inwoners van New York, Palestina, Israël, Irak, Afghanistan, Pakistan, Indië, Rwanda, Bosnië, Kosovo, Noord-Ierland, Spanje. Het gaat om duizenden mannen, vrouwen en kinderen die geen enkele verantwoordelijkheid dragen.

Maar ook bij ons worden maatregelen uitgevaardigd die mensen treffen die alleen de pech hebben te behoren tot een volksgemeenschap en geen enkele schuld of verantwoordelijkheid dragen voor de gang van zaken. Vlamingen genieten van de Vlaamse zorgverzekering, van de afschaffing van het kijk- en luistergeld, van belastingverminderingen, morgen van de voordelen van een splitsing van de ziekteverzekering. Aan Walen worden deze voordelen niet gegund. Daarbij lijden zij onder een minder snelle aanpassing van het indexcijfer als gevolg van de eenzijdige afschaffing van het kijk- en luistergeld. De maatregelen zijn goed voor Vlamingen, niet voor de inwoners van het Waalse landsgedeelte.

Het gaat om maatregelen op het gebied van de sociale zekerheid en de belastingen, twee gebieden waar traditioneel vermeden wordt lasten lineair en forfaitair op te leggen en ernaar gestreefd wordt met zoveel mogelijk omstandigheden rekening te houden: inkomen, gezinslast, ziekte, invaliditeit, handicaps, leeftijd... In dit geval niet. Voor alle Walen hetzelfde nadeel. Daarbij is te bedenken dat de Belgische welvaart en het Belgische sociale zekerheidssysteem vruchten zijn van gemeenschappelijke inspanningen en bestendig overleg tussen alle Belgische partijen, vakbonden en landsbonden... Stellen we ons voor dat voordelen van dergelijke aard zouden worden toegekend aan de inwoners van twee Vlaamse provincies en niet aan de drie andere. Wat zou er een protest opgaan.

Hebben de Vlaamse commentatoren, publicisten en denkers, met en zonder pleinvrees, reeds op deze manier de maatregelen van de regering van het rijkere Vlaanderen bekeken? Ook hier wordt nadeel berokkend aan mensen die alleen maar het ongeluk hebben tot een andere natie te behoren. Ze moeten de gevolgen van een nationalistische politiek ondergaan. Nationalisten menen niet solidair te moeten zijn met inwoners van een andere natie. Het zijn voor hen andere mensen. Hoever mag men gaan in het anders behandelen van andere mensen? Het probleem begint niet met het anders behandelen maar met mensen te beschouwen als andere mensen. En zover zijn we reeds in België.

Het is duidelijk dat we hier niet te maken hebben met excessen van het nationalistische denken en handelen. Wat we in België beleven zijn normale vormen van nationalistische politieke bedrijvigheid. Ze beantwoorden evenzeer als de geschilderde excessen aan de in dit boek voorgestelde definitie van politiek nationalisme. De subjecten zijn herkenbaar door de taal en geografisch lokaliseebaar en de objecten van de politieke bedrijvigheid zijn door hun wezen en voorstellingswijze (zorgverzekering alleen voor Vlamingen, later onder druk van de EU alleen voor mensen die in Vlaanderen wonen en werken, belastingreducties alleen in Vlaanderen...) alleen waardevol voor de betrokken subjecten. Ook aan Franstalige kant werden verklaringen afgelegd en maatregelen getroffen die bij Vlamingen nationalistisch overkwamen. Deze soort nationalistische bedrijvigheid is natuurlijk niet te vergelijken met de hierboven aangehaalde agressieve politiek-terroristische acties tegen de bevolkingen van staten en volksgemeenschappen. Maar ook hier gaat het om subjecten en objecten die op dezelfde manier aan de definitie beantwoorden. Het verschil ligt alleen in de intensiteit, de agressiviteit en de gewelddadigheid waarmede de nationalistische politiek wordt gevoerd. De lijnen zijn getrokken. Wie vandaag mag worden benadeeld omdat hij achter een taalgrens woont en daarom een andere mens is, kan in een volgend stadium verdergaande discriminaties ondergaan. Het gevaar bestaat eens de nationalistische bakens zijn uitgezet. Het erkennen van de andere mens als een andere mens is steeds de eerste stap, de onontbeerlijk voorafgaande eerste fase. De excessen behoren normaal tot de eindfase van het nationalistische en racistische proces. Ze worden voorafgegaan – zoals reeds gezegd door compartimentering (zie hoofdstuk 'Begint nationalisme bij de indeling van de samenleving?) en mineure discriminaties en pesterijen. Het omgekeerde doet zich niet voor. De jodenvervolging was daarvan een voorbeeld. De aanval van 11 september 2001 op New York niet.

Kan een escalatie worden verhinderd als de gevormde fronten door eerste discriminaties verharden en vonken conflicten kunnen doen ontbranden? Gewelddadige spanningen tussen volksgemeenschappen komen vlug tot stand, maar het duurt meestal generaties om de vrede duurzaam te herstellen. Kijk naar Noord-Ierland, Israël en Palestina, Indië en Pakistan, de Balkan. De verzoening binnen de Europese Unie is een uitzondering van formaat.

HET NATIONALISTISCHE REDUCTIONISME

Het is interessant het economische reductionisme te vergelijken met het nationalistische.

Het reductionisme van de klassieke economie wordt door sommigen (o.a. Orio Giarini) geplaatst tegenover de visie van het ecologische economische denken. De waarde van goederen en diensten wordt gereduceerd tot de in geld uitgedrukte ruilwaarde ervan. Volgens de ecologisten hebben goederen en diensten meer- en minwaarden (die ontstaan bij ontginning, productie, consumptie en afvalverwijdering) waarvan een aantal niet uitdrukbaar is in geld (bedreigingen, gevaren, hinder, uitputting,...). De afweging van deze min- en meerwaarden geeft de gebruikswaarde, hier ruimer gezien dan door Adam Smith en David Ricardo.

Het nationaal en nationalistisch reductionisme reduceert

de mens tot lid van een staat, tot staatsonderdaan. Zijn waarde is functie van zijn staatsaanhorigheid. In het ene geval is hij de gelijkberechtigde die moet genieten van (alle) voordelen en kan rekenen op de solidariteit van de medeburgers. In dit eerste geval is hij ook iemand die zich moet inzetten voor de natie en eventueel kan worden gereduceerd tot soldaat, die kan worden opgeofferd. Het verlies van een soldaat is minder belangrijk dan het verlies van een tank of een vliegtuig, omdat een soldaat gemakkelijker te vervangen is.

In het tweede geval is een mens lid van een andere staat. Dan wordt hij gereduceerd tot een wezen dat niet gelijkberechtigd is en waarmee men niet solidair verbonden is. In het beste geval is hij een tweederangsburger. Hij geniet normaal niet van het sociaal systeem, maar krijgt wel ontwikkelingshulp als we zelf genoeg hebben. Zijn werkloosheid is onze zorg niet.

Het lid van de andere natie is een ander mens. Hij is niet 'van ons'. Hij heeft een andere 'identiteit' hij is niet 'identiek aan ons'. Als wij hem schade berokkenen is het minder erg. Het kan wenselijk zijn. Het is soms nodig, want als wij hem treffen, treffen wij niet hemzelf, zijn gezin of zijn vrienden, maar zijn natie, zijn staat. Dit is de meest intense vorm van nationaal politiek reductionisme. In conflictsituaties is dit de regel. Duitsers, Amerikanen, Palestijnen, Israëli's, Spanjaarden, werden en worden gedood om hun staten en overheden te treffen, om toegevingen, capitulaties, af te dwingen.. Volgens de nationalisten bestaat de mens voor en door de staat. Hij is een onderdeel van de staat. Het nationaal reductionisme bereikt een hoogtepunt wanneer burgers worden herleid tot instrumenten (objecten) om slagen van en gericht tegen naties en staten (in principe niet tegen mensen) uit te delen en op te vangen.

Aan de staat ontleent de burger rechten, plichten en waardigheid. Van en door de staat krijgt hij in de ogen van anderen zijn minderwaardigheid. Hij wordt zo minderwaardig dat hij mag worden uitgeschakeld. Hij is de vreemdeling die aan de andere kant van de rivier woont. 'Als ik u dood doe ik mijn plicht en ben ik een held. Zou je aan deze kant wonen dan was ik een moordenaar,' Pensée 293 van Blaise Pascal: *'Pourquoi me tuez-vous?' – 'Eh quoi ! ne demeurez-vous pas de l'autre côté de l'eau? Mon ami, si vous demeuriez de ce côté, je serais un assassin et cela serait injuste de vous tuer de la sorte; mais puisque vous demeurez de l'autre côté, je suis un brave, et cela est juste.'* Vertaald naar Belgische relaties: 'Als je aan deze kant van de taalgrens zoudt wonen en je zoudt niet kunnen genieten van Vlaamse belastingsverminderingen, van de afschaffing van het kijk- en luistergeld, van de Vlaamse zorgverzekering, dan zou ik dat onbillijk vinden, maar omdat je aan de andere kant woont vind ik dat normaal en gerechtvaardigd.'

Pro en contra I

We kunnen geen aandacht schenken aan alle beweringen en argumenten die in gewone gesprekken en politieke debatten te aanhoren zijn. We willen slechts enkele gesprekken en debatten in onze geest terugroepen, hier en daar een vaak weerkerend woord vermelden, het kort aan een analyse onderwerpen, ervoor zorgend sarcasme en passie te vermijden.

NAASTENLIEFDE

Wie nationalistische thesen aanvecht, slaagt erin ontreddering te zaaien in de rangen van nationaalvoelenden en vaderlandslievenden, ook van hen die zeggen alleen maar vaderlandslievend te zijn en niet te willen doorgaan voor nationalisten. Het is ook voor hen vaak[39] moeilijk anti-nationalistische stellingen te aanvaarden. De bestrijder van het nationalisme stuit bij hen vaak op onbegrip, ook al valt hem wel eens een goedkeuring 'in abstracto' te beurt. Velen zijn immers graag bereid nationalisme als zodanig te veroordelen, doch maken meteen uitzondering voor het eigen nationalisme, waarvoor ze begrip vragen. Anderen weer willen ook het eigen nationalisme verwerpen, doch slechts voor zover een persoonlijk of groepsbelang niet in het gedrang komt.

De nationaaldenkenden, die behoefte hebben aan logische gedachteconstructies en die hun houding graag laten stroken met beginselen, verdedigen niet alleen hun nationalisme, maar ook het nationalisme 'an sich'. Voor hen is nationalisme een 'Weltanschauung'. Zij vinden het goed dat elke aardbewoner er een dergelijke houding op nahoudt en zijn eigen land, volk of natie bemint boven alle andere volkeren en naties.

Wie met afgrijzen spreekt over de excessen van het nationalisme van anderen, maar de vaderlandsliefde beschouwt als een belangrijke deugd, zal meestal de anti-nationalist, zo niet beschuldigen, dan toch ernstig verdenken van liefdeloosheid. De impertinentie van zijn vragen stoort, de zakelijkheid van zijn vergelijkingen wekt verontwaardiging, zijn kritiek klinkt destructief. De door hem voorgestelde alternatieven schijnen weliswaar aanlokkelijk, doch worden afgewezen als irrealistisch, utopisch, voor binnen 50 jaar. De verwezenlijking ervan wordt gezien als afhankelijk van ontelbare voorafgaandelijk te vervullen voorwaarden.

De liefde tot de eigen natie speelt nog steeds een belangrijke rol in de gevoelswereld van de West-Europeanen. Het is echter meestal een vaag gevoel. Hoewel zij de liefde tot het eigen volk zo dikwijls tot hoogste deugd hoorden uitroepen, vinden zij de geringste vraag tot nadere omschrijving van het wezen en het object van deze liefde zeer ongewoon. Wanneer het antwoord zich niet beperkt tot enkele uitroepen over de vanzelfsprekendheid van dit gevoel, wordt geargumenteerd met vergelijkingen en analogieën: 'Bemin jij je kinderen niet meer dan de kinderen van je buurman?' – 'Houdt iedereen niet meer van zijn eigen dorpstoren dan van vreemde torens?' 'Is het niet goed eerst de eigen drempel schoon te vegen, alvorens...?'[40]

Wellicht bemint een vader zijn kroost, maar betekent dit dat hij zijn kinderen mag onttrekken aan wettelijke verplichtingen? Mag hij ze onrechtmatig bevoordelen? Bovendien is het onzindelijk de intieme familiekring te vergelijken met begrippen als volk, natie, staat. (Even onzindelijk en populistisch is het de staatsbegroting en de staatsschuld te vergelijken met het budget en de financiële problemen van een gezin.)

Wie nationalistische denkbeelden bestrijdt en om die reden beticht wordt van liefdeloosheid, kan deze bewering weerleggen. Hij kan zeggen dat hij genegenheid koestert voor een groot aantal aardbewoners, maar dit normale menselijke gevoel niet wenst te laten kanaliseren door staatsgrenzen of politieke richtlijnen.

Steeds weer wordt nadruk gelegd op de waarde van de liefde ('de verbondenheid') die de landgenoten verbindt met elkaar, met de bodem, met het gezag, met de natie in zijn abstracte gedaante. Deze liefde wordt niet alleen hoog aangeschreven, ze wordt ook voorgesteld als een deugd, als een plicht. Men vergeet echter dat het veel moeilijker is, en dus ook waardevoller, op de trein plaats te nemen naast een othodoxe Israëliet, een zwarte Afrikaan, een Italiaanse arbeider, met hen een gesprek te beginnen, vooroordelen te overwinnen, hartelijkheid te betonen, een vreemde taal te stotteren. Dit uitbreiden van de liefde tot alle mensen vergt een grotere inspanning van de menselijke wil en geeft aan de naastenliefde een hoger gehalte.[41]

De anti-nationalist geeft toe dat zijn geboortestreek, universiteits- of legerplaatsstad hem zeer vertrouwd zijn, maar voegt eraantoe, dat bepaalde steden en streken uit het land, dat hem door het historisch toeval, als object van zijn liefde werd toegewezen, hem onbekend zijn en een nare indruk op hem maken. Hij is zelfs zo stout te beweren dat hij bepaalde buitenlandse landschappen, klimaten, steden en kerktorens verkiest boven die van zijn 'Heimat', eenvoudig omdat ze hem beter bevallen of vriendschaprelaties hem met deze steden verbinden.

De bestrijder van het nationalisme zal aanvaarden – en dit niet om tactische redenen – dat eenieder, waar hij zich ook bevindt, medeverantwoordelijk moet zijn voor de goede gang van zaken en zich daarom eveneens moet bezighouden met het schoonmaken van de meest nabije 'drempels'. 'Eigen drempel' betekent voor hem de onmiddellijke omgeving, waar hij iets, hoe weinig ook, kan doen voor zijn medemensen: dat wil zeggen de concrete omgeving, geen door vlaggen en symbolen afgebakende bevolkingsgroep. Hij maakt geen onderscheid tussen rasgenoten en inwijkelingen uit andere continenten, tussen volksgenoten en anderstaligen. Hij maakt 'de drempel' ijverig schoon, maar wanneer het brandt bij de buur of diens kinderen huilen van de honger, zet hij geen nationalistische oogkleppen op. Hulpverlening laat hij niet voorafgaan door discriminerende overwegingen.

Hij noemt de zogenaamde vaderlandsliefde een gesacraliseerde vorm van collectief egoïsme, een ziekte, die voortdurend de menselijke solidariteit verbreekt. In het vuur van de discussie zal hij grote denkers en teksten uit het Evangelie citeren: 'Bemint elkander'. Christus heeft er niet aan toegevoegd: 'tot aan de eerstvolgende grenspost.'[42]

De strijd tegen het nationalisme is echter slechts voluit gerechtvaardigd, wanneer daardoor geen vacuüm van liefdeloosheid wordt geschapen. Het kleverig balletje van nationaalromantisme en sentiment moet worden vervangen door een gevoel van wereldwijde verantwoordelijkheid en algemeen menselijke solidariteit. Wellicht wordt de nationaal-denkende wel even ontroerd door dergelijke uitspraken en de daarmee gepaard gaande stemverheffingen – hem zo vertrouwd –, maar zal dan vlug reageren en zeggen dat we niet in een droomwereld leven en dat men in politieke aangelegenheden rekening moet houden met feiten.

EIGEN AARD EN PATRIMONIUM

De nationalist wijst op de eigen aard, het eigen wezen, de ziel van het eigen volk en op belangrijke en onoverkomelijke verschillen met naburige of verder afgelegen volksgroepen. Wanneer men hem vraagt deze verschillen nader te omschrijven, antwoordt hij prompt dat het verschil met de eigen volksaard blijkt uit duizend dingen, maar hij kan hiervan geen enkel opsommen. Lukt het hem er toch enkele aan te duiden, dan kan zijn tegenstrever meestal een redelijke verklaring geven voor de gemeenschappelijke trek, door te verwijzen naar historische omstandigheden, educatieve processen, economische dominante posities... Meteen is dan ook bewezen dat deze verschillen niets met wezen, aard of ziel van het volk te maken hebben, maar wel met omstandigheden, die zeker niet onoverkomelijk zijn. Bovendien bestaan er vaak fundamentele, zelfs onoverbrugbare karakterverschillen tussen de kinderen van dezelfde ouders.

Wanneer de nationalist het heeft over het eigen nationale 'Menschenbild' zoekt hij zich een of ander prototype uit: de naarstige arbeider, het kroostrijke en christelijke boerengezin, het volksdansende meisje, de trommelende of vendelzwaaiende jongeman, de grimmige opstandeling... Van het nationale 'Menschenbild' worden dan argeloos uitgesloten de mistroostige bioscoopbezoekers, de bekijkers van Vlaamse en andere soaps, de voetbalsupporters, de duivenmelkers, de bourgeois, de onderwereld, de verbitterden, de nozems, de futlozen. De zogenaamde werkelijkheidszin van sommige nationalisten is een vlucht uit de werkelijkheid. Het lot van de vreemdeling laat hen uiteraard onverschillig, maar zij weigeren ook zich te identificeren met een zeer groot deel van hun volksgenoten. Ze noemen hen soms zwakkelingen, onzuiveren. Ze misprijzen en verachten hen. De nationalist belaadt zich met vooroordelen en kan deze verderfelijke gewoonte niet afleggen, wanneer het om zijn landgenoten gaat.

De natie wordt vaak gezien als een entiteit te vergelijken met een levend wezen, een menselijk wezen,[43] met een verleden, een heden en een toekomst. Hoe gevaarlijk deze visie op de natie is heeft de geschiedenis bewezen. Ze was oorlogszuchtigen bijzonder dienstig.

Alhoewel de 'nationaalgezinde' er niet in slaagt de eigen aard (de eigen identiteit, waarover we het nog hebben in dit boek) ook maar bij benadering te omschrijven en meestal genoegen neemt met vage uitroepen als 'Maar dat weet en voelt toch iedereen', staat hij er toch op dat deze eigen aard, het koste wat het wil, als hoogste schat bewaard en verdedigd wordt. Als wordt gevraagd of ook een slechte aard moet worden verdedigd en bewaard, wordt onthutst gekeken.

In het debat met tegenstrevers van het nationalisme zal de nationaaldenkende vaste grond zoeken en het nationale cultuurpatrimonium ter sprake brengen. De liederschat, de kathedralen, de ambachtskunst, de letterkunde, de schilderkunst, behoren toch wel degelijk tot het nationaal-eigene? Dit patrimonium moet bewaakt worden en de aandacht van de mensheid moet op het bestaan ervan gevestigd worden. Dit betwijfelt geen mens, niet omdat het nationaal is, wel omdat het artistiek een hoge waarde heeft. Over het nationaal karakter van een kunstwerk kan flink gestreden worden. Bepaalde kunstwerken ontstonden lang voor de staat die er beslag op legt, totstandkwam. De meeste 'Vlaamse' primitieven zijn afkomstig uit het huidige Nederland, uit Duitsland of uit... Wallonië. Hoeveel kunstwerken werden door België in beslag genomen en Belgisch genoemd, alhoewel ze ontstonden lang voor er van een Belgische staat en zelfs van Vlaanderen en Wallonie sprake was. Hetzelfde geldt voor alle moderne staten. Welk kunstwerk kan terecht nationaal genoemd worden? Welk werk is volledig vrij van vreemde invloeden? Op welk waar kunstenaar kan men zonder aarzelen een nationaal etiket kleven?[44]

We nemen een voorbeeld dat op het eerste gezicht bijna onaanvechtbaar is: het Vlaamse lied.

Wat is er meer Vlaams dan een Vlaams lied? Doch wanneer is een lied Vlaams? Wanneer behoort een lied tot de Vlaamse aard of tot het Vlaamse cultuurpatrimonium? Wanneer de tekst Vlaams is? Wanneer de melodie door een Nederlandstalig inwoner van een der Vlaamse provincies getoonzet werd? Wanneer de tekst betrekking heeft op Vlaanderen? Wanneer het door Vlamingen in het Nederlands gezongen wordt? Wanneer men beweert dat het een Vlaams lied is? Is een Frans loflied op Vlaanderen een Vlaams lied? (Werd er over Vlaanderen een mooier lied geschreven dan *Le plat pays* van Jacques Brel?) Kan een Franse melodie een Vlaamse tekst dienen? Kan een Vlaams lied Vlaanderen bespotten (*Vlaanderen boven* van Raymond Van het Groenewoud) en dwepen met vreemde streken? Is een Vlaamse schlagertekst op een Amerikaanse melodie een Vlaams lied? Is een vertaling in het Engels van een Vlaams lied nog een Vlaams lied? Kan een Italiaan een Vlaams lied schrijven? Behoren Jacques Brel en Maurice Maeterlinck tot Vlaanderen? Wanneer alle belangrijke voorwaarden vervuld zijn om met een gerust geweten een lied Vlaams te noemen, kan men dan beweren dat het zou kunnen totstandkomen buiten de West-Europese literaire en muzikale context? Kan men zeggen dat de dichter en de componist alleen voor Vlaanderen wilden schrijven, alleen Vlamingen als voorbeeld namen, alleen door Vlamingen wilden beluisterd en gezongen worden? Is het niet een vorm van nationalistisch denken kunstenaars en uitvinders in nationale kooien op te sluiten en er de handen van de staatsmacht op te leggen, net zoals op materiële goederen en gewone stervelingen? Wanneer een auteur zich vrijwillig beperkt tot een begrensd publiek, door het aanvaarden van een enge thematiek, zonder verlangen ooit vertaald te worden, is hij ofwel een uiterst bescheiden, ambitieloze lokaalkunstenaar ofwel een iemand met nationalistische politieke idealen. Geen kunstenaar, geen scheppende geest hangt zichzelf een nationalistische kap over het hoofd. Anderen die er belang bij hebben, doen dit voor hem. De kunstenaar dient dan niet meer de kunst of de mensheid, hij wordt in dienst gesteld van de nationale trots, het nationale prestige, de nationale culturele macht, de nationale traditie en te pas en te onpas opgevoerd of aangehaald bij nationale feestdagen waar het nationale samenhorigheidsgevoel – tegen alle anderen – aangewakkerd wordt.[45]

DEMOCRATISCH SAMENLEVEN

Het arsenaal van 'volkseigenheden' is tal van wapens rijk. De nationaal denkende vindt er steeds nieuwe argumenten. Wanneer zijn tegenstrever nuances legt en beweringen in twijfel trekt, wanneer het hem niet lukt te omschrijven wat is, zal hij het hebben over wat niet of anders is. 'Wellicht is het niet mogelijk in detail te omschrijven wat ons volk is, doch niemand zal betwijfelen dat er een verschil bestaat tussen ons en de anderen.'

De nationalist zal beweren dat de verschillen essentieel, onoverkomelijk, aangeboren zijn. Zijn tegenstrever zal trachten te bewijzen dat ze miniem, bijkomstig, overbrugbaar en aangeleerd zijn. Voor de nationaal denkende houden deze verschillen meteen een verklaring in voor zijn afkeer, zijn vijandigheid, zijn onverschilligheid. In elk geval kan hij met de anderen niet samenleven, geen staat, geen democratisch staatsbestel opbouwen. Wel is hij bereid met de anderen diplomatieke of confederale betrekkingen[46] te onderhouden. Hij is er echter niet toe geneigd in democratische rechtsverhouding te staan tot de leden van de andere groep en hen te beschouwen als medeburgers, met wie hij zich op democratische wijze broederlijk verbonden voelt. De te overbruggen verschillen zijn volgens hem te groot. Wel is hij bereid zijn mening te herzien, indien de mentaliteit van de anderen voorafgaandelijk veranderd is, de economieën op gelijk niveau staan, bepaalde regionale autonomieën gegarandeerd blijven en honderd waarborgen geboden zijn om bij de geringste moeilijkheid de geschapen solidariteitsbanden te kunnen verbreken.[47] Anderzijds is hij bereid de meest ongewone en gewaagde huwelijken aan te gaan, wanneer enkele secundaire voorwaarden vervuld zijn, zoals eenheid van religie, van taal.[48] Eenheid van taal, zogenaamde eenheid van bloed en gemeenschappelijke historische ervaringen van sinds eeuwen rustende voorvaderen, overtuigen hem meer – waarborgen meer duurzame staatsvorming – dan de uitdrukkelijke wil van bevolkingsmeerderheden.

Wat waar is voor de nationalist geldt ook voor de verzoeningsgezinde. Deze plaatst zich in het debat vaak op de golflengte van de nationalist of regionalist. Als de nationalist het heeft over verschillen die redenen zijn om te scheiden, zal de verzoeningsgezinde het hebben over overeenstemmingen – eveneens vaak bijkomstige, zoals eetgewoonten en bewondering voor dezelfde sportfiguren – die redenen zijn om niet te scheiden. De ene zal historische redenen inroepen om de onafhankelijkheid te bepleiten, de andere zal verwijzen naar staatkundige structuren uit het verleden om de afscheiding te verwerpen. In beide gevallen wordt gedaan alsof verschillen, overeenstemmingen en staatkundige constellaties uit het verleden (in het verleden verenigde vorstendommen) garant zijn voor vreedzaam en democratisch samenleven in de toekomst. Natuurlijk kunnen dergelijke gegevens een rol spelen wanneer ze handig worden opgenomen in het politieke discours, zowel van de nationalisten als van de verzoeners. Op het discours komt het aan.

In zulke debatten kan de bestrijder van het nationalisme stellen dat het nodig is aan de toekomst, niet aan het verleden te denken, dat de wil van de levende mens belangrijker is dan de cultus van het verleden en dat aan betere tijden slechts kan worden gebouwd, als men de moed heeft op zijn minst gedeeltelijk 'tabula rasa' te maken.

Verschillen zijn normaal en wenselijk. Een democratische samenleving is geen samenleving van gelijksoortige, gelijkwillende, volledig op elkaar afgestemde individuen, maar veel meer een gemeenschap van mensen die de wil en vooral de behoefte hebben in democratisch verband samen te leven. Mensen, omdat ze verscheiden zijn, hebben behoefte aan democratie. Democratie, die geen democratie is, heeft behoefte aan mensen die gelijk zijn.

HET SCHRIKBEELD: KOSMOPOLITISME

Dikwijls weert de nationaal voelende zich tegen de bedreiging van het kosmopolitisme. Het kosmopolitisme wordt inderdaad in brede kringen beschouwd als een euvel. Het woord roept een aantal associaties op: ellendige achterbuurten in moderne grootsteden, ontwortelde kinderen stoeiend in vunzige steegjes, mengelmoes van rassen, cultuurloze snobs levend in liederlijkheid en veeltalige luxus. Men denkt aan New-York, Casablanca, aan het oude Alexandrië, ook wel aan Brussel. Verschillende dingen worden echter door de bezweerder van het kosmopolitisme over het hoofd gezien. Niet het kosmopolitisme is ellendig, wel de armoede, de ontucht, de vereenzaming. Niet het kosmopolitisme, maar de massificatie in de grootsteden, het gebrek aan eerbied en gastvrijheid, de liefdeloosheid, de verlatenheid van het individu, de dichtheid van de bevolking, het gemis aan culturele en sociale initiatie, zijn de ware oorzaken van de ellende. Internationale contacten, samenwerking en zelfs rassenvermenging hebben steeds vooruitgang en voordelen gebracht, wanneer zij konden geschieden in gunstige omstandigheden en niet stuitten op kortzichtigheid, verachting en vooroordelen.

In deze soort twistgesprekken grijpt de nationaal denkende bijna steeds naar een extreem geval: 'Goed en wel, maar wat doe je als je dochter morgen met een neger wil trouwen?'. Dit is inderdaad een testvraag. Hierop kan geantwoord worden dat de anti-nationalist, als anti-racist, zich niet mag verzetten tegen een dergelijk huwelijk. Wel kan hij zijn dochter wijzen op de eraan verbonden gevaren. Dit is de plicht van elke ouder. De gevaren schuilen echter niet in het huwelijk zelf, maar wel in de enggeestigheid van de samenleving, die het meisje om haar huwelijk zal uitstoten of isoleren. Het gevaar bestaat in onze huidige hoogbeschaafde, humanistische en christelijke wereld, niet alleen voor de vrouw, maar ook voor haar kinderen. Daar ligt het probleem, niet in het huwelijk zelf. Wanneer de vrouw bereid is dit leed te dragen en alles te doen om haar kinderen te behoeden voor vernedering, zelfs ten koste van uitwijking, dan kunnen de ouders een dergelijk huwelijk slechts hun zegen geven.

De moderne wereld is voortdurend in beweging. Oude waardeschalen storten als kaartenhuisjes in elkaar, onder meer onder de druk van de technologische evolutie. De dorpsmuzikant, de 'Heimatdichter', de volksdansgroep, de lokale klederdracht, de regionale gebruiken en gewoonten moeten zich meten met prestaties in de gemakkelijk bereikbare grootsteden, met de modehuizen van Parijs en Londen, met de moraal, die gepredikt wordt door film en televisie.

Heeft het zin met oogkleppen rond te stappen en de harde werkelijkheid niet onder ogen te zien? De moderne communicatiemiddelen overspoelen stad en land met producten uit alle streken van de aarde. Wanneer we het nationale petje afleggen, ontdekken we een kosmopoliet in elk van ons.

Wie gaat er prat op slechts een taal te kennen? Wie wenst er nooit zijn land te verlaten?[49] In elke mens sluimert een wereldreiziger, een veelzijdige polyglot. Elk zinnig mens hunkert naar ontplooiing, naar meer mens zijn, meer mensen kennen, meer omvatten, zich losrukken uit het alledaagse, uit de eentonigheid, uit de verveling.

Zal de mobiliteit van de aardbevolking toenemen of zal ze afnemen? Nationaal voelenden kan het volgende worden voorgelegd. Wat zal de toekomst brengen: meer internationale contacten, meer in- en uitwijkingen, meer arbeiders uit de derde wereld, meer verplaatsing van technici en vaklui, meer internationale congressen, instellingen, studiegroepen, universiteiten, scholen, ondernemingen, filmproducties, meer toerisme, meer internationale huwelijken? Of minder van dit alles? Wie beweert dat de toekomst ons minder van dit alles zal brengen, is een leugenaar. Wie weigert de geesten op de onafwendbare evoluties voor te bereiden, is een valse profeet.

Wie nalaat de instellingen tijdig aan deze evoluties aan te passen en een politiek voert die hiermee geen rekening houdt, is een onbekwaam of oneerlijk politicus.[50] Zelfs wanneer de Europese politieke integratie binnen afzienbare tijd niet verwezenlijkt wordt, zal het feitelijke kosmopolitisme toch veld winnen.

Het is dan ook normaal dat lokale, regionale en nationale autoriteiten alles in het werk stellen om de ontwaarding van de lokale, regionale en nationale waarden tegen te gaan. In mondiaal perspectief dreigen er heel wat devaluaties. In vele gevallen zullen de autoriteiten er door de moderne communicatiemiddelen toe aangezet worden lokale en regionale prestaties op een hoger peil te brengen en om met hun hulp weerstand te bieden tegen de overrompeling. Hier is een taak weggelegd voor gemeentelijke, stedelijke en provinciale autoriteiten. Zij zullen niet alleen lokale culturele initiatieven moeten aanmoedigen en steunen, maar zich ook moeten weren tegen hoofdstedelijk cultureel centralisme en tegen de nationale monopolies van bepaalde communicatiemiddelen. Die hebben bijna alle producties in handen en laten aan de nationale massa de passieve rol van 'kijker' en 'luistervink'. Dit alles is modern. Onrealistisch echter is elke vorm van culturele kaasstolp-politiek en elk negativistisch a-priorisme tegen alles wat niet volkseigen is. Om een nationale cultuur homogeen en onbezoedeld te bewaren, volstaat het niet tegen de internationale stroom op te roeien met moreel en legaal verzet, maar is cultureel protectionisme vereist. Dan moeten er muren worden opgetrokken tegen alle vreemde invloeden. Slechts het nazisme en het sovjet-communisme zijn in dergelijke opzet gedeeltelijk geslaagd.

Wanneer bepaalde cultuurvormen gedoemd zijn te verdwijnen, dan zal geen wet, geen staat dit verhinderen.[51] Een staat kan hoogstens het stoffelijk overschot van een vergane cultuur in musea bewaren. Gedachten en kunstvormen worden niet door staten voortgebracht, ze groeien in de creatieve geesten van mannen en vrouwen. Wanneer deze niet voorhanden zijn, sterft een cultuur aan bloedarmoede. Een staat kan scholen bouwen, hij kan geen kunstenaars verwekken.

De toekomstige wereld zal kosmopoliet zijn of zal niet zijn. Dit wil zeggen: de burgers van de toekomst zullen wereldburgers zijn en zich als dusdanig gedragen of deze kleiner wordende wereld zal de ene catastrofe na de andere kennen. Met nationalisme en racisme kan niet worden gewerkt aan de toekomst van de wereld en Europa. Ook niet aan die van België, Vlaanderen en Wallonië.

Nationalisme en democratie

DEMOCRATISCHE EERBIED VOOR DE MEDEMENS

Hoewel een aantal democratische staten dankzij nationalistisch denken en ageren totstandkwam en deze staten vaak meer behoefte hebben aan het nationalistische discours dan de ondemocratische stelsels van het 'ancien régime' (die hun onderdanen niet met woorden moesten aanzetten tot vaderlandsliefde), kan men toch stellen dat nationalisme in wezen ondemocratisch is.

Nationalisme en nationalistisch regionalisme leiden vaak tot afscheidingen en secessies. Wanneer een nationalistische, separatistische beweging binnen een democratisch bestel haar doel bereikt, worden de democratische rechtsverhoudingen tussen de burgers vervangen door machtsverhoudingen tussen twee of meer nieuwe 'soevereine' staten. En staatssoevereiniteit of 'zelfbeschikkingsrecht van staten' heeft niets te maken met democratie. Soevereiniteit van staten staat gelijk met wetteloosheid, d.w.z. het tegenovergestelde van democratische rechtsorde. Tegenover staatssoevereiniteit staat democratische bovennationale of federale rechtsorde. In dit geval zijn de burgers de eerste dragers van rechten en plichten, dit wil zeggen de van elkaar afhankelijke en samenlevende mensen, en niet staatkundige entiteiten.[52]

In werkelijkheid bestaat er geen wereldrechtsorde en gedragen de staten zich vaak als vogelvrijverklaarde roversbenden, wel wetende dat de onderlinge afhankelijkheid van hun burgers zeer groot is.

Het ondemocratische in de nationalistische politiek ligt niet alleen in het streven naar het soevereine recht eigenmachtig (en eenzijdig) te mogen beschikken zonder rekening te houden met de anderen, maar ook vaak in de afwijzing van het democratische gesprek.

De nationalist gaat uit van een 'nationaal' determinisme en daarom kan hij en mag hij het democratische debat niet aangaan. Door deze weigering bewijst hij zijn gebrek aan democratische eerbied voor de medemens. Wanneer een priester poogt een zondaar te bekeren en hem terug te voeren tot de kerk, wanneer een militant in urenlange discussies medeburgers ertoe aanzet aan te sluiten bij zijn politieke groepering, dan bewijzen beiden dat zij bezield zijn door een innig respect voor de medemens. Door het aangaan van het gesprek erkennen zij de mens in de afgedwaalde, in de onverschillige, in de tegenstander. Door het gesprek getuigen zij van hun vertrouwen in de mogelijkheden van het gesprek, in de mogelijkheden van het argument, in de mogelijkheden van inzicht en vrije wil, in de intelligentie en het begripsvermogen van de andere. De echte democraat gelooft in principe zelfs zijn heftigste tegenstanders te kunnen overtuigen, en is hij loyaal, dan erkent hij ook de mogelijkheid door hen overtuigd te worden.

De nationalist daarentegen gelooft dit niet, kan en wil dit niet geloven en weigert het gesprek met zijn tegenstanders. Hij weigert het directe democratische gesprek omdat hij zich van zijn tegenstanders wil losrukken. Hij kan het gesprek niet zinvol aangaan omdat de door hem gehanteerde criteria voor politieke beoordeling, keuze en groepsvorming functie zijn van elementen onafhankelijk van de vrije wil en dus onmogelijk het voorwerp kunnen zijn van overtuigingsgesprekken. In een gesprek kan men iemand ervan overtuigen minder socialist of minder gelovig te zijn, niet minder Slowaak of Nederlandstalig te zijn.[53] Door zijn geesteshouding en door de aanwending van nationalistische criteria is de nationalist in zijn betrekkingen met anderen ondemocratisch. Door te weigeren het gesprek aan te gaan met alle leden van de gemeenschap met het oog op het totstandkomen van een gemeenschappelijke politieke wil, door het feit dat hij zich niet in dienst wenst te stellen van de hele gemeenschap, doch zich beperkt tot een geografisch afgebakend deel van deze gemeenschap, bewijst de nationalist zijn ondemocratische instelling. Door afwijzing van het democratische gesprek, dat moet leiden tot meningsvorming, beledigt hij niet alleen de mens in zijn tegenstander, maar bewijst hij tevens, dat hij mensen en niet hun opvattingen bevecht.[54]

Omdat de democraat steeds de hoop kan koesteren valse ideeën en verkeerde criteria uit het hoofd van zijn tegenstanders te praten, zal hij doorgaan met het bestrijden van deze ideeën en criteria. De nationalist kan dergelijke hoop niet koesteren. Het is hem niet mogelijk zijn tegenstander, door middel van wettelijke bepalingen, een andere moedertaal op te leggen, een andere huidskleur te bezorgen of een ander geboorteland aan te wijzen, enz… want dit alles staat los van de eigen vrije wil en van de overtuigingscapaciteit van medemensen. Daarom blijft de nationalist niets anders over dan zich te richten tegen de individuen, die dragers zijn van deze objectieve kenmerken en het gesprek, dat volgens hem zinloos is, te mijden. Wanneer hij consequent is, richt hij zich niet alleen tegen enkele vooraanstaanden onder hen, maar wel tegen allen. Het was niet mogelijk de Joden ervan te overtuigen zuivere ariërs te worden, dus moest men ze uitsluiten, verdrijven, verdelgen. Het is niet mogelijk van Walen Vlamingen te maken, dus moeten zij zich maar afscheiden en een eigen staat vormen.

Het tragische nationalistische determinisme, dat de waarde van de menselijk wil loochent, is in strijd met de democratische beginselen, die de dramatische spanning, voortvloeiend uit meningsverschillen, in veilige en onbloedige banen houden en steeds grotere menselijke solidariteit mogelijk maken. Elke ideoloog kan hopen eenmaal met zijn ideeën de wereld te veroveren dankzij de overredingskracht van zijn woord. Voor de nationalist is dit perspectief uitgesloten. Zijn eigen groep kan hij beheersen, aanverwante groepen kan hij mits enkele kunstgrepen beschouwen als gelijkwaardige delen van zijn machtsgebied.[55] (cf. de politiek van Nazi-Duitsland) Tegenover de anderen kan hij slechts de houding aannemen van de onverschillige, de neutrale, de isolationist, de overheerser, de vijand.

De nationalist behandelt niet alleen de tegenstander, maar ook zijn aanhangers op mensonwaardige wijze. Meestal speculeert hij op de minderwaardigheidscomplexen en de domheid der massa. Soms zegt hij dit met zoveel woorden. Wel zal hij in redevoeringen en geschriften uiteenzetten welke zijn doelstellingen zijn, welke strijd te leveren is en welke offers er moeten worden gebracht. Maar wanneer het erop aankomt te verklaren waarom men deze doelstellingen moet aanhangen, waarom men aan de strijd moet deelnemen, waarom men geluk en leven moet offeren, dan klinkt steeds hetzelfde simplistische, mensonwaardige, maar schijnbaar overtuigende argument: omdat gij Duitser zijt, omdat gij Fransman zijt, omdat gij Israëliet zijt, omdat gij Waal zijt. Dat iemand Duits spreekt, Duitse burger is en toch niet bereid is bepaalde idealen te onderschrijven, bepaalde gevechten te leveren en zijn leven te riskeren, is nationalistische geesten vreemd. Wie weigert de moedertaal te beschouwen als basiselement van de culturele en politieke identiteit, wordt beschouwd als verdacht, onbetrouwbaar, volksvreemd. De ware nationalist kan niet aanvaarden dat men als Waal, de omgang met Nederlandssprekenden op prijs stelt, zelfs verkiest boven de omgang met taalgenoten. De nationalist is soms zo ingesteld dat hij eerder aanvaardt dat iemand het oneens is met de opvattingen van de nationalistische leider dan dat hij huwt met een volksvreemde vrouw of met volksvreemde elementen vriendschappelijk betrekkingen onderhoudt. Het relationele speelt in zijn denken een rol. Met wie heeft iemand omgang? Niet alleen iemands relatie met mensen is bepalend voor de meningsvorming over hem. Ook de relatie tot het communicatiemiddel. Men gaat ervanuit dat hij die Frans spreekt ook Frans nationaal denkt. Is dit niet zo, kijkt men verwonderd op.

De nationalistische leider zal de mond vol hebben over de grootheid van het eigen volk, maar in werkelijkheid suggereert en onderhoudt hij vaak alle mogelijke inferioriteitscomplexen. Hij heeft er geen belang bij te wijzen op de mogelijkheden van het individuele optreden, op de waarde van de mens als individu, op het individueel geluk. Veeleer heeft hij er belang bij te wijzen op de nietigheid van het individu, de noodzaak hand in hand te marcheren en *'nicht zu räsonieren und zu enden wie ein Soldat'*. Moest de nationalistische leider het meer hebben over het belang, het recht, het prestige, de welstand, de vrijheid van het individu, van de familie, van de gemeente en de mogelijkheid dit alles te verwerven door individuele en collectieve inspanningen, dan zouden de mensen immers te vlug ontdekken, dat er ontzettende tegenstellingen bestaan tussen de belangen, de rechten, de welstand, de vrijheid van de concreet levende mensen en de belangen, de rechten, de welstand en de vrijheid van de staten waarin ze leven. Het nationalisme is niet alleen ondemocratisch, maar tevens gericht tegen de ontplooiing van de menselijke persoonlijkheid, oneconomisch, asociaal, onchristelijk, tegen de vooruitgang en conservatief.

DEMOCRATISCHE VERSUS DIPLOMATIEKE BESLUITVORMING

Dit artikel[56] *sluit aan bij het hoofdstuk 'Nationalisme en democratie' (zie hierboven). Het wordt hier ingevoegd. Bij het schrijven van* Belgen op de Tweesprong *in 1964 werd door mij niet gezien dat naar soevereiniteit strevende nationalismen nog op een andere manier voor de democratie vernietigend konden zijn. Dit is zeker het geval in tussenstaatse conflictsituaties. Maar zelfs als de relaties geweldloos en vreedzaam blijven leiden het verwerven van soevereiniteit en zelfbeschik-*

kingsrecht tot de vervanging van de democratische besluitvorming door een diplomatieke met het daaraan verbonden democratische deficit. Dit vloeit voort uit het feit dat de interdependenties en de noodzaak transnationale beleidsbeslissingen te treffen niet ophouden te bestaan als nationale onafhankelijkheid bereikt is. Eenzijdige beslissingen zijn dan zeker ondemocratisch. Het zelfbeschikkingsrecht laat toe samen te werken, maar ook eenzijdig samenwerking af te wijzen en te verbreken.

WETTEN OF SAMENWERKINGSAKKOORDEN?

Wie de mond vol heeft over het Europese democratische deficit, doet er goed aan ook aandacht te hebben voor wat er in eigen land gebeurt. In België wint de niet-openbare diplomatieke besluitvorming immers snel veld. Dit leidt tot een binnenlands democratisch deficit. Onder druk van nationalistische krachten krijgen de Gewesten en Gemeenschappen meer en meer autonomie en zelfbeschikkingsrecht en moeten de beslissingen steeds meer in onderhandelingen worden getroffen, dus steeds meer diplomatieke en steeds minder democratische besluitvorming. Tot dit deficit leidt het naar soevereiniteit strevende nationalisme.

Wordt de Belgische federale samenleving bestuurd door middel van wetten, decreten, ordonnanties, koninklijke besluiten, ministeriële besluiten, of kan dit ook met samenwerkingsakkoorden en protocollen? Het is nodig deze vraag te stellen. Er worden immers steeds meer samenwerkingsakkoorden afgesloten tussen de zes Belgische regeringen. Deze akkoorden staan boven de wetten en decreten. Zij kunnen door in de parlementen gestemde wetten en decreten niet gewijzigd of ongedaan gemaakt worden. Dit kan alleen door nieuwe samenwerkingsakkoorden en beslissingen op het niveau van de uitvoerende machten. *(Weinig mensen weten dit. Het werd door herzieners van de grondwet niet over de daken geroepen.)*

Genoemde (door artikel 92bis van de Bijzondere Wet voorziene) samenwerkingsakkoorden, verplichte en andere, brengen een aanzienlijk democratisch deficit teweeg en dit, in het uitzonderlijke Belgische geval, binnen een federatie. Inderdaad, in België worden er samenwerkingsakkoorden gesloten tussen de uitvoerende machten (de regeringen van de Staat, de Gemeenschappen, de Gewesten en de Gemeenschappelijke Gemeenschapscommissie). Deze akkoorden met kracht van wet worden bijna nooit onderworpen aan goedkeuring door de parlementen. Als dit wel het geval is, omdat ze bepalingen inhouden die de burgers raken, dan is de goedkeuringsprocedure dezelfde als deze voor internationale verdragen. Ze zijn dus te nemen of te laten. De volksvertegenwoordigers hebben geen enkel recht om aan deze teksten met kracht van wet (die boven de wetten en decreten staan) ook maar een jota te veranderen door het indienen van een amendement (per vergissing ingediende amendementen worden onontvankelijk verklaard) of, later, door het neerleggen van een wetsvoorstel op federaal niveau.[57]

In geval van niet-naleving van een samenwerkingsakkoord kunnen de leden van de wetgevende vergaderingen niemand ter verantwoording roepen. Zij kunnen zelfs geen beroep doen op rechterlijke instanties (het Arbitragehof en de Raad van State) tenzij ze de steun genieten van de regeringen (en hun meerderheden). Maar deze hebben de akkoorden gesloten en hebben er dus normaal geen belang bij ze op te zeggen. Alleen regeringen kunnen betwistingen betreffende de bepalingen van deze akkoorden laten beslechten door de in de Bijzondere Wet voorziene Samenwerkingsgerechten.

Individuele nationale of gewestelijke volksvertegenwoordigers hebben niet het recht hun 'functioneel' belang in te roepen om de vernietiging te vragen van een samenwerkingsakkoord op basis van de oude artikelen 6, 6bis en 17 van de Grondwet of omwille van bevoegdheidsoverschrijding. Deze procedure kan alleen ingeleid worden door de voorzitters van wetgevende vergaderingen, als ze daartoe gemandateerd zijn door een bijzondere twee derde-meerderheid van hun leden.[58]

Uit het voorgaande kan worden geconcludeerd dat we in België sedert de staatshervormingen te doen hebben met een triomf van de diplomatieke besluitvorming ten koste van de democratische. De ontwikkeling schept een situatie die verder gaat dan wat we in de EU beleven, waar het Europees Parlement en het Europees Hof van Justitie machten en actiemogelijkheden toebedeeld kregen. Normaal moet men in een federatie – en dat wil België zijn – aan de volksvertegenwoordigers en aan de burgers de mogelijkheid geven wetten, decreten (en samenwerkingsakkoorden) te laten onderzoeken op hun grondwettelijkheid door een Grondwettelijk Hof, maar ook dat kan niet in ons land.

DICTATUUR VAN DE DIPLOMATIEKE BESLUITVORMING

Ik maak een onderscheid tussen een 'goede' diplomatieke verhouding tussen staatkundige (ook deelstaten) entiteiten en een democratische verhouding tussen burgers, enerzijds, en een diplomatieke besluitvorming en een democratische besluitvorming, anderzijds. Daarvoor moet ik voor alle duidelijkheid teruggrijpen naar begripsomschrijvingen.

Democratie is een besluitvormingssysteem. In dat systeem worden niet alleen ideeën in verband met het gemeenschapsbeleid (en met gemeenschapsvorming) ter discussie gesteld, besproken en gekozen. Het is een systeem waarin ook de leden van de gemeenschap, die deze ideeën dragen, op geregelde tijdstippen, zonder al te veel risico's, inspanningen en moeilijkheden, zichzelf in rechtstreekse geheime verkiezingen verkiesbaar kunnen stellen voor het uitoefenen van functies in de beslissingsorganen.

In een democratisch systeem worden én de mensen én de ideeën gekozen. Indien één van beide niet wordt verkozen, hebben we niet te maken met democratie, maar ofwel met verkozen lichamen zonder beslissingsmacht over ideeën zoals (vroeger) het Europees Parlement en de ondernemingsraden, ofwel met organen met beslissingsmacht die niet worden verkozen door de leden of de burgers (het medico-mutualistisch college, de Europese Ministerraden, de raden van bestuur van de intercommunales).

In het laatste geval hebben we te maken met diplomatieke besluitvorming. In de diplomatieke besluitvorming hebben de besprekingen plaats achter gesloten deuren, niet in openbare vergadering. Bij de diplomatieke besluitvorming zijn de vertegenwoordigers van de pers en de kiezers niet aanwezig. Bij diplomatieke besluitvorming hebben de vertegenwoordigers van de kiezers geen recht voorstellen in te dienen en te amenderen. Ze hebben de kans niet de bevolking bij de problemen te betrekken (de bevolking democratisch te mobiliseren en aan partijvorming te doen), de problematiek doorzichtig te maken.

Een beslissing genomen door een regering bij in ministerraad overlegd Koninklijk Besluit, zelfs in het kader van een volmachtenwet, valt nog steeds meer onder democratische controle dan een beslissing genomen in diplomatieke onderhandelingen door een overlegcomité tussen uitvoerende machten. Een regering kan ten val gebracht worden, een overlegcomité niet. Het kan zelfs niet bedreigd worden door een oppositie. Welk parlementslid, welke parlementaire meerderheid kan een Europese Ministerraad (die richtlijnen met kracht van wet maakt) bedreigen of ten val brengen? Door de Europese Unie worden ongewoon belangrijke beslissingen getroffen: liberaliseringen op alle gebieden, monetaire unie, uitbreiding van de Unie, oprichting van een Europees leger... In België worden o.a. in de onderhandelingen tussen de Belgische partijen en Gewestregeringen (vooral bij de vorming van federale regeringen) bijzonder belangrijke beslissingen inzake staatshervorming getroffen. Opvallend is hoe de belangrijke beslissingen in het kader van het Europees integratieproces en het Belgisch desintegratieproces door de politieke partijen weggehouden worden uit het democratische debat met de bevolking. Rond deze thema's worden de Europese en Belgische burgers niet (democratisch) gemobiliseerd. Waarom?

DEMOCRATISCHE VERSUS DIPLOMATIEKE RELATIE

We zetten enkele verschillen tussen de democratische en diplomatieke relatie op een rij.[59]

In een democratische relatie zijn de burgers de eerste rechtssubjecten. In een diplomatieke of confederale relatie zijn dit de staten, lidstaten of deelstaten. Dat betekent: in een democratische relatie zijn de levende mensen de eerste dragers van rechten en plichten. De wetten zijn rechtstreeks op hen van toepassing. In de Europese Unie zijn de burgers van de lidstaten reeds in zekere mate rechtssubjecten. De verordeningen, en na een zekere tijd, ook de richtlijnen, zijn immers rechtstreeks op hen van toepassing. De burger kan er zich in rechtsgedingen op beroepen. Zij zijn echter nog geen echte dragers van politieke rechten, omdat zij slechts stemrecht hebben voor een onvolwaardig parlement en omdat er geen Europese partijen zijn die het beleid bepalen en die door de burgers kunnen gesteund en afgestraft worden. In een zuiver diplomatieke relatie zijn het alleen de staten (en deelstaten) die rechten en plichten hebben. Zij zijn dan de eerste dragers van rechten en plichten, zoals dit blijk uit de wettelijke bepalingen betreffende de Belgische samenwerkingsakkoorden. Alleen de regeringen kunnen optreden in rechte.

In een democratische relatie vertegenwoordigen de verkozenen het hele volk. Ook de minderheden en de oppositie zijn vertegenwoordigd in de parlementen. In de diplomatieke relatie vertegenwoordigen de gevolmachtigden (ministers, diplomaten, hoge ambtenaren, deskundigen) staatkundige entiteiten, dit wil zeggen de aan de macht zijnde meerderheden, niet de oppositie, als we te doen hebben met democratieën. Een diplomatieke beslissing kan dus totstandkomen tegen de wil van de meerderheid van de betrokken mensen. Dat komt niet alleen omdat diplomaten en ministers optreden als onrechtstreeks aangeduide gevolmachtigden. Hun mandaat is een gebroken mandaat en de kiezer kan ze bij verkiezingen bijna niet sanctioneren. Het komt ook omdat de meerderheid van de stemmen in een diplomatiek besluitvormingsorgaan niet noodzakelijk overeenstemt met de meerderheid van de bevolking, zelfs niet als het stemmen aantal in het diplomatiek orgaan op een gewogen manier verdeeld worden. De kans dat de beslissing helemaal niet overeenstemt met de wil van de bevolking is vooral groot als in het diplomatiek beslissingssysteem de eenstemmigheidsregel geldt en gebruik mag worden gemaakt van vetorechten. Aan grote en kleine staten en deelstaten (in België aan de Gewesten en Gemeenschappen) wordt simpelweg evenveel stemrecht (evenveel vetorecht) verleend. Dit grotesk naast elkaar bestaan en op gelijke voet plaatsen van zeer grote en zeer kleine entiteiten is kenmerkend voor het diplomatieke beslissingssysteem. Omdat diplomatieke beslissingsorganen door de democratie niet democratisch kunnen worden gesanctioneerd (alleen door te dreigen met terugtrekking, represailles en een politiek van de 'lege stoel' zoals ten tijde van Generaal de Gaulle) en omdat een land dat dreigt met zijn vetorecht zijn wil aan alle andere leden kan opdringen, kan rustig gesproken worden van de dictatuur van de diplomatieke besluitvormingssystemen.[60]

Tegen een beslissing van een democratisch lichaam is verhaal mogelijk: verkozenen kunnen bij de volgende verkiezingen worden afgestraft en vervangen. Tegen een beslissing van diplomatieke aard bestaat er maar een actiemogelijkheid: het verdrag niet naleven of het bondgenootschap verlaten. Daardoor wordt internationale (en federale) wanorde alleen nog maar groter, wat niet ten gunste is van de burgers.

Nog een verschil. In een democratische relatie hebben alle leden van de gemeenschap in principe gelijke toegang tot de communicatiemiddelen en kunnen zij zich wenden tot de hele gemeenschap. In een diplomatieke relatie is dit normaal niet het geval. De vertegenwoordiger van een staat kan zich richten tot de vertegenwoordiger van een andere staat, maar niet rechtstreeks tot de burgers van de andere staat, tenzij hij tijdens een diplomatiek bezoek daartoe de toelating krijgt. Hij mag een toespraak houden in het parlement. In de diplomatieke relatie zijn de communicatiekanalen beperkt in aantal. Alles ligt in de handen van hen die aan de macht zijn. De Europese democratie zou dus pas echt een democratie zijn als bij Europese verkiezingen alle kandidaten (en hun partijen) zich zouden kunnen richten tot het hele Europese kiezerspubliek. De democratie bestaat dus ook in het overwinnen van de taalbarrières.[61]

GEVAREN VAN DIPLOMATIE VOOR DEMOCRATIE

Het onderscheid tussen de diplomatieke besluitvorming en de democratische is belangrijk. In het niet zien van dit onderscheid schuilt een gevaar. De diplomatieke weg is in vele gevallen de beste om bestaande machtsposities te behouden en te consolideren, er nieuwe in het leven te roepen en de betrokken bevolking op afstand te houden. De lokale, gewestelijke en nationale democratieën verschuilen zich achter de diplomatieke besluitvorming. Tussengemeentelijke, tussenstaatse of tussengewestelijke beslissingssystemen vervullen vaak een alibifunctie voor de democratie. De schuld wordt doorgeschoven naar een diplomatieke instantie, die geschikt is om onprettige beslissingen te nemen, die niet rechtstreeks gecontroleerd wordt en die bovendien door niemand ten val kan worden gebracht.

Wellicht is dit het ideale machtsinstrument in de handen van machthebbers. Het zou echter al te absurd zijn te moeten aanvaarden dat in onze steeds kleiner wordende wereld met steeds meer interdependenties en grensoverschrijdende problemen, monetaire, economische, ecologische, sociale, de beslissingen zouden overgelaten worden aan oncontroleerbare en onafzetbare tussennationale en in ons land tussengewestelijke diplomatieke organen, terwijl daarnaast de rechtstreeks verkozen democratieën zich alleen maar zouden bezighouden met secundaire en valse problemen (doende alsof ze ze aankunnen).[62]

Onze democratieën passen zich niet aan aan de dimensie van de moderne problemen. Er wordt niets ondernomen om het tij te keren. Men blijft ter plaatse trappelen met het stille akkoord van de vertegenwoordigers van universele denkrichtingen als de christen-democratie en de sociaal-democratie. Er wordt wel internationaal en Europees gedacht. Het uitblijven van daden en aanpassingen van de politieke structuren stemt tot nadenken. De alliantie van de grote politieke families en hun nationale regeringen treffen belangrijke beslissingen op internationaal niveau, maar gaan ermee door nationalistische ideeën te verkondigen ten overstaan van de gewone man.

VAN BEVEL NAAR OVERLEG, ZEGT LUC HUYSE

Ik heb beschreven hoe de besluitvorming in diplomatiek overleg tussen soevereine en onafhankelijke entiteiten verloopt. Ik heb aangetoond welke nadelige maar ook onvermijdelijke gevolgen dat heeft voor de open democratie. Maar er is meer: ook diplomatieke onderhandelingen (de overlegdemocratie) tussen niet-soevereine en niet-onafhankelijke entiteiten (Luc Huyse noemt ze 'de eilanden') binnen een rechtsstaat kunnen leiden tot een terugdringen van de democratie.

In zijn boek *De politiek voorbij*[63] pleit Huyse voor meer 'overleg'. Hij stelt vast dat het 'overleg' in onze samenleving veld wint.

De stelling van Luc Huyse 'van bevel naar overleg en onderhandeling' vraagt om aandacht. Het is wel niet duidelijk of Huyse het in hoofdzaak wil hebben over overleg tussen de bestuursorganen en het individu of over alle vormen van overleg tussen geïnstitutionaliseerde en niet geïnstitutionaliseerde entiteiten. Hij schrijft: *'de gedachte dat afspraken te verkiezen zijn boven dictaten heeft zich vanuit de politiek over andere sectoren verspreid'*.

De vraag luidt echter: afspraken ja, maar met wie en tussen welke groepen? We mogen niet vergeten dat afspraken tussen groepen en entiteiten, binnen de rechtsstaten (en over de grenzen van deze rechtsstaten heen), niet enkel de parlementaire democratie kunnen terugdringen, maar ook slechts tot stand kunnen komen wanneer er binnen de groepen discipline heerst. Het 'bevel' moet binnen deze entiteiten zijn effectiviteit behouden of aan effectiviteit winnen. Afgevaardigden, die in onderhandelingen afspraken maken, moeten zich sterk kunnen maken dat ze door hun achterban tuchtvol zullen gevolgd worden, dat hun 'troepen berekenbaar zullen blijven'. De interne democratie van de entiteit mag de afgevaardigden geen parten spelen. Dat afspraken, die ontstaan in onderhandelingen, niet gedwarsboomd worden door de interne democratie van de betrokken partijen en groepen is vaak van essentieel belang. Om problemen te vermijden wordt er gegrepen naar bepaalde technieken: de versterking van de machtspositie van de onderhandelaars; het niet toelaten van discussie na afloop van de onderhandelingen over het door de onderhandelaars bereikte akkoord; het terugdringen of het afschaffen van de interne democratie zodat het niet meer nodig is aan de leden disciplines op te leggen; het tijdig elimineren van de oppositie. Naar welke van deze technieken werd er in de Belgische confederale staat, bewust of onbewust, gegrepen in de loop van de opeenvolgende staatshervormingen?

De vraag is of Huyse de democratische besluitvorming voldoende onderscheidt van de diplomatieke. Ziet hij dat diplomatiek en ander overleg tussen al dan niet onafhankelijke entiteiten gevaren inhoudt voor de nationale of federale democratie, maar ook voor de interne democratie binnen de overleg plegende entiteiten? Mag worden gezegd dat de niet-openbare diplomatieke besluitvorming vandaag veld wint en dit ten koste van de open democratische, waarin de oppositie en minderheden een rol kunnen spelen?

Nergens werd echter het (ondemocratische) diplomatieke besluitvormingssysteem duidelijker geïnstitutionaliseerd dan in het geconfederaliseerde België. We verwijzen naar het overleg in de meer dan 15 interministeriële conferenties en naar de talrijke samenwerkingsakkoorden (op basis van artikel 92 bis van de Bijzondere Wet) tussen Staat, Gewesten en Gemeenschappen waarop de parlementaire democratie geen greep heeft en die in de plaats treden van nationale wetten en erboven staan.

Sommige samenwerkingsakkoorden zijn zeer belangrijk, zoals het akkoord dat bepaalt hoe België in de Europese Ministerraden moet stemmen wanneer de drie gewesten geen consensus bereiken (België moet zich dan onthouden, – met de mogelijke nadelige gevolgen als er moet worden gestemd met gekwalificeerde meerderheid); zoals o.a. het samenwerkingsakkoord betreffende de preventie en het beheer van verpakkingsafval van november 1996 waarin zelfs administratieve sancties en strafbepalingen zijn opgenomen; zoals het akkoord met betrekking tot de oprichting van een interfederaal agentschap voor de buitenlandse handel ter vervanging van de Belgische Dienst voor Buitenlandse Handel (BDBH).

Het is m.i. niet ondenkbaar dat een samenwerkingsakkoord een grondwetswijziging teweegbrengt, bijvoorbeeld een herschikking van de bevoegdheden, goedgekeurd bij eenvoudige meerderheid in de betrokken wetgevende vergaderingen, waartegen geen enkele oppositiepartij iets kan ondernemen, omdat aan de parlementsleden in de Bijzondere Wet het recht ontzegd werd hun functionele belang in te roepen. (artikel 3 van de Bijzondere Wet van 6 januari 1989 op het Arbitragehof)[64]

Prof. Dr. André Alen had het zelfs over het risico van een oligarchisch federalisme en een marginalisering van de parlementaire democratie. In de brochure *België: een tweeledig en centrifugaal federalisme* uitgegeven in drie talen door het Ministerie van Buitenlandse Zaken in 1990, schrijft Alen *'Aldus zijn in het huidige Belgische Publiek Recht diverse samenwerkingsvormen mogelijk van wederzijdse vertegenwoordiging in beheers- en beslissingsorganen; samenwerkingsakkoorden die soms zelfs verplicht zijn; talrijke overlegprocedures, inzonderheid op het uitvoerend vlak en gaande van eenvou-*

dig "overleg" tot "akkoord"; een overlegcomité en interministeriële conferenties, samengesteld uit leden van de nationale regering en van de executieven van de gemeenschappen en gewesten... Gewis zijn er in hun regeling meerdere juridische gebreken of lacunes vast te stellen, zoals het ontbreken van een regeling voor de verhouding tussen het samenwerkingsakkoord en de juridische orde van de contracterende entiteiten en de onduidelijkheid omtrent de inhoudelijke betekenis van de diverse overlegprocedures. Gewis ontbreekt nog het federaal samenwerkingsverband bij uitstek de "tweede statenkamer". En gewis zijn het gevaar van overregulering evenals het risico van een "oligarchisch federalisme" niet denkbeeldig doordat de samenwerking zich hoofdzakelijk op het uitvoerend vlak situeert.' Dat we hier te maken hebben met een democratisch deficit wordt niet geloochend en zeker niet door vooraanstaande juristen als Roger Moerenhout en Jan Smets.[65]

Wie zal dit deficit verhelpen? Zij die het voortdurend hebben over het democratisch deficit in de Europese Unie?

Verdere confederalisering en toekenning van autonomie en zelfbeschikkingsrecht aan de Gewesten of de Gemeenschappen is geen oplossing, want de interdependenties tussen de landsgedeelten nemen, zoals reeds gezegd, niet af en beslissingen moeten worden getroffen.[66] Wat vroeger geregeld werd bij wet of Koninklijk Besluit is nu het voorwerp van een samenwerkingsakkoord.

Het zou nuttig zijn een lijst te maken van de reeds gesloten samenwerkingsakkoorden en van de samenwerkingsakkoorden in voorbereiding. Er waren en zijn federale regeringsleden die aanzetten tot het sluiten van samenwerkingsakkoorden.

Pro en contra II

GROOT ZIJN

De nationalistische leider zal zijn volksgenoten ertoe aansporen groot te zijn. Hij zal hen niet aanraden grote denkers, grote persoonlijkheden, grote socialisten of katholieken te zijn en hun persoonlijke idealen te verwezenlijken. Hij zal hen vragen een groot Vlaming, een groot Duitser, Italiaan boven alles te zijn. In feite betekent dit niets. Men is Vlaming of men is het niet. Men is Bulgaar of men is het niet. De grootste inspanningen kunnen hier niets verhelpen. Men kan deze werkelijkheid niet opblazen. Een blanke kan niet blanker worden, een Nederlandssprekende aardbewoner kan zich op dit gebied niet vergroten. Wel kan hij zijn taal beter spreken, maar geen mens zal durven beweren, dat er grote en kleine Nederlandssprekenden zijn. Er zijn grote en kleine geneesheren, ingenieurs, handelaars, maar er zijn geen geslaagde en minder geslaagde, gelukkige en minder gelukkige Vlamingen op het gebied van hun Vlaming zijn. Er zijn Vlamingen 'tout court' en toch stellen de nationalisten het voor alsof het mogelijk is zich te ontwikkelen op het gebied van dingen, die niet afhangen van de menselijke wil. Het Vlaming zijn hangt niet af van de vrije wil, dus kan ik niet, door een beschikking van mijn wil iets veranderen aan deze toestand, laat staan dit feit meer feit laten zijn.[67]

Een groot nationalist zijn, beperkt zich dan in werkelijkheid tot de nabootsing van bepaalde nationale prototypen die, al naargelang de leiding, kunnen veranderen, en vooral tot een grotere bereidheid de nationalistische criteria boven alle andere beoordelings- en keuzecriteria te plaatsen.

De gevolgen hiervan kan men zich voorstellen. Ze kunnen aanzienlijk zijn, wanneer de milieus van kunst en cultuur, handel en nijverheid deze criteria vrijwillig overnemen of ertoe gedwongen worden. Vooral wanneer de culturele wereld door het nationalisme gedomineerd wordt, kan dit leiden tot particularisme, provincialistische belangstelling, onbegrip in het buitenland, onvertaalbaarheid, enz.

Dramatisch is de toestand wanneer de literatuur haar thema's afstemt op de idealen van de nationalistische leiders en daardoor de horizon van de lezers afschermt. In dergelijke perioden wordt hartstochtelijk in de nationale taal gepubliceerd en worden dingen gezegd die, zelfs in vertaling, alleen door de volksgenoten kunnen begrepen en gewaardeerd worden. Over de geringe uitstralingskracht van hun denkers en auteurs beklagen zich dan de nationaal voelenden, maar zij vergeten dat de grote geesten van deze aarde niet groot zijn omdat ze grootnationaal zijn, maar omdat ze in hun werken algemeen menselijk en universeel zijn.

Eerlijkheidshalve moet worden toegegeven dat de nationale grootheid voor bepaalde kunstenaars en wetenschapsmensen een drijfveer kan zijn. Doch hun grootheid en internationale bekendheid hebben ze niet te danken aan deze nationale impuls, maar wel aan het feit dat het nationale hun werk, niet, of slechts in beperkte mate beïnvloed heeft. (Redenen waarom mensen graag ingaan op oproepen van leiders zich groot te voelen als lid van een natie komen ter sprake in het hoofdstuk 'Het succes van het nationale denken'.)

ONECONOMISCH

Een aantal vooruitstrevende persoonlijkheden heeft zich in Europa op een lange en moeizame weg begeven. Hun werk heeft niet alleen theoretisch, maar ook in een beginnende praktijk, bewezen hoe onzinnig economisch nationalisme is en hoe zeer het indruist tegen de regels van rationele arbeidsverdeling, van redelijke en humaan verantwoorde spreiding van productietaken, enz...

De politici moeten begrijpen dat men met het oog op het welzijn van de Europeanen en de mensen uit de derde wereld, langzaam en voorzichtig zal moeten tornen aan een aantal 'vested rights' en 'vested interests'. Ze zullen ook moeten begrijpen dat evenwicht van nationale handelsbalansen niet gelijkstaat met evenwicht in gezinsbudgetten, dat nationale rijkdom niets te maken heeft met rechtvaardige spreiding van de welstand, dat de economische ambities van nationale regeringen strijdig kunnen zijn met de verlangens van de arbeider, de verbruiker en de ondernemer.

Hopelijk zullen ze begrijpen dat de Europese economische integratie moet beschut worden tegen de wispelturigheden van de door de nationale regeringen gevoerde politiek.[68] Om bij te dragen tot een verhoging van de welstand van alle Europeanen, en niet alleen van enkele grote ondernemingen, moet de Europese administratie geplaatst worden onder de democratische controle van het Europese volk, en niet onder de al dan niet geheime administratief-diplomatieke controle van commissies en ministerraden. Deze worden beïnvloed door een snel groeiend aantal pressiegroepen en lobbyisten die te Brussel de belangen verdedigen van bedrijven, cartels, nationale en Europese beroepsorganisaties.[69]

Zolang de socialisten en progressieven niet begrijpen dat een ommekeer nodig is, zal alles bij het oude blijven. Ze zullen alleen maar bewijzen dat zij het socialisme – door het te nationaliseren – aan nationalistische criteria onderworpen hebben. Vele socialisten zullen de richtlijnen van hun denkers uit het oog verliezen, de krasse welstandsverschillen tussen de volkeren, buitenlandse armoede en honger, eerlijk betreuren, maar zich verschuilen achter de beperkingen van hun nationaal mandaat. In perioden van tussenstaatse spanningen zullen zij de hand op het nationale hart leggen en economische en militaire maatregelen goedkeuren, toejuichen en zelfs eisen. Dit bewijst dat nationalisme niet alleen anti-economisch en grondig asociaal is, maar dat het ook de meest sociale krachten aan nationalistische banden kan leggen.[70] Betreurenswaardig is vooral dat het nationalisme wel het socialisme, doch veel minder de tegenstanders van het socialisme, nl. het kapitalisme, aan banden weet te leggen. Op dit gebied volgt het socialisme de verkeerde tactiek. In plaats van het socialisme te internationaliseren om het kapitalisme met gelijke wapens te bestrijden, beperkt het er zich toe te pogen enkele takken van de economie te nationaliseren. (Dat hierin ondertussen verandering kwam is bekend.)

Binnen de Eurosfeer ontstaan talrijke fusies, afspraken, reorganisaties, federaties van nationale beroepsgroeperingen, Europees gestructureerde pressiegroepen. Deze nieuwe organisaties hebben meestal hun zetel in Brussel en onderhouden contacten met de algemene directies van de Europese Unie. Hierop antwoordt het syndicalisme met een betreurenswaardige verdeeldheid in nationale vakbonden en een opvallende onmacht zich Europees te structureren en Europees te ageren.

Economische belangengroepen met Europese dimensies ondervinden weinig hinder van nationale stakingen. Als in het ene land gestaakt wordt, voeren zij de productie in de andere landen op.

Wat zal er gebeuren als de vette jaren van de Europese economische opbloei gevolgd worden door magere jaren? Zullen de grote economische machtsgroepen zich terugtrekken op enkele bruggenhoofden? Zullen ze productiecentra in bepaalde landen laten afsterven of uitschakelen en speculeren op het gemis aan Europese verstandhouding tussen de arbeiders op het internationale vlak?

Wanneer grote universalistische krachten als het socialisme en het christendom zich verzoenen met nationalismen, dragen ze een grote verantwoordelijkheid. Zij zijn immers ideologisch en organisatorisch uitgerust om aan de nationalistische verleiding te weerstaan. Vooral de Kerk, die over sterke transnationale vertakkingen en in vele naties over grote morele en politieke invloed beschikt, had onheil kunnen voorkomen. Zij had dit gekund indien zij het 'Geef aan Caesar, wat Caesar toekomt' niet verkeerd had geïnterpreteerd[71] en meer aandacht geschonken had aan andere passussen uit het Evangelie, de blijde boodschap van Hem die weigerde een aards en nationalistisch leider te zijn.

In socialistische rangen waren er dikwijls trotskistische neigingen en werd de 'Internationale' te pas en te onpas gezongen.[72] Maar in katholieke rangen kwam het internationale en universele meestal nog minder aan bod. Hyperpatriot ging dikwijls samen met hyperkatholiek. Vele geestelijken meenden zich te moeten onthouden van partijpolitiek, maar dachten dit te mogen compenseren door nationale dweperijen waarbij Marialiederen en nationalistische onaardigheden in een adem uitgezongen werden.

Dacht de Kerk dat zij op deze wijze de staat of het volk moest belonen voor het bestaansrecht dat haar werd verleend? Onbegrijpelijk is dat de kerk, die aan de edelsten onder haar leden steeds grote offers vroeg ter verovering van bestaansrecht in staten, zo weinig offers vroeg ter uitdieping en consequente toepassing van de morele normen die zij aan de gelovigen voorhoudt.

De vrijheidslievende liberalen ontkomen evenmin aan de nationalistische verleiding. Vrijhandel in binnen- en buitenland prediken zij met geestdrift zolang het hen goed gaat. Wordt de toestand hachelijk, dan stromen de vertegenwoordigers van de bedreigde sectoren naar de nationale hoofdsteden om hun belangen te beveiligen, subsidies en protectie te eisen. In het binnenland stuiten zij dan op legaal verzet van concurrenten en andere bedrijfstakken. Dit is voor buitenlandse concurrenten niet mogelijk. Het liberalisme van de liberalen houdt vaak op aan de grenspaal.[73]

De verbinding van nationalisme met socialisme, christen-democratie, liberalisme en andere democratische krachten kan tijdelijk een vooruitgang opleveren voor de betrokkenen, maar houdt steeds een nationalistische discriminatie in t.o.v. van de niet-nationalen. In deze discriminatie ligt het permanent onchristelijke, asociale en ondemocratische van elke vorm van nationalisme.

Het nationalisme rechtvaardigt niet alleen het onrecht dat de buitenlander wordt aangedaan, maar dient ook om het onrecht en de beperkingen, die landgenoten worden opgelegd, goed te praten.[74] Onchristelijke, asociale en ondemocratische maatregelen worden uitgevaardigd in naam van de natie en voor 's lands aanzien en concurrentievermogen.[75] Het is vaak gemakkelijk sociale eisen af te wijzen, dagbladcensuur in te voeren, te snoeien in onderwijsbudgetten, wanneer het erop aankomt de nationale strijdkrachten uit te rusten met de laatste en de modernste vernietigingstuigen.

Over de houding van de groene bewegingen en partijen kan men zich verwonderen. Ze werpen zich op als verdedigers van het leven op aarde, van de natuur- en cultuurpatrimonia. Deze moeten volgens de sociaal voelende ecologisten onaangetast en toegankelijk blijven voor alle aardbewoners (zo mogelijk gratis) en niet alleen voor de welstellenden (die natuur kunnen kopen) en voor de rijkere naties. Groenen zijn dan ook van nature internationalisten. Daar waar van socialisten en christen-democraten kan worden gezegd dat hun internationalisme vaak een luxe is, een internationalisme van strategische aard, is dit voor de ecologisten niet het geval. Men kan het socialisme opbouwen in enkele staten, de christelijke leer beleven zonder missioneringswerk in alle landen. De strijd van de groenen tegen de vernietigingprocessen die het leven op aarde bedreigen kan niet in een paar staten worden gevoerd. Groenen zijn veroordeeld zich grensoverschrijdend te structureren. Ze mogen zich niet verschuilen achter de idee van de kleinschaligheid. Vervuiling van water, lucht en bodem houdt niet op aan staats- en taalgrenzen. De uitputting van natuurlijke reserves (o.a. door ontbossing, overbevissing, overexploitatie), toenemende woestijnvorming, honger en armoede worden niet bestreden door de geïsoleerde eco-sociale maatregelen van staten, die staan op hun zelfbeschikkingsrecht en bovennationaal opgelegde maatregelen kunnen afwijzen (cf. de USA, Japan en andere).[76]

Toch moeten we vaststellen dat de groenen er tot op heden niet in slagen een Europese groene partij op te richten. Wel werd op het Pinkstercongres 2002 van de Europese Federatie van Groene Partijen te Berlijn beslist de vorming van een Europese groene partij binnen de EU voor te bereiden. Op dit congres verklaarde Joschka Fischer, groen minister van buitenlandse zaken van Duitsland, dat het dringender nodig was tegen de nationalismen te manifesteren dan tegen de globalisering.

In België onderhouden Ecolo en Agalev met elkaar zeer vriendschappelijke betrekkingen. Ze werken samen en vormen in de Kamer van Volksvertegenwoordigers de enige erkende tweetalige fractie. Maar ze zijn zeker nog geen federale partij. Er bestaan nog steeds twee beslissingscentra, één in Namen en één in Brussel. Deze weren zich niet tegen de nationalistische beslissingen van de Waalse en Vlaamse regeringen en deinzen ervoor terug zich op dit gebied te profileren door het stellen van anti-nationalistische daden.

Kenschetsend voor de aarzelende houding van Agalev is het opiniestuk van Jos Geysels, politiek secretaris van Agalev, over het *Vlaams Manifest* van Patrick Dewael, in *De Standaard* van 11 juli 2002. Hij vindt het goed dat Dewael minder agressief is dan zijn voorganger, Luc Van den Brande, en '*afstand neemt van diegenen die van "identiteit" en "eigenheid" eerst politieke beginselen maken en ze vervolgens als criteria gebruiken om bevoegdheden af te bakenen.*' Of Geysels de voorstellen inzake de regionalisering van de NMBS en de nationale luchthaven en de splitsing van de ziekteverzekering eveneens goedvindt staat in zijn stuk niet te lezen.[77] Uitzondering dient i.d.v. gemaakt voor de houding van Agalev en zijn staatssecretaris, Eddy Boutmans, betreffende de regionalisering van Ontwikkelingssamenwerking. Hier wordt klare taal gesproken

NATIONALISME EN CONSERVATISME

Nationalisme mondt niet steeds uit in fascisme.[78] Evenmin is elke vorm van nationalisme gelijk met behoudsgezindheid op alle gebieden. Nationalisme heeft steeds energieën losgegooid. Conflicten tussen nationalismen, hebben vaak technische vooruitgang teweeggebracht en mensen aangespoord tot het leveren van uitzonderlijke intellectuele en zelfs artistieke inspanningen. Is de mensheid vindingrijk in nood, dan betekent dit nog niet dat noodtoestanden moeten verwekt en onderhouden worden. Het was steeds de opdracht van de beschaving de bloedige competitievormen te vervangen door andere die evenzeer toelaten te wedijveren in kracht, behendigheid, intellect en kunstzin.

Binnen de staatkundige grenzen is de beschaving hierin voor een groot deel geslaagd. Binnen de nationale grenzen verdwenen de vechtlustige steden, benden, condottieri en werden oorlogstonelen en slagvelden vervangen door arena's, gladiatorengevechten, steekspelen, openbare terechtstellingen, boksringen, welsprekendheidstornooien, sportvelden, schaakborden en TV-wedstrijden en quizzen (met hun moderne gladiatoren van de zenuwen, het geheugen en de parate kennis). Men mag dan ook terecht beweren dat het gejoel en gejuich dat geregeld op onze voetbalvelden weerklinkt, uitingen zijn van een vorm van hogere beschaving. Tussenstaatse spanningen blijven echter bestaan. Ze zijn nog steeds aanleiding tot bloedige competitievormen en nog steeds een geweldige prikkel tot handelen en denken. De onafhankelijkheid en de tussenstaatse spanningen die eruit voortvloeien zetten volgens sommige extreme nationalisten aan tot identificatie met de natie. Ze zijn bevorderlijk voor het nationale identiteitsbewustzijn. Toch is nationalisme in de grond conservatief. Het dekt gemakkelijk conservatieve houdingen. Het nationalistische conflict drijft tot handelen en veranderen, doch veranderen is niet noodzakelijk progressief.

Het verleden behoort volgens de nationalist ontegensprekelijk tot het nationale: het nationale geheugen. Er bestaat een gunstig vooroordeel ten overstaan van alles wat in het verleden totstandkwam. Goed of kwaad, de daden van de voorvaderen behoren tot het historisch patrimonium. Veel wordt verdoezeld. Kapers en piraten zijn flinke jongens en roemrijke veldheren volbrachten hun nationale plicht.

Nationalistische argumenten kunnen gemakkelijk ingeroepen worden tegen het ongewone, het nieuwe. Het nieuwe strookt niet met de tradities, stemt niet overeen met het nationale karakter. Het volk is voor het nieuwe nog niet rijp. Hoe gemakkelijk hult een conservatieve oppositie zich niet in nationalistische gewaden. Het is simpel te beweren dat de massa nog niet rijp is voor deze of gene vooruitgang, voor deze of gene technische verbetering, wanneer men zich niet de geringste inspanning getroost om het volk rijp te maken voor de vernieuwing. Zonder praktische oefeningen in democratie wordt niemand rijp voor deze staatsvorm. Zonder landbouwmachines zal geen landbouwer met deze tuigen vertrouwd raken.

Het is voor een nationalist even gemakkelijk vooruitgang af te wijzen door te zeggen dat hij niet strookt met de nationale aard, als hem te aanvaarden zeggende dat de vernieuwing in het nationaal belang moet doorgevoerd worden. Met nationalisme kan men alle kanten uit. Nationalisme is geen ideologie in de gewone betekenis van het woord.

Maar omdat nationalisme in de meeste gevallen echter berust op een reeks onder de zintuigen vallende werkelijkheden als huidskleur, taal, bodem, geschiedenis en hierop gekristalliseerde gedachte- en gevoelsassociaties, – die voor de gewone man meer aanwezig zijn dan 'de dagelijks hernieuwde instemming' van Ernest Renan, is nationalisme meer ingesteld op het afwijzen van experimenten dan op het bevorderen ervan. Elk nationalisme in de zin van Herder[79] grijpt meestal terug naar het verleden, verheerlijkt de nationale al dan niet vermeende historische werkelijkheid en schenkt slechts in tweede instantie aandacht aan de nationale zending. Deze zending staat dan meestal meer in functie van het verleden dan van de toekomst. De oude waarden moeten herleven, de vroegere macht moet worden hersteld, de taal van de voorouders moet opnieuw aangeleerd worden, enz... Totaal nieuwe ideeën waren nooit de essentie van de nationale gedachtewereld.[80] Wel werden zij gebruikt om bepaalde nationalismen aanlokkelijk te maken. Het liberalisme en de sociale vooruitgang hebben met nationalisme in principe geen uitstaans. Toch maakten de nationalistische leiders er in de 19de en 20ste eeuw gebruik van in het kader van hun streven naar nationale staats- en machtsvorming. In het Italiaanse 'risorgimento' gingen nationalisme en liberalisme hand in hand. Zelfs het Duitse fascistische nationalisme was nationaal-socialisme.

Vele staatsleiders hebben behoefte aan tussenstaatse spanningen om binnen hun eigen grenzen verworven macht te behouden, disciplines op te leggen, progressieve krachten af te wijzen. Binnenlandse machtsuitoefening wordt meer dan eens gerechtvaardigd door buitenlandse spanning. De Europese integratie is een reden om de landgenoten ertoe aan te zetten, meer dan voorheen, schouder aan schouder te staan om in de gemeenschappelijke markt als natie een waardige plaats te veroveren.[81]

Buitenlands conservatisme kan bestaan uit het afwijzen van supranationale democratie en integraties, o.a. omdat deze gronden voor binnenlandse gezagsuitoefening en machtsbehoud wegnemen.[82] Wie macht in het binnenland wenst te versterken en te behouden, zoekt vijanden en bedreigingen in het buitenland. Deze bedreigingen vallen weg als bovennationale structuren duurzame vrede verzekeren. De aanwezigheid van een vijand, zelfs van een denkbeeldige, is een reden voor oproepen tot nationale samenhorigheid, tot trouw aan de bestuurders. Dit geldt niet alleen voor nationale entiteiten, maar ook voor alle groeperingen, bewegingen en partijen.

Tenslotte dient nog gewezen op een gevaarlijk conservatief element dat aanwezig is in de nationalitaire wereldvisie. Vanuit deze 'Weltanschaung', wordt de aarde (zoals door Herder) bekeken als samengesteld uit naties en staten en niet uit levende mensen, mannen, vrouwen, kinderen. Deze visie heeft een sussend effect op het geweten van vele vooruitstrevenden. De wereld wordt gezien als bestaande uit oude en jonge staten, uit arme en rijke landen, uit 'advanced countries' en 'backward countries'. Sommige landen zijn weliswaar nog jong, arm en onderontwikkeld, maar zullen binnen afzienbare tijd, als ze maar voldoende geduld oefenen, volwassen, welstellend en ontwikkeld worden. Velen vinden dit een troostende idee en nemen er vrede mee. Ze vergeten echter dat ook hier weer in nationalitaire abstracties gedacht wordt. Ze vergeten dat het niet de staten zijn die van honger sterven, maar wel mensen en dat deze het nog willen 'beleven' geen honger te hebben, gelijk te zijn, vrij te zijn.

Het volstaat echter niet de argumenten te weerleggen van mensen die een bepaald nationalisme verdedigen. Soms is het ook nodig te antwoorden op beweringen van hen die het opnemen voor het nationalisme in het algemeen. Zij noemen het nationalisme, de spanning, die er door onderhouden wordt, de strijd die erdoor ontbrandt en de catastrofen die eruit voortvloeien, levensnoodzakelijk.

Zij vrezen dat de verdwijning van het nationalisme en het zelfbeschikkingsrecht van de volkeren de wereld zal plaatsen voor een woestijn van lusteloosheid, mondiale verveling en vervlakking. Hoe kunnen mannelijke deugden bloeien, wanneer de strijdbijl voor immer begraven wordt? Mannen moeten zich kunnen storten in het krijgsfeest, zich kunnen identificeren met een ideaal, dat het uiterste van hen verlangt. Het is niet ongezond dat de mensheid zich van tijd tot tijd losrukt uit de banden van cultuur en beschaving, die ze zichzelf oplegt, om terug te keren tot haar oertoestand. Nu en dan is het wenselijk in de roes van de oorlog vrije teugels te laten aan verdrongen driften en verlangens? (cf. Gaston Bouthoul)

Democratie en democratisch internationalisme (bovennationale democratie) nemen de spanningen niet weg, maar vervangen de tragiek van de catastrofe door het drama van het geweldloze conflict.

De opdracht is niet conflicten te vermijden, maar de termen ervan te bepalen en de velden te omheinen waarbinnen ze uitgedragen moeten worden. Voor de culturele en politieke leiders zullen de vragen zijn: Wie zal de politieke strijd strijden? Met welke wapens zal hij worden gestreden? Op welk niveau zal hij uitgevochten worden? Hoe zullen de bevoegdheden verdeeld worden tussen centrale en regionale machten?[83]

De schepper en de natuur hebben ervoor gezorgd dat de mens zich voortplant, zich in de eerste plaats bekommert om zijn fysiek bestaan en pas daarna andere waarden gaat erkennen. Daartoe behoren vrede, vrijheid, solidariteit, edelmoedigheid, schoonheid... Is het nu de taak van de mens de voorwaarden in stand te houden die nodig zijn voor het beleven van andere waarden als daar zijn: vaderlandsliefde, heldenmoed, soldatenvriendschap, doodsverachting? Zal het in een moderne wereld zonder politiek nationalisme en soevereine staten niet meer mogelijk zijn heldenmoed, uithoudingsvermogen, wilskracht, offervaardigheid te bewijzen? Zal heldenmoed er minder spectaculair zijn? Bestaat er geen waardevollere heldenmoed dan deze van volgzame soldaten (te laf om laf te zijn), van soldaten die meegesleept worden in een roes, opgejaagd door wraakgevoelens omwille van gevallen kameraden?[84] Wellicht zal men op zoek gaan naar nieuwe uitlaatkleppen voor overtollige energie. De jongeren zullen dit kunnen op de sportvelden, in de rotsgebergten, op de oceanen, in de ontwikkelingslanden, in de interplanetaire ruimte. Sommigen zullen hun heldenleven beleven voor het TV-scherm. En dan maar hopen dat de besten hun overschot aan energie zullen willen geven aan het democratische politieke debat, dat zij zich zullen bekommeren om hun werkplaats, hun gemeente, provincie, kanton, departement en om het lot van de wereldfamilie. Democratie had tot taak geweld te bannen uit het nationale politieke strijdperk. Het is de taak van de bestrijders van het politieke nationalisme, nu ook geweld en structureel onrecht te bannen uit de internationale politiek.

Oorlog en wapengeweld zijn vaak voorwerp van verheerlijking geweest. Niet alleen machtswellustelingen, maar ook tal van gefrustreerde, vereenzaamde, verbitterde individuen hebben zich aan deze gevaarlijke drank willen laven en hebben nog grotere aantallen burgers in de ondergang gestort.

Het grote experiment van de wereldrechtsorde kan alleen ondernomen worden, wanneer in alle delen van de aarde politici opstaan die begrijpen dat het vaak om politiek-educatieve redenen belangrijker is de problemen scherp te stellen dan dadelijk en in alle omstandigheden oplossingen te vinden om maar spanningen te vermijden. Het geweldloze conflict is nuttig en verrijkend. Gelijktijdig dient alles gedaan om hen, die hunkeren naar het gewelddadige conflict, in getal te doen afnemen, door het aantal gefrustreerden en nuttelozen te verminderen in een gedecentraliseerde en verantwoordelijke conflictrijke democratische samenleving.[85]

Men kan het nationalisme omschrijven, ontleden, verwensen. Ondertussen staan we voor het feit dat deze vorm van politieke bedrijvigheid de laatste eeuwen een ongewoon en algemeen succes heeft gekend en, afgezien van enkele intellectuele middens, nog steeds en in toenemende mate beoefenaars vindt.

POLITIEKE IJVER EN NOODZAAK

Het vindt wellicht zijn verklaring in het feit dat politieke leiders er steeds weer toe verleid worden – of er door de staatkundige structuren toe gedwongen zijn – nationalistische procédés aan te wenden. Meteen dient er echter aan toegevoegd dat nationalistische politici niet alleen ijver aan de dag leggen, maar ook in alle lagen van de bevolking aandachtige en gretig luisterende toehoorders vinden.

Uit de werken van historici blijkt dat politieke leiders pas dan het nationalisme massaal en grootscheeps hebben aangewend, als het voor hen niet meer volstond te beschikken over persoonlijke macht, over een handvol huurlingen of een kleine groep aanhangers om hun doelen te bereiken. Een monarch uit de middeleeuwen was niet verplicht volksnationalisme te beoefenen. Het volstond voor hem vertrouwelingen te winnen, huurlingen te betalen, vazallen te belonen, samenzweerders te laten delen in de buit. Aan nationale geestdrift van de massa had hij geen boodschap. De gewone man hoefde zich niet te identificeren met de belangen van de vorst, hertog of graaf. Het nationalisme deed zijn werk zonder de participatie van het volk. Op het ogenblik echter dat het handvol handlangers en de voor prestaties en risico betaalde huursoldaat niet meer volstonden, moest nationalisme herschapen worden in een massaproductiemiddel. Het persoonlijke belang moest vervangen worden door het belang van de natie, de individuele vriendschapsbanden moesten de plaats ruimen voor volksverbondenheid, de onbetaalbare huurlingsalarissen werden vervangen door oproepen tot offervaardigheid, goedkope decoraties en symbolische soldijen.[86]

Hoe contradictorisch dit ook mag schijnen, toch is het zo

dat de behoefte aan nationalistische propaganda groter werd bij de invoering van de democratie. In het ancien régime rustte de staat op de persoonlijke macht van de koning. Deze moest kunnen rekenen op de loyaliteit van enkele leenheren en adellijke families. De staat steunde op één peiler, de openbare macht, en had geen behoefte aan de tweede peiler, de voor de democratische staten zo onontbeerlijke openbare opinie. De republikeins-democratische staat daarentegen had behoefte aan massale loyaliteit. Daarom moest het nationalistische vuur voortdurend opgepookt en onderhouden worden en moest dit niet geschieden op het intellectuele niveau van de elites, maar op het primaire van de massa. Dit houdt in: weinig argumenten, elementaire analogieën, massale aanwending van de bekende redeneringen en verheerlijking van de nationale gemene delers als taal, bodem, geschiedenis, volksaard... De socialisering heeft het nationalisme van de massa versterkt. Democratie en liberalisme hadden de nationale macht onder het volk verdeeld. Het socialisme verdeelde nationale rijkdom. De democratie schonk rechten aan de burger. Deze konden misbruikt worden. De geschonken vrijheid van mening moest door nationalistische loyaliteit gecompenseerd en ingedijkt worden. Het socialisme zorgde niet alleen voor een herverdeling van de goederen, maar legde ook materiële banden tussen staat en burger. Hierdoor werd de verbondenheid met de staat tastbaarder dan voorheen.[87] De burger werd voor zijn welzijn afhankelijk van de staat.

Het aantal directe en indirecte banden tussen staat en burger neemt elke dag toe, consolideert de staten en maakt de strijd tegen het nationalisme elk dag uitzichtlozer. De behoefte aan nationalistische propaganda neemt af, omdat de identificatie met het staatsbelang steeds minder behoort tot het gebied van idee en beeldspraak, maar steeds meer overeenstemt met de werkelijkheid van het nationalistisch-socialistisch staatskapitalisme, waarmee de burger (en de bedrijven) zich verbonden weten.[88]

Het zal moeilijk zijn uit de bestaande bijna onontwarbare verstrengeling van ideologische banden en materiële belangen steeds weer het nationalistische touwtje te halen en de wereld voor te bereiden op een nieuw tijdperk. De resultaten van de nationalistische actie zijn alom aanwezig, in de geesten en in de structuren.[89]

Het succes van de nationalistische zienswijzen in recente eeuwen wordt echter niet alleen verklaard door de ijver van de nationalistische activisten die de massa hun beoordelings- en keuzecriteria voorhouden. Het wordt evenmin verklaard door het voortdurend bestaan van spanningen tussen zelfbeschikkende naties die hun leiders dwingen als nationalisten te handelen, zelfs wanneer hun ideologie ze daartoe niet voorbestemt. Het laaiend enthousiasme dat het nationalisme nog steeds verwekt, en zijn capaciteit door te dringen in de geesten van bijna alle burgers en ideeën vast te klinken aan de gewetens, wordt niet verklaard door het vurige woord van de propagandist alleen. De nationalist vindt bijna steeds aandachtig en zelfs gretig gehoor. Waarom?

Naast de behoefte zich voort te planten, kent elk menselijk wezen de behoefte erkend te worden, gewaardeerd te worden, voor zichzelf en voor anderen te gelden, een rol te spelen, aanwezig te zijn, eenvoudig 'te bestaan'. Uit deze behoefte spruit *'der Identitätshunger'*, en de identificatiedrang voort. Het individu is zich vaak bewust van zijn onbelangrijkheid en nutteloosheid. Voor de massa der aardbewoners is het individu onbekend, onbeduidend, onbestaand. Zoekt de mens compensatie in een intens innerlijk leven? Slechts uitzonderingen doen dit.[90] Velen stellen zich vragen over het waarom of het wezen van hun zijn. Mensen wentelen deze problematiek van zich af door zich te vereenzelvigen met buiten hen staande wezens en entiteiten. Het verlangen naar identiteit vindt een antwoord in identificaties. Er is bij de mens een verlangen door zelfvervreemding te ontsnappen aan de individuele machteloosheid.

De heer Janssens bestaat voor zichzelf, voor enkele familieleden, enkele klas- en werkmakkers, voor enkele sportvrienden. Hoe ziet hij zichzelf? Hoeveel mensen groeten hem, vrezen hem, achten hem, loven hem, haten hem, steunen op hem, hebben hem nodig? Zeer weinigen. De heer Janssens wil niet alleen fysiek, maar ook menselijk bestaan. Hij wil gelden, iemand zijn voor de anderen, een rol spelen, verantwoordelijk zijn, erkend worden, kortom 'zijn'. [91] Zich ergens verheffen uit het proletariaat van de massificatie. In zijn onmacht en vertwijfeling slaat hij zijn armen uit en klampt zich vast aan wezens, die wel gegroet, geacht, gevreesd, geloofd, gehaat worden en zo mogelijk nuttig, machtig en onontbeerlijk zijn. Hij klampt zich vast aan helden en heiligen, hij laat zich opslorpen door bewegingen en bedrijven. Hij laat zich inlijven. Hij vereenzelvigt zich met politiekers en sporthelden, met steden, partijen en landen. Door hen 'is' hij. Hij heeft voldaan aan zijn bestaansdrang via een identificatieproces. Nu 'bestaat' hij niet alleen, hij speelt bovendien een rol. Elke identificatie heeft haar regels, wetten, verplichtingen. Deze regels leeft hij na of overtreedt hij. Hij kan zondigen. Door identificatie verschaft hij zich, wat zijn louter fysieke zijn hem niet geven kon.

De identificatie met individuen en groepen is occasioneel of bestendig, enkelvoudig of veelvoudig. Bij het aanschouwen van een toneelstuk identificeert de toeschouwer zich met één van de personages, al dan niet ingaande op het voorstel van de auteur. De identificatie heeft een voorbijgaand karakter en eindigt meestal bij het verlaten van het theater. Bepaalde sportsupporters gaan prat op hun levenslange trouw aan een ploeg of aan een vedette. Andere verkiezen hun hart te laten kloppen op de maat van de 'steeds winnende' of 'meestal verliezende'. Mensen vereren helden, heiligen, filmsterren, vereenzelvigen zich met hun familie, juichen en jammeren in supportersclubs, ijveren in een denkgroep of een partij, voelen zich verbonden met een stad, gedragen zich als ambassadeurs 'en miniature' van een staat. Soms identificeren ze zich met het bedrijf, waar ze hun brood verdienen...

Het is duidelijk, dat dramatische omstandigheden, familieleed, eindcompetitie, verkiezingsstrijd, oorlog, dreigend faillissement van het eigen bedrijf de mens ertoe brengen alle andere banden en identificaties te verwaarlozen en slechts voor een enkele zaak te leven, er volledig in op te gaan. De dramatische spanning intensifieert het gevoel van verbondenheid. De spanning die het gevolg is van het zelfbeschikkingsrecht der volkeren en het ontbreken van bovennationale rechtsorde zorgen ervoor dat de identificatie met de eigen natie onderhouden blijft.

Hoe komt de identificatie tot stand? Wanneer geschiedt ze spontaan? Wanneer is ze de vrucht van opvoeding? Doorgaans zal een mens, zich spontaan identificeren en lange tijd verbonden voelen met zijn familie, de hem vertrouwde vriendenkring en omgeving, zijn werkkring... Door verdere opvoeding en propaganda zal hij zich identificeren met dingen die verder van hem afliggen: vakbonden, partijen, standen, geestesstromingen, volkeren, staten, internationale bondgenootschappen... Bepaalde indentificaties komen gemakkelijker tot stand dan andere. Voor de opvoeder of propagandist is het gemakkelijker het identificatieproces te laten plaatsgrijpen uitgaande van spontane gevoelens en gemakkelijk vast te stellen feitelijkheden dan uitgaande van, wellicht, belangrijkere maar minder in het oog springende werkelijkheden.

Ook de meest onafhankelijke geest zal zich vereenzelvigen met een beroep, een denkrichting, zelfs wanneer hij gelooft door een nuance in zijn denken van deze denkgroep af te wijken om zodoende te voldoen aan het ideaal toch 'zichzelf te zijn', d.w.z. anders te zijn.

Dit alles verklaart nog niet de aantrekkelijkheid van de nationalistische leider en de door hem voorgestelde identificatiemogelijkheid. Wat is zo bijzonder aan de nationalistische aansporing?

De door de nationalist aangeboden identificatie kent meer succes dan andere: ze verloopt moeiteloos, is onbetwistbaar, is voor velen mogelijk omwille van de verspreide aanwezigheid van de criteria waaraan moet worden voldaan, kent een hoge duurzaamheid, kan zeer intens kan zijn en biedt ongehoorde perspectieven.

MOEITELOZE IDENTIFICATIE

De nationalistische identificatie vergt van het individu een zeer geringe intellectuele en morele inspanning. Om lid te zijn van een nationale gemeenschap, om zich met een natie te kunnen of te mogen identificeren dienen (in normale omstandigheden) geen examens te worden afgelegd, dienen geen formaliteiten te worden vervuld, moet geen proeftijd doorgemaakt worden. Om te kunnen doorgaan voor bediende, student, ouder, kunstenaar, advocaat, katholiek, socialist, communist, bekwaam, spaarzaam, ondernemend moet men daden stellen, soms zware testen ondergaan en bewijzen leveren. Om Vlaming, Waal, Duitser of Ier te zijn, volstaat het te verwijzen naar geboorteplaats en moedertaal. De identificatie door verwijzing naar geboortegrond en taal heeft plaats zonder bewustwordingsproces en in elk geval buiten de vrije wil. De identificatie is een feitelijkheid, niet vatbaar voor discussie, ook wanneer ze niet verklaard wordt als gewild door de natuur, maar door een stilzwijgende overeenkomst, 'contrat social' genoemd, of door 'het plebiciet van elke dag'.

DE IDENTIFICATIE IS RISICOLOOS

De identificatie met de natie komt gemakkelijk tot stand en pijnlijke vergissingen zijn bijna steeds uitgesloten. Hoe groot zijn de risico's bij andere identificaties. Iemand noemt zich kunstenaar, zijn buren noemen hem een arme drommel. Een ander wil als geneesheer door het leven gaan, maar de universiteitsprofessoren denken er anders over. Nog een ander wil edelmoedig zijn, maar wordt een verkwister genoemd.

De pijnlijke disharmonie die ontstaat tussen het identificatieverlangen van het individu en de mening van zijn medemensen, komt bij de identificatie met een natie niet voor. Wie er prat op gaat op Poolse bodem geboren te zijn en van kindsbeen af Pools te spreken zal bijna nooit door zijn omgeving ontgoocheld worden door woorden als: 'Jij denkt je te mogen identificeren met Polen, maar in feite ben jij maar een doodgewone dit of dat.' Wel zullen er medemensen gevonden worden die hem zeggen dat hij minder waard is omdat hij Pool is. Maar dit is minder pijnlijk. Hij heeft zich dan tenminste niet vergist in zijn identificatie en kan verder prat gaan op het onaanvechtbare feit dat hij Pool is.

De meeste mensen zullen zich bij hun vereenzelvigingen baseren op de eenvoudige objectieve criteria, voorgehouden door de nationalist.

Weinig Belgen vereenzelvigden zich met de Italiaanse wielrenner Gino Bartali, hoewel tijdens zijn eerste Tour de France gezegd werd dat hij deze wilde winnen om over de financiële middelen te beschikken om in het klooster te kunnen treden. Alle Belgen, zonder uitzondering, vereenzelvigden zich met Eddy Merckx, eenvoudig omdat hij landgenoot was en dezelfde identiteitskaart bij zich droeg als zij.

In ogenblikken van spontane of georganiseerde bezinning voelde de welstellende West-Duitser in zich gevoelens van medelijden opwellen voor 'die Brüder von drüben' die verplicht waren onder een ondemocratisch regime te leven, maar bijna nooit dacht hij hierbij aan de Polen, Roemenen, Hongaren, Russen, die onder hetzelfde regime gebukt gingen.

VERSPREIDE AANWEZIGHEID VAN DE CRITERIA

De eenvoud van het identificatieproces verklaart echter niet heel het succes van het nationalisme. De criteria waaraan moet worden beantwoord zijn niet alleen gemakkelijk waarneembaar – taal, territorium, religieuze praktijken, natuurlijke en andere grenzen – meestal zijn het criteria die een grote verspreiding kennen. Dit wil zeggen het zijn criteria waaraan grote groepen beantwoorden. De keuze van de criteria bepaalt immers het aantal personen dat er zijn identificatie op kan baseren. Van de voorgestelde gemene deler hangt de maximale aanhang af. De leider, die de grondige kennis van *Das Kapital* als voorwaarde stelt, zal een kleine denkgroep rond zich scharen. Wie een elementair credo voorhoudt, kan grotere groepen verzamelen. Wie slechts belang stelt in de geboorteplaats en de moedertaal van zijn aanhangers, kan massa's mobiliseren.

HOGE DUURZAAMHEID VAN DE CRITERIA[92]

De kenmerken van de groep waartoe de nationalistische leider zich richt zijn niet alleen zeer verbreid, ze kennen ook een grote bestendigheid. Miljoenen spreken heel hun leven dezelfde taal, behouden heel hun leven dezelfde huidskleur, bewonen tot het einde van hun dagen hetzelfde land. Velen zijn niet heel hun leven christen, proletariër, landbouwer, student, socialist. De waardebelevingen verbonden met duurzame groepskenmerken als taal, territorium, godsdienstige praktijken, bieden uitzicht op duurzame solidariteitsbanden tussen de mensen die aan deze criteria voldoen. (Vooral als het politieke discours deze uiterlijke kenmerken verheft tot solidariteitscriteria: de plicht solidair te zijn met taalgenoten.) Ze bieden ook uitzicht op duurzame en werkzame machtsverhoudingen tussen de mensen die hun aansporingshefbomen op genoemde waardebelevingen plaatsen. (De plicht offers te brengen ter verdediging van het groepsbelang en de eigen culturele identiteit...) Het volstaat dan de waardebinding in stand te houden.

Dit alles volstaat echter niet voor de verklaring van de aantrekkingskracht van het nationalisme.

De aantrekkingskracht van het nationalisme is groot omdat de nationalistische identificatie perspectieven opent die andere identificaties niet kunnen bieden. Door de nationalistische identificatie kan het individu zijn stoutste, zijn meest verborgen, soms misdadige aspiraties bevredigen. Ze kan het individu bevrijden van zijn concrete liefdeplicht en biedt onbegrensde mogelijkheden om ongehinderd te snoeven, gevoelens van grootheidswaanzin, meedogenloosheid, schraap- en hebzucht, nijd en afgunst te koesteren. De identificatie met het vaderland laat toe naar hartelust te haten, te verachten en in bepaalde omstandigheden ongestraft te roven, vernielen, doden en verkrachten. Welke identificatie, welke sportclub, welke partij, welke beweging biedt mogelijkheden onderdrukte gevoelens, te koesteren, te onderhouden, uit te leven?

Het individu, dat luidop spreekt over zijn eigenbelang, zijn gevoelens van afkeer niet onderdrukt en zich onttrekt aan de regels, die de wet en het gezelschapsleven opleggen, stelt zich bloot aan vervolging en smaad. Wanneer het individu diezelfde houdingen aanneemt in zijn hoedanigheid van staatsburger of lid van een natie is dit normaal[93] en vaak lovenswaardig. Het individu dat zich soeverein verklaart en soeverein handelingen stelt, wordt als krankzinnige of misdadiger uit de gemeenschap verwijderd en opgesloten. Wanneer men de soevereiniteit en het zelfbeschikkingsrecht van de eigen natie verdedigt, eerbiedigt men de grondwet en is men een goed staatsburger.

Nationaal egoïsme is verstandige economische politiek, meedogenloosheid vooruitziende buitenlandse politiek, grootheidswaanzin wordt nationale trots, haat en afkeer zijn blijken van betrouwbaarheid en nationale loyaliteit.

Denis de Rougemont heeft dit merkwaardige verschijnsel in een formule gegoten: *'Ce que nul n'oserait dire de son "moi", il a le devoir sacré de le dire de son "nous".'*

De verdoken verboden aspiraties kunnen via de nationalistische indentificatie op gewettigde en openbare manier afgereageerd worden. Sommigen zullen zich wellicht identificeren met misdadigersbenden en historische machtswellustelingen.

Doch met deze identificaties zullen ze zelden of nooit uitpakken. Alleen de nationalistische kan men op de openbare weg uitleven.

Men begrijpt dan ook dat het extreme politieke nationalisme vooral bepaalde temperamenten aantrekt. Deze zijn meestal opdringerig actief en bezetten het politieke toneel. Ze trekken de minder actieve en gematigde burgers in hun kielzog mee, onder meer omdat zij de politieke spanningsvelden conditioneren door er de polen van te vormen.[94]

Samenvattend kan worden gezegd dat het succes van het nationalisme te wijten is aan de wil van (en de noodzaak voor) de politicus het nationalisme te prediken, aan de gretigheid waarmee het individu op zijn aansporing ingaat en het gemak waarmee de door de nationalist gevraagde identificatie totstandkomt. Het succes van het nationalisme bij het volk is verder te verklaren door de eenvoud, de gemakkelijke waarneembaarheid, de verspreide aanwezigheid en de bestendigheid (de duurzaamheid) van de criteria waaraan het individu moet beantwoorden, alsook aan de ongehoorde perspectieven die de identificatie biedt. Daarbij komt de internationale wetteloosheid die de dramatische spanning bestendigt en bijdraagt tot het onderhouden en intensifiëren van nationale gevoelens.[95-96]

BEGRIP VOOR NATIONALE GEVOELENS

De nationale verbondenheid speelt een grote rol in het gemoedsleven van vele mensen. Het nationale bewustzijn wordt onderhouden door feestdagen, parades, redevoeringen, monumenten, koningshuizen, geschiedenisboeken, gedichten, opera's. Het staat centraal in de schooltijd en tijdens de legerdienst. Het biedt velen een moreel houvast.

De nationale gevoelens behoren voor de meeste mensen tot het domein van de vanzelfsprekendheden. Bij kritiek van het nationalisme is dan ook de grootste omzichtigheid geboden. Wie de waarde van de vaderlandsliefde in twijfel trekt en wijst op de catastrofen waaraan deze liefde in de loop der tijden deelhad, vindt begrip bij een aantal van zijn gesprekspartners. Wanneer zij er geen politiek of economisch belang bij hebben of menen te hebben, zijn zij graag bereid bepaalde stellingen in principe te aanvaarden. Soms geven ze toe dat door het aanvaarden van deze stellingen bij hen een morele leegte ontstaat. Men hoort dan reacties als: 'Jij neemt ons nationaal gevoel af. Wat rest ons dan nog?'

Wie deze missionaristaak op zich neemt staat voor een zware opdracht. Wellicht zal hij nooit in zijn opzet slagen. Daarvoor is zijn opdracht te altruïstisch, te opbouwend, te vredelievend, en mist zij de aantrekkingskracht van het egoïstische, het negatieve, het agressieve. Op de functie van de slechte menselijke eigenschappen bij machtsvorming (ook in de oppositie) wees Robert Musil: *'Op goedheid kan je niet bouwen.'*[97]

Het succes van het nationaliteitenconflict[98]

Een conflict kan een succesconflict genoemd worden als het een groot aantal mensen boeit, mobiliseert, aanzet tot denken en handelen, aangrijpt, en dit niet op een voorbijgaande, maar op een duurzame en intense wijze. Niet alle conflicten kennen hetzelfde 'succes', hebben hetzelfde meeslepende karakter. Er zijn 'conflicten' tussen filosofische scholen, politieke partijen, persmedia, voetbalploegen, schaakkampioenen, steden, provincies, bedrijven, holdings, families, individuen,... Onder welke voorwaarden worden conflicten succesconflicten? Wanneer staat een conflict centraal in de publieke aandacht? Wanneer werkt het integrerend en polariserend?[99] Wanneer staat het in de schaduw van andere conflicten? Wanneer wordt het door andere conflicten verdrongen uit de publieke aandacht? Het is duidelijk dat opvoeding en voorbeelden determinerend zijn. De strijd tussen schaakkampioenen boeit het Russische publiek meer dan het Belgische, dat dan weer opgaat in de wedijver tussen wielrenners.

Bestaat er een fundamenteel verschil tussen conflicten tussen naties, etnieën, taalgroepen, rassen en alle andere conflicten? Zorgt het nationalisme ervoor dat het conflict tussen naties alle andere spanningen tussen mensen naar de achtergrond verdringt, tot en met de klassenstrijd? Een geleerde als Fritz Haber gebruikte zijn kennis om het Duitse leger gifgas te bezorgen, dit tegen de wil van zijn vrouw Clara die daarom zelfmoord pleegde.

Het succes van het nationaliteitenconflict is waarschijnlijk te wijten aan de bij vele mensen aanwezige instinctieve afkeer van wat anders is. Wie anders is, uit de toon valt, uitzonderlijke eigenschappen of gebreken vertoont, wordt door de groep afgewezen. Vooral wanneer hij de vaak verkeerd begrepen indruk verwekt zijn anderszijn op een uitdagende manier te onderstrepen door gedragingen, klederdracht,... De instinctieve reactie tegen het vreemdsoortige wordt meestal slechts door een rationele wilsdaad overwonnen. Toch zijn er mensen die zich spontaan vermeien in een multinationale omgeving, die de aanwezigheid van buitenlanders en buitenlandse restaurants en bedrijven op prijs stellen.

Het lijkt voor politici niet al te moeilijk op deze instinctieve houdingen in te spelen. Naast verschillen die gemakkelijk wrevels verwekken, omdat ze door velen onmiddellijk kunnen worden waargenomen (kleding, godsdienstige praktijken, taal), zijn er talloze dingen (karaktertrekken, aandachtspunten, voorkeuren) die niet kunnen worden vastgesteld, maar vaak het voorwerp zijn van vooroordelen. Ze zijn niet te bewijzen, maar vaak ook moeilijk te weerleggen. Brutale veralgemeningen betreffende verschillen zijn redenen om te scheiden. Dit is even lichtzinnig als verwijzen naar overeenstemingen inzake mentaliteit, eetgewoonten en gedragingen, om de eenheid te behouden. Mensen uit de literaire wereld laten zich daartoe wel eens verleiden.

Het is niet moeilijk van hen die anders zijn zondebokken te maken. Hierop wijst René Girard in *Le bouc émissaire.*[100] Normaal doet de mens dan ook pogingen om niet te zeer af te wijken van de middelmaat. Uitzonderlijke gedragingen worden niet gewaardeerd. Dit was o.a. het geval in het Venetië van de 18de eeuw, zoals beschreven in de memoires van Casanova, *Histoire de ma vie*[101] *'Wie talenten heeft moet ze verstoppen, wie ambitieus is moet eerbetuigingen misprijzen, wie er goed uitziet moet zijn uiterlijk verwaarlozen; heeft hij een verfijnde smaak dan mag hij dit niet laten zien...'*

DRAMATISEERBARE GESCHILPUNTEN

In de conflicten tussen volksgemeenschappen gaat het om twistappels die het volk aanspreken: strijd om bevolkingsgroepen, om grenzen (taal- en staatsgrenzen) en grondgebied, economische voordelen, bodemschatten, grondstoffen. Andere betwistingen tussen volksgemeenschappen zijn wellicht niet zo eenvoudig te verstaan, maar kunnen toch worden vertaald in termen van 'mein und dein'. Wat aan de enen wordt gegeven, wordt meestal tergend duidelijk aan de anderen ontnomen of als dusdanig voorgesteld. Dit is een van de problemen van het tweeledige Belgische federalisme. Elke frank gegeven aan Wallonië is afkomstig van Vlaanderen. De zaak is direct dramatiseerbaar. Dit is niet zo in meerpolige federaties. (Zie *Mens en natie,* p.167-174)

Dit is minder het geval en wordt minder beweerd als het gaat om conflicten tussen andere groepen dan volksgroepen. Alles wat aan de vrouwen wordt gegeven wordt niet ontnomen aan de mannen, want het komt vaak ten goede aan de gezinnen. Overhevelingen van middelen naar de bedrijven vallen niet steeds ten nadele uit van de gezinnen, want ze kunnen bijdragen tot het scheppen van werkgelegenheid. Overhevelingen van middelen naar een andere staat of deelstaat stimuleren natuurlijk de hele internationale, federale nationale economie. Maar wie zal dat zeggen? Wie zal dit zeggen in België? Montesquieu zei het reeds in een van zijn pensées. *'Frankrijk heeft behoefte aan welvaart in Polen en "La Moscovie".'*[102-103]

VERGELIJKING MET ANDERE CONFLICTEN

Het loont de moeite na te gaan of er een fundamenteel verschil bestaat tussen conflicten waarbij universalistische (of niet-nationalistische) bewegingen, bedrijvig binnen eenzelfde geïnstitutionaliseerde gemeenschap, betrokken zijn, en conflicten tussen naties of nationalistische bewegingen.

Conflicten zijn in normale omstandigheden integratiebevorderend. Normaal vergroten ze de coherentie en de kracht van de strijdende partijen. Is dit op dezelfde manier het geval voor deze twee soorten conflicten?

Als politieke partijen, ideologische bewegingen, sociale organisaties, klassen, elkaar bestrijden binnen een gemeenschap, kunnen ze elkaar verstevigen, maar ook verzwakken. Individuen en groepen kunnen van het ene naar het andere kamp overgaan, bij verkiezingen hun stemgedrag veranderen...

Als volksgemeenschappen die beschikken over een territorium elkaar bestrijden, voeden ze elkaars nationalisme en agressiviteit. Ze kunnen elkaar niet verzwakken, omdat het overgaan van de ene groep naar de andere bemoeilijkt wordt door de uiterlijke onuitwisbare kenmerken van de individuen en hun verbondenheid met een grondgebied. De verzwakking van de andere gemeenschap kan alleen gebeuren door geleidelijke opslorping of door brutale uitroeiing.[104]

Nationaliteitenconflicten versterken en voeden de partijen meer dan dit het geval is in conflicten, waarin de acteurs niet door uiterlijke kenmerken te identificeren zijn en niet verbonden zijn met een territorium. Nationalistische leiders zijn dan ook niet ontevreden als ze stoten op de uitdagende weerstand van andere nationalismen, voor zover deze niet beschikken over een te groot militair of economisch overwicht. Vaak hebben deze leiders dan ook geen belang bij een te vlugge regeling van het conflict. Het conflict houdt er de spanning en de discipline in. Wel moeten nu en dan successen worden geboekt. Deze soort conflicten zijn langdurig en moeten daarom worden vermeden. Men weet niet hoe ze te beëindigen. Denken we maar aan Noord-Ierland, Baskenland, Israël-Palestina...

Er kan dus worden gesteld dat het individu zich gemakkelijk en gretig identificeert met de natie, normaal afkerig is van het vreemde, gemakkelijk betrokken wordt bij het conflict met andere naties – vooral als het conflict in simpele termen wordt voorgesteld – en dat de betrokkenheid intens en van lange duur kan zijn omdat de conflicten van deze aard de gevoelens van de strijdende partijen in grotere mate en langduriger voeden dan andere conflicten.[105]

STRUCTURELE OORZAKEN VAN HET SUCCES

Het succes van het conflict tussen nationaliteiten is echter niet alleen te verklaren in hoofde van de individuen die de nationalistische aansporing ondergaan. Ook de politieke aanspoorder en de structuren dragen bij tot het permanent succes van dit soort conflicten. Om structurele redenen kan de politieke leider niet anders dan voortdurend het nationalisme aanwakkeren en instandhouden.

De politieke leider heeft vaak behoefte aan buitenlandse tegenstanders om zijn positie in eigen land te handhaven. Maar zelfs wanneer hij van deze techniek geen gebruik wil maken, dan nog staat hij voor het feit dat de wereldgemeenschap bestaat uit soevereine natiestaten waartussen voortdurend spanningen ontstaan. Er zijn geen of te zwakke bovennationale wetgevende en rechterlijke machten die de conflicten tussen de natiestaten gezagvol en geweldloos kunnen regelen. De meeste staten wedijveren met elkaar, vaak nog steeds in de grootste bandeloosheid: *right or wrong, my country.*

Alleen de blauwhelmen van de UNO zetten nu en dan schoorvoetend stappen om bloedige conflicten te verhinderen of in hun omvang te beperken.

Van bovennationale rechtsorde zijn we nog ver verwijderd. Van de oprichting van een bovennationale politiemacht nog verder. Nog steeds wordt gedweept met de soevereiniteitsidee. Als de soevereiniteit van alle natiestaten wordt erkend, als alle etnieën en volksgemeenschappen het zelfbeschikkingsrecht verwerven, dan komt alles in deze wereld voor elkaar. Dit is ook de mening van Michaël Gorbatschov in zijn boek *Perestroika*. Volgens hem moet elke staat helemaal alleen beslissen over zijn lot, zijn territorium, zijn menselijke en natuurlijke reserves. *'Jede Nation hat einen Anspruch darauf den Weg ihrer Entwicklung selbst zu wählen und über ihr Schicksal, ihr Territorium und ihre menschlichen und natürlichen Ressourcen selbst zu bestimmen. Eine Normalisierung internationaler Beziehungen ist erst möglich, wenn dies von allen Ländern verstanden wird.'*[105] Als dus elke staat doet wat hij soeverein voor zichzelf wil, zal het met deze wereld veel beter gaan.

In de duivelse kringloop van de nationalismen die elkaar voeden kan het nationalistische conflict om structurele redenen niet anders dan succes kennen ondanks alle pacifistische verklaringen. Alle naties bereiden zich voor op oorlogen om deze te vermijden. Sommigen hopen op een betere wereld als al die soevereine staten maar democratisch, kapitalistisch, socialistisch, communistisch, ecologisch worden. Sommigen doen zelfs nog steeds alsof de vrijheid, de gelijkheid, de welvaart van de staten hetzelfde is als de vrijheid, de gelijkheid en de welvaart van de burgers die in deze staten leven. De door de nationalismen gedragen soevereiniteitsidee blijft echter buiten schot. Ze wordt niet aangevochten, niet bestudeerd, zeker niet door de machthebbers.

Het multiculturele Europa en de Zwitserse Confederatie met haar 25/26 kantons, waarvan de grenzen niet samenvallen met de grenzen van taalgemeenschappen, (ze maken dus minder kans potentiële vaderlanden te worden) maar deze toch respecteren door het erkennen van het ius soli, kunnen model staan voor een samenleving die het drama van de spanning tussen leefbare entiteiten wil behouden, maar de tragiek van de uitzichtloze strijd tussen nationalismen wil vermijden. Hier wordt bewezen dat democratisch federalisme de nationalismen aan banden kan leggen, vooral als het er niet toe dient nationalismen te institutionaliseren, macht en middelen te geven, zoals dit gebeurt in België. Ook het nieuwe Zuid-Afrika heeft een voorbeeldfunctie te vervullen.

De taal

EEN ONGEWONE BENADERING

Iedere poging tot rationele benadering van de rol van de taal in onze samenleving (o.a. als criterium voor staatsvorming) blijft een delicate onderneming. De mystificaties, sacraliseringen, die zich nog heden in dit verband voordoen, zijn te veelvuldig en worden te intens beleefd, om in dit verband ongestraft een beroep te doen op de ratio.

Wat is de taal? In essentie is de taal een instrument. Zij is geen idee, geen opvatting, geen levensvorm, geen volk. De taal is zeker niet heel het volk. De taal boetseert het individu niet, vormt de gemeenschap niet, geeft haar geen stijl, geen inhoud. De taal is een instrument en ligt passief in de hand van hem, die ze gebruikt. De taal is wel het meest voor de hand liggende instrument voor communicatie tussen taalgenoten. De taal is niet richtinggevend voor de mentaliteit, de gedachten, de appreciaties van individuen en groepen.

Taalgenoten zijn individuen die bedreven zijn in het hanteren van eenzelfde communicatiemiddel. Hierbij denken we niet alleen aan alle moderne talen, maar ook aan dode talen, conventionele talen, aan de gebarentaal van stommen, het brailleschrift, de morsesignalen, beeldentaal, geheimschrift, de juridische taal, de taal der wetenschappen, enz...

Tussen de individuen die hetzelfde communicatiemiddel gebruiken geschiedt het mededelen van gevoelens, waarnemingen, gedachten, waardeoordelen, eenvoudiger, nauwkeuriger, sneller dan tussen personen die een beroep moeten doen op tussenpersonen, tolken, vertalingen, apparaten, communicatietechnieken.

Het taalverschil verhindert de communicatie niet. Het taalverschil vertraagt, vertroebelt de gedachtewisseling en verlangt grotere inspanningen van de gesprekspartners.

MIDDEL OM TE BINDEN EN TE SCHEIDEN

De taal is een bindmiddel tussen de mensen. De talen en dialecten zijn verschillend en toch zijn ze in essentie bindmiddel tussen de aardbewoners. De taal maakt de mens tot een gezelschapswezen, verlost hem uit de eenzaamheid, neemt hem op in de gemeenschap, laat hem toe eraan deel te nemen, een rol te spelen, aanwezig te zijn, (te bestaan). Tevens is de taal een universeel verschijnsel. Dit handige communicatiemiddel, dat ter beschikking staat van alle menselijke wezens, is niet alleen universeel aanwezig, alle talen hebben bovendien een universeel karakter. De woord-symbolen zijn verschillend, klinken anders, maar duiden op begrippen die de vrucht zijn van hetzelfde universele abstractievermogen van de mens. Het bewijs van het universele van het fenomeen ligt in de omzetbaarheid van elke taal in alle andere talen.

Omdat taalverschil de communicatie slechts remt en, anderzijds, taaleenheid niet automatisch voor gevolg heeft dat de in deze taal uitgedrukte denkbeelden onmiddellijk of geleidelijk gemeengoed worden van alle taalgenoten en van hen alleen, is het duidelijk dat het op één rij plaatsen van gedachten als 'één taal, één ziel, één mentaliteit, één karakter, één volk, één staat' niet opgaat.

Wel is het natuurlijk zo dat eenheid van taal, vooral wanneer de taalgebieden samenvallen met politieke, administratieve, godsdienstige, economische entiteiten, invloedsferen, enz. ervoor zorgt dat denkbeelden vlugger algemeen goed worden dan wanneer er geen taaleenheid is.

Talen kunnen verbinden maar kunnen ook scheiden. Het aanhoren van talen en dialecten kan vooroordelen en gevoelens van wrevel opgeroepen. De associaties slaan bijna steeds op de groep. Het lid van de andere taalgemeenschap ondergaat er de gevolgen van. De volkswijsheid, zoals die wordt uitgedrukt in spreuken en gezegden, blijft op dit gebied gereserveerd. Uitdrukkingen als 'Toon me je vrienden, je eetmanieren, je houding en ik zal zeggen wie je bent.' zijn bekend. Geen spreuk luidt: 'Laat me je moedertaal horen en ik zal zeggen, wie je bent.'[107]

Maar net zoals een werktuig kan gebruikt worden voor het verrichten van dagelijkse werkzaamheden, voor het maken van kunstwerken, voor het plegen van onrecht, zo kan de taal dienst doen als omgangstaal, als werktuig en materie voor het scheppen van kunstwerken, als wapen in de handen van geweldenaars en usurpators. Het gebruik is afhankelijk van de wil van de gebruiker. Deze kan de taal gebruiken voor het opstellen van offertes en rekeningen, voor het schrijven van gedichten en verhandelingen. Een ander kan het werktuig taal aanwenden ter onderdrukking of discriminatie van medemensen, om politieke macht te verwerven, af te bakenen en te bestendigen, om nationale staten op te richten. (zie elders in dit boek de gedachten van Herder, Gellner en Benedict Anderson)

Men slaagde erin politieke macht uit te breiden en te bestendigen door aan bepaalde gewesten o.a. in Frankrijk een uniform communicatiemiddel op te dringen. De Franse koningen slaagden in hun opzet omdat in hun tijd het taalnationalisme bij de brede massa nog geen ingang gevonden had. Ook had het volk nog niet geleerd weerstand te bieden en offers te brengen voor het behoud van een communicatiemiddel. Dit was reeds zo in Frankrijk ten tijde van Hendrik IV.[108]

De taal is nog steeds een handig instrument voor politici die willen scheiden en evenzeer voor hen die willen binden.

De bedoeling van diegene die de taal gebruikt, is determinerend. Altiero Spinelli gaf hiervan een mooi voorbeeld.[109]

Wie staatsgrenzen wil oprichten en sociale of horizontale grenzen wil trekken en instandhouden, vindt in het taal- en dialectverschil een uitstekend hulpmiddel. Wie contacten wil leggen, vooroordelen overwinnen, vertrouwen en solidariteitszin opwekken, wordt in zijn opzet niet tegengehouden door taalverschil.

WAARDE VAN EEN TAAL

Men kan discussies voeren over de intrinsieke waarde van een taal, als instrument, over de uitgebreidheid van haar woordenschat. Men kan de soepelheid van haar syntaxis vergelijken met die van andere talen en nagaan of er uitdrukkingen in voorkomen die voor de taalgenoten moeilijk te begrijpen zijn, en a fortiori voor buitenlanders (het Nederlands?). Men kan lijsten opstellen van de letterkundigen en denkers die in deze of gene taal schreven of verplicht waren te schrijven. De redelijke conclusie van dergelijke gesprekken is meestal dat elke taal mooi en vlot is, als ze maar mooi en vlot gesproken en geschreven wordt, dat elke taal zoetgevooisd is, wanneer men haar geen geweld aandoet en dat iedereen een keurig en zorgvuldig gebruik moet maken van zijn taal of talen.[110]

Deze beschouwing belet niet, dat velen fier zijn op hun moeder- of omgangstaal, op de literatuur, die in deze taal het licht zag en op vele andere dingen die daarmee verband houden en die alle evenzeer buiten het bereik liggen van de vrije wil en de persoonlijke verdienste. Deze gevoelens van trots en zelfvoldaanheid gaan vaak gepaard met minachting en onbegrip voor hen die zich van een andere taal bedienen. Wie deze gevoelens van minachting cultiveert en als gerechtvaardigd voorhoudt is een nationalist. Hij neemt niet alleen een nationalistische houding aan maar lokt een nationalistische reactie van de anderstalige uit.

Het enige min of meer meetbare element in de discussie over het belang van talen is het aantal miljoenen dat een bepaalde taal spreekt. In deze wereld wordt inderdaad meer Engels, Chinees, Russisch, Frans en Spaans gesproken dan Duits, Fins, Deens, Nederlands of Fries. Hierin kunnen redenen gevonden worden voor het koesteren van meerder- of minderwaardigheidscomplexen. Beide houdingen zijn even lachwekkend. Behoren alleen de werken die oorspronkelijk geschreven werden in een wereldtaal, tot het cultuurpatrimonium van de hele wereld? De reusachtige bijval van werken zoals die van Henrik Ibsen, August Strindberg en andere Skandinavische schrijvers bewijzen het tegendeel. Wordt het succes van auteurs verklaard door de afzetmogelijkheid in het eigen taalgebied, door de intrinsieke waarde van hun werk of door de ijver en de handigheid van de staatsinstanties, diplomatieke missies en andere instrumenten van de culturele propaganda? Een kunstwerk – tenzij het te zeer afgestemd op lokale situaties – doorbreekt de taalmuren.

Velen zullen tijd en energie investeren in de studie van wereldtalen. Slechts weinigen zijn bereid zulks te doen voor de studie van talen die door kleine bevolkingsgroepen gesproken worden. De verklaring ligt voor de hand. Wereldtalen zijn niet alleen moedertalen voor miljoenen, zij vervullen tevens geregeld de rol van werktalen. Dit feit moet door kleine taalgroepen aanvaard worden, zolang het taalprobleem niet geregeld is op wereldniveau. (Hier slaat een verontwaardigd lezer dit boek toe.) Vele jonge landen zijn op dit gebied vrij gebleven van complexen en gebruiken[111] de taal van hun vroegere overheersers als officiële landstaal, soms zelfs, wanneer zij over oude inlandse cultuurtalen beschikken. Europeanen vinden dit goed en rationeel voor overzeese gebieden, doch beschouwen dergelijke toestanden als onaanvaardbaar en ondenkbaar voor Europa. Ze vrezen dat de rijkdom van de taalverscheidenheid zal teloorgaan.[112]

De leden van kleine taalgemeenschappen zouden moeten inzien dat de leden van de wereldtaalgroepen niet noodzakelijk bezield zijn met gevoelens van minachting voor de minderheidstalen, wanneer zij verkiezen tijd en energie te besteden aan de studie van een taal met continentale of mondiale dimensies en niet bereid gevonden worden dezelfde inspanning te leveren voor talen met minder uitstraling.

Het zijn niet steeds minachting, superioriteitsgevoelens, taalimperialisme en snobisme, die hen hierbij leiden, maar wel praktische overwegingen, gemakzucht, gemis aan bekwaamheid en gelegenheid tot beoefening, enz. De leden van de kleine taalgroepen worden er immers door de omstandigheden toe gedreven meerdere talen te leren, spreken gemakkelijk vreemde talen en gaan er ook prat op. De leden van de wereldtaalgroepen worden niet alleen verwend door de leden van de kleinere taalgroepen, maar stuiten, wanneer zij blijk geven van goede wil, vaak op een mengeling van verontwaardiging, wrevel en trots. Deze trots is de trots van de meertalige, die reëler is en frequenter voorkomt, dan de denkbeeldige trots van de eentalige.

VERTICALE, HORIZONTALE TAALBARRIÈRES

We willen niet ingaan op de wenselijkheid van een-, twee-, of meertaligheid. Evenmin op de discussies over de leeftijd waarop een tweede of een derde taal nuttig kan aangeleerd worden.

Wanneer de wil tot gesprek bestaat, volstaat de gelaatsuitdrukking en het gebarenspel. Wanneer de wil tot gesprek en menselijke verbondenheid niet bestaat, dan is de muur niet te doorbreken, zelfs al spreken de partijen hetzelfde dialect. Hoe gemakkelijk zullen moeders – zelfs al kennen ze slechts enkele woorden van dezelfde taal – spreken over hun kinderen. Hoe moeizaam komt soms een gesprek op gang tussen een ingenieur en een jurist, al spreken ze dezelfde gewesttaal.

Was eenheid van taal, zonder de wil tot samenhorigheid, een garantie voor eensgezindheid en vrede, dan zou het inderdaad volstaan in België de tweetaligheid te prediken. Het kennen van elkaars taal houdt echter geen enkele waarborg in. Conflicten worden niet vermeden door uitbreiding van taalkennis. Het is evenzeer een illusie te geloven dat spanningen tussen staten en groepen kunnen vermeden worden, wanneer men elkaar maar voldoende leert kennen.[113] Vlamingen en Walen leven nu reeds meer dan 130 jaar (boek uit 1964) samen in één staat en hadden voldoende gelegenheid elkaar te leren kennen. Wanneer de politieke wil om samen te leven en samen te werken niet aanwezig is, kunnen culturele uitwisselingen, volkstoerisme, 'jumellages' tussen steden, jeugdontmoetingen, volksdansdemonstraties, taalstudie niets verhelpen. Op het politieke discours komt het aan.

Hetzelfde kan gezegd worden over de horizontale of sociale taalgrenzen. Wanneer een bepaalde klasse in Vlaanderen zich onderscheidt van het volk – niet alleen door welstand en gezelschapsvormen, maar ook door de taal – dan is dat, omdat deze kringen – naast de normale middelen die in West-Europa ter beschikking staan van de geprivilegieerden – ook het instrument taal konden en wilden gebruiken. Wellicht zal de (nieuwe) taalwetgeving hun dit instrument definitief ontnemen. Doch wanneer deze kringen hun asociale houding niet willen opgeven, zullen ze zich toeleggen op de aanwending van andere technieken om aan de maatschappij haar sociologische doordringbaarheid te ontnemen. Deze doordringbaarheid geeft aan dynamische krachten de mogelijkheid de maatschappelijke ladder te beklimmen. De taal is één van de middelen om het sociale leven te verstenen, om bepaalde groepen te isoleren, om gevestigde rechten en belangen te omringen met barrières, om vernieuwing der kaders te vertragen. De taal is een doeltreffend, maar zeker niet het enige en het meest afdoende middel.

Men moet zich geen illusies maken. Jonge elementen die de maatschappelijke ladder willen beklimmen, slagen er gemakkelijker in een nieuwe taal te beheersen, dan adellijke titels en rijke ouders te verwerven of zich vertrouwd te maken met de ongeschreven wetten van een bepaalde soort 'high society'. In eentalige landen als Nederland en Frankrijk bestaan o.a. in universitaire studentenmilieus methodes om de standenvermenging te verhinderen en het kastesysteem in stand te houden. Aan de universiteit van Gent isoleerde een studentengroep zich van de andere studentengroeperingen door het spreken van een andere taal. In Leiden bereikt men hetzelfde resultaat door het eisen van ongewoon hoge lidmaatschapsgelden en een dure galakledij.

Wie naast andere technieken de taal aanwendt om afstanden te bewaren, is niet alleen bewust of onbewust asociaal, maar laat na zijn culturele plicht t.o.v. het volk te vervullen. Wanneer de zogenaamde burgerij zich niet bezighoudt met het verfijnen van de taal van het volk, weigert in deze taal te publiceren en zich beperkt tot een elementaire en onverzorgde kennis van deze volkstaal, dan toont deze elite een grof gebrek aan verantwoordelijkheidszin.

Het probleem van de sociaal-culturele taalbarrière komt veel voor en zal, gelet op de technische ontwikkeling, in de toekomst meer en meer aandacht vergen. Men zal echter omzichtig te werk moeten gaan en zich hoeden voor veralgemeningen. Er dient namelijk een onderscheid gemaakt te worden tussen hen die de volkstaal niet willen spreken, zich niet willen aanpassen, en diegenen die de streektaal niet kunnen leren en zich niet kunnen aanpassen. De eersten verdienen in de meeste gevallen kritiek. Hier is een taak weggelegd voor de wetgever, de rechter en de administratieve overheid.[114] De tweede categorie daarentegen verdient tegemoetkoming en hulp. Wanneer we het hebben over mensen die zich niet kunnen aanpassen, dan bedoelen we hiermee diegenen die de intellectuele capaciteit niet bezitten om de nieuwe taal te leren, die niet beschikken over de soepelheid of het doorzettingsvermogen om gewoonten af te leggen en zich in een nieuw milieu in te leven. Zal het mogelijk zijn elk individueel geval grondig te onderzoeken? We moeten abstractie maken van de anderstalige 'haute volée' en denken aan de duizenden vluchtelingen, inwijkelingen, vreemde arbeiders, 'displaced persons'.

Uit arme landen komen steeds meer arbeiders werkgelegenheid zoeken in 'advanced countries'. België, Nederland, Duitsland, Zwitserland hebben behoefte aan duizenden arbeiders uit Italië, Spanje, Turkije, Japan. Met duizenden worden ze aangezocht door de regeringen en de ondernemers. Zullen ze, ook na lotsverbetering, gedoemd blijven, paria's te zijn in hun nieuw vaderland, in de diepste mijnen af te dalen, het zwaarste werk te verrichten, in kampen te leven?

Velen onder hen wensen zich aan te passen aan het milieu en Amerikaan, Duitser, Waal of Vlaming te worden. Dit zou wellicht in versneld tempo mogelijk zijn, konden zij individueel insijpelen, genieten van een gul onthaal, menswaardige functies uitoefenen. Het tegendeel is waar. Meestal geschiedt inwijking en nederzetting collectief. Het onthaal is koel en vijandig. Het afstompend werk is helemaal geen aansporing om zich te verdiepen in de grammaticale problemen van een nieuwe taal.

TAALONRECHT

Het taalonrecht kan verschillende vormen aannemen, ook wanneer het zich beperkt tot een onrecht, dat niets te maken heeft met de betrekkingen tussen soevereine staten, met staatssoevereiniteit of staatsnationalisme. Taalonrecht kan gepleegd worden door de zogenaamde elite t.o.v. het volk, door de ondernemer t.o.v. het personeel, door de administratieve overheden t.o.v. inwijkelingen en vreemde arbeiders, en door het volk t.o.v. vreemdelingen, door de ouders t.o.v. het kind. Bij de studie van het taalonrecht moet men streven naar klare begripsomlijning. Wat is machtsmisbruik, pressie, dwang en discriminatie door middel van de taal? Wie is de benadeelde, de onderdrukte, het slachtoffer van discriminatie? Het volk, de ondergeschikte, de geadministreerde, de vreemdeling, de inwijkeling, het kind?

Hier is waarschijnlijk een taak weggelegd voor de juristen en wetgevers van morgen. Hun werk moet voorbereid worden door de politieke en culturele leiders van vandaag en het moet gepaard gaan met de ontwikkeling van een nieuw rechtsgevoel in de publieke opinie. Is dit niet het geval, dan zal het werk van deze juristen en politici stoten op het onbegrip van te grote massa's die weigeren de stappen te zetten op de weg van een beschaving die gelijke tred houdt met de technische evolutie. De juridische termen van dit vernieuwd en dieper rechtsgevoel moeten in wetten vastgelegd worden, zonder daarom te streven naar een alles omvattende en alle gevallen beogende casuïstiek. Aan de massa dienen zij rechtszekerheid te verschaffen, aan de rechters de normen die hen moeten helpen onrecht te straffen.

In het gewettigd streven naar rechtszekerheid inzake taalgebruik is het 'ius soli' een belangrijk hulpmiddel. Het 'ius soli' kan echter niet de enige methode zijn om taalonrecht – waarvan het individu het slachtoffer is – in de toekomst te voorkomen. Hoe simpel deze regel ook is, hoe zeer hij ook voldoet aan het streven naar rechtszekerheid op dit gebied, toch moet men bedenken, dat beschaving nooit gepaard ging met simplificaties.

De mensheid, en vooral dan de westerse wereld die gedreven wordt door technische vooruitgang en economische integratie, bevindt zich voor een belangrijke keuze. Zal zij de wrijvingen en spanningen, de sociale en politieke problemen, die onweerstaanbaar voortvloeien uit de groeiende mobiliteit van de wereldbevolking en uit de massale verspreiding van gedachten en cultuurgoederen, kunnen voorkomen?

In een normale reactie zullen vooral de politieke instanties zich schrap zetten tegen deze omwenteling. De mensheid zal niettemin geplaatst worden voor de fundamentele keuze, waarvan de extreme alternatieven zullen zijn: linguïstische kaasstolppolitiek of kosmopolitisme. Zij zal moeten kiezen tussen twee formules: 'Zal de mens in de toekomst thuis blijven' of 'Zal hij overal thuis zijn?' Tussen deze iets of wat kras geformuleerde alternatieven zullen de politieke leiders moeten kiezen en compromissen zoeken.

Men kan er inderdaad naar streven bepaalde wrijvingen, taalonrecht en dergelijke te vermijden door een systematisch streven naar taalhomogeniteit en een strikte toepassing van het 'ius soli'. Deze methode kent vele toepassingen. Met de hulp van wetten en administratieve maatregelen wordt gestreefd naar eenheid van taal binnen de grenzen van staten, federale deelstaten of binnen de taalgrenzen van vastgelegde taalgebieden. Zo wordt de vorming vermeden van anderstalige standen en gemeenschappen, machtsgroepen en minderheden, ook van taalgetto's, en de daaruit voortvloeiende spanningen. Het doel is ook het vermijden van individueel en collectief taalonrecht.

Wie deze methode aanwendt, doet dit meestal met het oog op het behoud van de integriteit van de landstaal en de bestrijding van de ongemakken die kunnen ontstaan voor de autochtone bevolking ingeval van taalvermenging. Hij zal zeggen dat deze politiek ook voor de vreemdeling de beste oplossing is. Hoe sneller de wetten de vreemdeling tot aanpassing dwingen, des te vlugger zal hij opgenomen worden in de nieuwe gemeenschap waarvan hij niet langer de frustraties zal ondergaan.

Het is echter de vraag of deze politiek vol te houden zal zijn. Zal deze taalpolitiek zich doorzetten tegen de nijverheidsconcentraties en mondiale takenverdeling, tegen de invloed van de supranationale gezagsorganen, de verkenningsdrang van de jeugd, de toenemende mobiliteit van de studerende, vorsende, werkende, afwisseling en ontspanning zoekende mens?

Problemen rijzen nu reeds in alle grootsteden van de wereld, maar het platteland kent eveneens zijn moeilijkheden. In sommige gewesten van West-Europa – we denken hier vooral aan Noord-Zwitserland – bestaat de meerderheid van bepaalde dorpen uit anderstalige inwijkelingen die er door hun getalsterkte een stempel drukken op de samenleving. In landen waar de regering zelf overgaat tot het aanlokken van vreemde arbeidskrachten, is het probleem bijzonder netelig.

We moeten ons niet alleen afvragen of een politiek die streeft naar volledige taalhomogeniteit te verwezenlijken is in een naar integratie strevende wereld, maar vooral of deze politiek uiteindelijk de rechtvaardigste, de menselijkste, de werkelijk op de toekomst afgestemde politiek is.[115] Dient het strakke 'ius soli', ten minste in een overgangsperiode, niet gemilderd te worden door een sociaal gerichte wetgeving die de zwakkere leden van de maatschappij toelaat ook in den vreemde thuis te zijn? Een sociale wetgeving moet het aantal paria's verminderen die slechts hopen, dat hun nakomelingen de taalbarrières zullen doorbreken om volwaardige burgers te worden. De toekomst is overigens ondenkbaar zonder meertalige beslissingsorganen en administraties, zonder steden waarin aan minderheidstalen rechten toegekend worden (cf. Helsinki).

Ingrijpen van de wetgever en de rechterlijke macht kan in de toekomst noodzakelijk zijn wanneer de directie van een onderneming in haar contacten met het personeel de streektaal of de talen van vreemde arbeiders weigert te gebruiken, wanneer voor een aanzienlijk aantal kinderen ernstige moeilijkheden ontstaan bij een definitieve of tijdelijke overgang naar een andere onderwijstaal, wanneer een anderstalig cultuurleven (ten bate van een economisch sterkere klasse) kastevorming in de hand werkt en bijdraagt tot de culturele verarming van de andere bevolkingslagen, wanneer aan belangrijke kolonies inwijkelingen elk eigentalig cultuurleven ontzegd wordt en de overheid voor dit cultuurleven geen middelen ter beschikking stelt.

WERKTALEN

Het is noodzakelijk de zwakkeren middelen te verschaffen in de strijd tegen discriminatie, vereenzaming, taalkundige machteloosheid. Een instrument is onder meer een werktaal van internationale bruikbaarheid.

Over de noodzaak van zulk een instrument zijn velen het eens. De moeilijkheid ontstaat pas bij de keuze. Dient de voorkeur gegeven te worden aan een kunstmatige taal, zoals het esperanto, of aan een secundaire, niet te moeilijke taal, zoals het Italiaans dat in onze tijd vrij is van imperialistische gevoelsassociaties, of is het beter een taal te kiezen, die reeds op weg is de belangrijkste taal te worden, zowel in de westerse als in de derde wereld, nl. het Engels?

Vele individuen zijn bereid eender welke taal te aanvaarden, als zij het voorwerp uitmaakt van een breed akkoord tussen zoveel mogelijk staten. Allen zijn bereid van een bepaalde leeftijd af zo een taal als verplicht leervak te aanvaarden. Deze idee is vooral aanlokkelijk voor de leden van kleine taalgroepen die nu verplicht zijn, drie, vier of meer talen te leren.

Het is waarschijnlijk dat de tegenstand van bepaalde instanties, vooral politieke, groot zal zijn en dat deze idee nog lang zal behoren tot het rijk der luchtkastelen. De gevaren zijn echter minder groot, zoals de taaltoestanden in Oostenrijk het bewijzen.[116] Een dergelijke overeenkomst zou volgens velen bijna zeker voor gevolg hebben dat alle niet zuiver letterkundige publicaties bijna onmiddellijk in deze taal zouden verschijnen.[117] Een dergelijke omwenteling zou mettertijd de nationalistische politiek van bepaalde leiders zoniet zinledig maken, dan toch erg belemmeren. De hele mythe één taal, één gedachtegoed, één cultuurpatrimonium, één volk, één staat zou in versneld tempo in elkaar zakken. Het is echter een gevaarlijke illusie te geloven dat de invoering van een internationale werktaal alle problemen als bij toverslag zou oplossen.

Het is duidelijk dat het aanvaarden van een internationaal werkinstrument heel wat verder gaat dan de tot nu toe voorgehouden noodzaak vreemde talen te leren. Dit laatste was immers steeds weer aanleiding tot de bekende netelige situatie: 'Wie dringt zijn moedertaal op?' of 'Wie heeft het taalkundig overwicht?' met al de daaraan verbonden politiek exploiteerbare irritaties, wrevels en ongemakken. Wil men het internationale leven – en dit is het leven van de toekomst – niet maken tot het voorrecht van de welstellenden, van de over dure en ingewikkelde vertaaldiensten beschikkende politieke en economische machten, van de meertalige 'high life', kasten en maffia's, dan zal men om menselijke en vooral sociale redenen aan de gewone sterveling een wapen moeten geven, dat hem toelaat in deze nieuwe wereld zijn man te staan. Op dit ogenblik is meertaligheid en de daarmee verbonden communicatiemogelijkheden het voorrecht van de superintelligenten en de superrijken. Deze laatsten kunnen zich simultane vertaling permitteren.

Hoe wenselijk dit alles lijkt, toch mag men deze conclusie als haast niet te verwezenlijken beschouwen. Ze stuit op de bedekte weerstand van al diegenen voor wie de verscheidenheid van taal een onmisbaar hulpmiddel is om een orde in stand te houden die gebouwd is op en geconditioneerd wordt door de internationale wanorde van soevereine staten die hun macht afbakenen op basis van talen en taalverscheidenheid.

ERNEST GELLNER EN BENEDICT ANDERSON[118]

Eugen Lemberg maakt in zijn reeds geciteerde boek uit 1964 *Nationalismus II, Soziologie und politische Pädagogik* op p.60-61 het onderscheid tussen drie criteria voor natievorming *(Kriterien für Grossgruppenbildung):* het dynastische, het religieuze en het filologische, en heeft het over hun uitwisselbaarheid *(Austauschbarkeit).* Volgens Eugen Lemberg zijn het de politieke leiders die de taal als criterium hebben gepropageerd. Het zijn de politici die '... *unter dem Einfluss des in West-und Mitteleuropa herangereiften philologischen Nationbegriffes die sprachliche Einheit über alle religiöse Unterschiede hinweg als Grundlage eines moderneren Volksbegriffes propagierten. De opkomst van burgerlijke bevolkingslagen heeft er – o.a. in de Nederlanden, Böhmen, Polen en Hongarije – voor gezorgd dat het dynastisch-territoriale natiebegrip verdrongen werd door een volks-linguïstisch begrip.*'

In zijn bekende *Nations and Nationalism* uit 1983 toont Ernest Gellner hoe vooral vanaf het congres van Wenen in 1815 de taal een rol begon te spelen bij de machtsverdeling tussen de mogendheden. Het dynastische was niet meer determinerend. Nationalisme was voor hem een beginsel dat gehanteerd werd door de groten der aarde. '*Nationalism is primarly a political principle which holds that the political and the national unit should be congruent*'. In zijn minder bekende laatste boek *(Nationalism,* Phoenix, London, 1997) blijft Gellner bij zijn mening maar ziet de nationale entiteit hoofdzakelijk als een culturele entiteit, niet zozeer als een taalgemeenschap. '*Nationalism is a political principle which maintains that similarities of culture is the basic social bound.*' (p.3) Op p.1 schrijft hij wat voor hem een cultuur is: '*a shared style of expressions in words, facial expression, body language, style of clothing, preparation and consumption of food, and so forth... cultural diversity is one of the central features of human life.'* Volgens Gellner hebben industrialisering en verlichting de wereld niet één gemaakt, ze hebben wel de creatie van grotere staatkundige entiteiten in de hand gewerkt. (p.33) Ernest Gellner geeft geen definitie van de nationalistische politieke bedrijvigheid. Het nationalistische gedachtegoed wordt door hem niet beschreven, niet afgebakend.

Zoals bij Ernest Gellner gaat ook bij Benedict Anderson (*Imagined communities,* 1983, revised edition Verso, London-New York, 1991) de aandacht in eerste instantie naar de manier waarop de hedendaagse nationale staten ontstonden. Vooral het samenspel tussen technologie, boekdrukkunst en kapitalisme *(print capitalism)* was volgens Anderson determinerend voor *'the nation building'.*

Benedict Anderson geeft geen definitie van nationalisme, wel van de natie. Een natie bestaat in de verbeelding. Dat we ons verbonden moeten voelen met bepaalde mensen en met andere minder of niet, beelden we ons in. '... *a nation is een imagined political community – and imagined as both inherently limited and sovereign... The most messianic nation do not dream all humans will join their nation.'* (p.7)

Volgens Anderson heeft het *'print capitalism'* voor de nationalisten het bedje gespreid. Hij geeft een begrijpelijke verklaring voor het ontstaan van staten gebouwd op taalnationalisme. Voor het kapitalisme van de boekdrukkunst was het niet doenbaar in alle talen en gewesttalen op een rentabele manier boeken te drukken. Daarom was het nodig te rationaliseren en binnen afgebakende gebieden aan taalassemblage te doen: *'The essential thing is the interplay between fatality, technology and capitalism. In pree-print Europe... the diversity of spoken languages... was so immense, indeed, that had print-capitalism saught to exploit each potential oral vernacular (lokale, gewestelijke) market, it would have remained a capitalism of petty proportion. But these varied idiolects were capable of being assembled, within definite limits,...'* (p.43)

Benedict Anderson schrijft dat het voorbereidend werk verricht door 'de kapitalisten van de boekdrukkunst' op een Machiavellistische wijze kon worden geëxploiteerd door politieke agitatoren. *'It remains only to emphasize that in their origins, the fixing of print-languages and the differentiations of status between themselves were largely unselfconscious processes resulting from the explosive interaction between capitalism, technology and human linguistic diversity. But as with so much else in the history of nationalism once "there", they could become formal models to be imitated, and, where expedient, consciously exploited in a Machiavellian spirit.'* (p.45)

In tegenstelling tot Gellner heeft Anderson het uitgebreid over het *official nationalism*, het staatsnationalisme, het nationalisme dat zich manifesteert na het verwezenlijken van de congruentie. Heel even spreekt hij ook over het nationalisme van staten zoals Zwitserland, waar de linguïstische en culturele congruentie niet bestaat en niet wordt nagestreefd. Ook muticulturele staten zoals Canada, Zuid-Afrika, België kunnen zich zeer nationalistisch opstellen. Deze mogelijkheid past niet in het denkkader van Gellner.

Benedict Anderson vraagt zich af waarom conflicten tussen naties vaak zo gruwelijk zijn. *'Voor de gewone man is de natie integer, zuiver, niet hebzuchtig. Daarvoor kan men zijn leven geven, niet voor de Labour Party of zelfs Amnesty International, want dit zijn organisaties waarbij men kan aansluiten en die men kan verlaten. Het vaderland kan men niet kiezen. Just for that reason, it can ask for sacrifice'* (*Imagined communities*, p.144) *'Dying for one's country... assumes a moral grandeur which dying for the Labour Party, the American Medical Association, or perhaps even Amnesty International can not rival, for these are all bodies one can join or leave. The revolution is also something fundamentally pure?'* Volgens Anderson kan *'the political love'* worden begrepen *'from the ways languages describe objects of this love'*: vaderland, moederland, eigen thuis, waarmee mensen van nature verbonden zijn *(naturally tied)* en die ze niet kunnen kiezen *(unchosen)*, zoals huidskleur, geslacht, afkomst... *'all those things one can not help.'* De nationalismen slagen erin uiterlijke kenmerken en eigenschappen, die buiten het beslissingsvermogen van de mens liggen, te valoriseren en te sacraliseren.

Bepaalde factoren die in de politiek doorslaggevend zijn, zijn nooit het voorwerp van reflectie en diepgaande discussie. Dit geldt voor de factor taal.

Nadenken en filosoferen over de rol van de taal in het politieke discours (van rechts, van links, van taalannexisten, van taalonderdrukten) blijft nodig. Waarom de taal in het discours die centrale plaats innam en waarom de taal beschouwd wordt als het meest aangewezen criterium voor groepsvorming op bijna alle niveaus, de staatkundige, politieke, administratieve, sociale, culturele, artistieke, sportieve... wordt niet onderzocht. Waarom de taal, en geen andere eveneens belangrijke kenmerken en eigenschappen? Er zijn op te heffen en te conserveren verschillen.

Verschillen en ongelijkheden kunnen in het politieke discours worden voorgesteld als te overwinnen en te overbruggen, maar ook als te conserveren en te valoriseren. Indien verschillen tussen mensen en mensengroepen worden voorgesteld, als niet op te heffen, maar als te behouden en in stand te houden, dan kan dit zijn met het doel een groep te vormen, hem af te bakenen en een tijdelijke of permanente macht te construeren. Vele verschillen worden echter in het politieke discours voorgesteld als te overbruggen en op te heffen. In dit geval worden deze verschillen vaak gepresenteerd als criteria voor tijdelijke machtsvorming om de opheffing van de ongelijkheid en het onrecht te bespoedigen. Dit is het geval voor sociaal-economische verschillen, verschillen tussen klassen, beroepsgroepen, mannen en vrouwen, binnen- en buitenlanders, geïntegreerden en vereenzaamden, ongelijkheden inzake toegang tot de culturele en natuurlijke rijkdommen, tot de communicatiemiddelen... Burgers, arbeiders, vrouwen, boeren, uitgebuiten worden opgeroepen (tijdelijk?) een macht te vormen om de ongelijkheden waaronder ze lijden, ongedaan te maken. Eens het doel bereikt verliest de machtsvorming haar nut. In principe althans.

Andere verschillen die eveneens kunnen leiden tot noodlottige spanningen, worden niet voorgesteld als te overbruggen en op te heffen, maar integendeel als te behouden, te verheerlijken en zelfs te sacraliseren. Deze verschillen worden niet beschouwd als tijdelijke hinderpalen voor samenwerking, maar als redenen om te scheiden, als criteria voor definitieve afzonderlijke machtsvorming, machtsafbakening en staatsvorming. Dit is vaak het geval met linguïstische, godsdienstige, geopolitieke (eilanden) verschillen. Vooral de factor taal speelt sinds de 18de eeuw een grote rol. In ex-Joegoslavië en Noord-Ierland is de religie determinerend en niet de taal. In landen als Zwitserland, Zuid-Afrika en in de Europese Unie is de taal niet het criterium voor de vorming van structuren en substructuren. In de economische en wetenschappelijke wereld speelt de taal bijna geen rol meer. Er zijn geen ééntalige congressen voor cardiologen. Alles hangt af van het discours. In het hoofdstuk 'Het succes van het nationalistische denken' zocht ik een verklaring voor de voorliefde van de instigatoren voor de factor taal.

WOORDGEBRUIK: EEN VOORBEELD

In 'De constructie van grenzen in het discours: een doordeweeks editoriaal' uit *De Standaard* van 6 februari 1998, analyseert Jan Blommaert een stuk van Dirk Achten, hoofdredacteur, getiteld 'Een moeilijk gesprek'. Jan Blommaert vergelijkt het woordgebruik als het over Vlamingen gaat met de formuleringen die betrekking hebben op de Franstaligen. *'De Franstalige pers staat in rep en roer. De Vlaamse minister, Leo Peeters, produceert gestaag en systematisch circulaires die voor de Franstaligen in de faciliteitengemeenten overduidelijk zijn... In Vlaanderen zorgt dit verhaal nauwelijks voor opwinding...'* Blommaert stelt 16 uitspraken die Vlamingen in een goed daglicht plaatsen tegenover 10 die minder gunstig zijn voor de Franstaligen. Uit de analyse blijkt dat, volgens Achten, de Vlamingen doortastend, kordaat, duidelijk, rechtlijnig, redelijk, bezadigd en kalm zijn. Aan de Franstaligen daarentegen wordt onredelijkheid, heftigheid en bemoeizucht toegeschreven. Over de Waalse economie wordt nog terloops gezegd dat ze sukkelend is en onder PS-hegemonie staat. (uit *Racisme: een element in het conflict tussen Vlamingen en Franstaligen*, EPO, 2600 Berchem, 1998, p.30 tot 38

SOORTEN RELATIES TUSSEN STATEN

Velen hebben gestreden voor vrede, samenwerking, internationale rechtsorde. Ze hebben gepleit, geschreven, betoogd. Ze behoorden tot verschillende denkrichtingen: christenen, humanisten, socialisten, marxisten, aanhangers van Proudhon en Bakoenin, anarchisten, pacifisten, adepten van het lijdzame verzet, eenzame denkers, gezagdragers, wetenschapsmensen, polemologen, federalisten, wereldburgers... Hun stellingen worden belicht in ontelbare publicaties, ook nog vandaag.[119] Een eerste groep gelooft in de mogelijkheden van goed onderhouden diplomatieke betrekkingen, vredesverdragen en nietaanvalspacten. Vele pacifisten geloven in het nut van partiële, eenzijdige en niet gecontroleerde ontwapeningen, in het verbod van bepaalde vernietigingstuigen en het behoud van minder doeltreffende, maar wel massaal aanwendbare conventionele wapens. Ze vinden het nodig 'elkaar beter te leren kennen', elkaars taal te spreken en internationale ontmoetingen te organiseren.

In de debatten met pacifisten, die alle heil verwachten van het wegnemen van atoomwapens, moest erop worden gewezen dat een oorlog met conventionele wapens, zelfs met knotsen, zeisen en rieken, niet minder afschuwelijk was. Voor vele linkse pacifisten volstond het bepaalde wapens te vernietigen of te verwijderen. Dat er ook nog behoefte was aan bovennationale rechtsorde, zo mogelijk beschikkend over een bovennationale politiemacht, kwam bij de meesten niet op. Ze vonden niet dat het nodig was debatten te wijden aan de nationale soevereiniteitsidee en aan het nationalisme.

Anderen, behorend tot de tweede groep, stellen zich niet tevreden met het bezweren van de oorlog. Voor hen volstaat het niet te ijveren voor vreedzame coëxistentie. Ze zijn voorstander van positieve samenwerking tussen volkeren en staten op economisch, wetenschappelijk, militair gebied, inzake buitenlandse politiek en ontwikkelingssamenwerking. Zij verheugen zich over het totstandkomen van verdragen en akkoorden over posttarieven, transportreglementen, luchtverkeer, dubbel belaste inkomsten, hereniging van gezinnen. Ze stellen hoop in intergouvernementele onderhandelingen, in internationaal overleg en ruggespraak, in ministeriële conferenties ter voorbereiding van regeringsconferenties, expertencommissies, in de reislust van ministers en in rechtstreekse telefoonverbindingen tussen hoofdsteden en kanselarijen.

Een derde groep stelt geen vertrouwen in de vriendschapsbezoeken van staatshoofden en evenmin in conventies en verdragen betreffende tijdelijke of eeuwige, algehele of gedeeltelijke samenwerking tussen soevereine staten. Publicisten als Emery Reves, Altiero Spinelli, Alexandre Marc, Raymond Rifflet, Georges Goriély, Mario Albertini, Denis de Rougemont, Hendrik Brugmans en anderen geloven niet in de 'good will' van staten en naties. Ze tonen aan dat de enige daad van goede trouw bestaat in daadwerkelijke afstand van nationale soevereiniteit. Ze geloven dat het nationalisme der volkeren wel zal wegkwijnen zodra de staten op mondiaal, en voorlopig op Europees niveau, afstand gedaan hebben van soevereiniteit en bevoegdheden overdragen aan bovennationale democratische organen bestaande uit een Parlement, een Hoog Gerechtshof en een uitvoerende macht. Ze hebben het dan over de oprichting van een bestel waarvan de burgers de eerste rechtssubjecten zijn en de lid- of deelstaten slechts in tweede instantie. Deze bovennationale staatkundige structuur moet niet beschikken over alle bevoegdheden, wel over een grondwettelijk limitatief vastgelegd aantal werkelijke bevoegdheden, maar ook over 'de bevoegdheid inzake bevoegdheid' *(la compétence des compétences).* Ze hechten veel belang aan het institutionele kader, aan de reorganisatie en supranationalisering van de openbare macht en aan de internationalisering van de democratie. Ze vertrouwen erop dat de openbare mening – als door de structuren gestuwd en geconditioneerd – zich zal aanpassen aan de nieuwe staatkundige werkelijkheid. Ze rekenen erop dat de burgers nieuwe criteria van politieke keuze, groepsvorming en solidariteit zullen aanvaarden. (Deze Europese publicisten en activisten bemerken niet dat België over al deze democratische instellingen beschikt en de nationalismen het er toch halen. Zij geloven te zeer in de macht van de structuren en in de dialectiek die zij teweegbrengen.) Ze gaan van de veronderstelling uit dat de supranationale parlementaire instellingen spoedig zullen leiden tot de vorming van partijen, vakbonden, drukkingsgroepen[120] op supranationaal niveau, machtig en stevig genoeg om nationalistische en centrifugale krachten het hoofd te bieden en te bedwingen. Deze moeten invloedrijk genoeg zijn om de volkeren gevoelens van loyaliteit in te boezemen t.o.v. de nieuwe instellingen en gezagdragers. Van transnationale Europese partijen wordt verwacht dat zij door hun samenstelling en structuren zullen verplicht zijn te denken in Europese en niet langer in nationale termen.

Political scientists spreken over 'a shifting of loyalties'. Door een verschuiving in de waardebelevingen doet zich een verschuiving voor in de machtsuitoefening. De politieke aanspoorder die voorheen mensen kon bewegen door te verwijzen naar 'het belang van de eigen natie', moet nu verwijzen naar het algemeen belang van de bovennationale federatie. Als er geen bovennationale loyaliteit groeit zal het voor de bovennationale politieke instigator moeilijker zijn zijn wil door te zetten.

Redenen tot pessimisme i.v.m. de Europese éénwording zijn te vinden in het feit dat de politieke families en de vakbonden er niet in slagen en er wellicht ook niet verbeten naar streven zich Europees te structureren. (Uitzondering vormen wellicht de rechtse nationalistische partijen als de FPÖ van Jörg Haider, het Vlaams Blok en de Lega Nord. Eind juli 2002 was er in Oostenrijk een ontmoeting tussen Haider, Filip Dewinter en een Europees parlementslid van de Lega Nord over Europese samenwerking en lijstvorming voor 2009. De secretaris-generaal van de FPÖ, Sichrovsky, verklaarde op 29 juli in een televisie-interview van ZIB2 dat zijn partij wel wou praten met het Vlaams Blok, maar nog niet samenwerken. Eerst moest het Blok zijn politiek veranderen. Hij geloofde in het nut van gesprekken en wees erop dat ook extreem linkse krachten tot betere inzichten waren gekomen en zich hadden laten opslorpen door meer gematigde partijen, zoals dit het geval was voor de Franse communisten.)

(In België daarentegen wordt de desintegratie en confederalisering van het land voorbereid door de opsplitsing van de partijen, de universiteiten van Leuven en Brussel, de orde van advocaten, bepaalde kloostergemeenschappen, de Vereniging van Belgische Steden en gemeenten,... De Vakbonden en Landsbonden van ziekenfondsen bieden nog weerstand.)

Geloven Europese en andere federalisten werkelijk dat het

volstaat op een goede morgen de burgers van verschillende landen naar de stembus te roepen voor supranationale of federale rechtstreekse verkiezingen en een federale feestdag af te kondigen om iedereen dadelijk te wapenen tegen de simplismen en verleidingen van het nationale denken? Dient het opvoedende werk niet voorafgaandelijk verricht te worden? Is de uitroeping van de federatie niet slechts een bekroning? De psychologische voorbereiding op de oprichting van een supranationale democratie moet zorgvuldig gebeuren. Ze moet grondiger, diepgaander, redelijker en algemener zijn dan in het geval van traditionele nationale staatsvorming, omdat hier geen beroep kan gedaan worden op de nationalistische denktechniek. Wordt deze techniek toch gebruikt, dan streeft men naar een nieuw nationalisme – een gevaar waartegen men zich moet wapenen – en voorziet men de nieuwe staatsstructuur van een politieke idee die wel toelaat de strijd aan te gaan tegen andere nationalismen, maar niet tegen het nationalistische verschijnsel zelf, noch in de wereld, noch binnen de eigen grenzen. De voorbereiding van een dergelijke revolutie moet het werk zijn van duizenden die zich gedragen als wereldburgers of burgers 'avant la lettre' van de federatie. Liefst moet deze voorbereiding voor een deel bestaan uit een alles doordringend maatschappelijk debat (of politieke rel), dat de burgers dwingt tot bezinning en bewuste keuze (liefst in een referendum). Wie deze revolutie in de geesten voorbereidt, is een federalist en tegenstander van de confederalisten die het zelfbeschikkingsrecht van de deelgebieden niet willen aantasten.

De taak van federalisten is bijzonder zwaar. Een democratische staatsstructuur – en dit geldt evenzeer voor een federale structuur – berust op twee steunpilaren: de openbare macht (in tegenstelling tot de geheime machten) en de openbare mening (in tegenstelling tot de niet openbaar geformuleerde meningen en de meningen, die niet aan bod komen). Wie zich bezighoudt met de vorming van de publieke opinie, doet slechts voor een gedeelte aan politiek. Wie alle vertrouwen stelt in de verovering van het machtsapparaat, maar de openbare opinie verwaarloost of veracht, doet aan politiek, maar is geen democraat. Hij ageert via 'pressure groups', die het openbare debat vermijden, of bewijst, door de gebruikte propagandamiddelen, dat hij zijn medemensen misprijst. Federalisten, die ijveren voor vrede, samenwerking, vooruitgang en de strijd aanbinden met de nationalismen, moeten zich bezighouden met de openbare macht en tevens met de openbare opinie. Als ware democraten moeten zij hun medemensen lerend leiden. Vele hedendaagse politici doen dit niet. Van hen zegt Paul Valéry, dat ze meesters zijn in de kunst *'d'empêcher les gens de ce mêler de ce qui les regarde'*.

(Opvallend is dat zowel de beslissingen die leiden tot de desintegratie van België als deze die leiden tot de integratie van Europa getroffen worden zonder dat de burgers door politieke partijen uitdrukkelijk gevraagd worden zich over deze soort belangrijke (institutionele) beslissingen uit te spreken. Voelden de politici in beide gevallen dat ze hier de democratie haar gang niet mochten laten gaan en dat ze deze fundamentele beslissingen moesten overlaten aan de dictatuur van de diplomatieke besluitvorming? Waren de vragen gesteld, zouden de Europese en Belgische openbare meningen de processen hebben bespoedigd of afgeremd? Is het niet gevaarlijk fundamentele staatshervormingen door te voeren zonder een educatieve begeleiding, zonder de bevolking er intens, d.m.v. een referendum, bij te betrekken? Kan een verschuiving in de loyaliteiten plaatshebben en duurzaam zijn zonder bewustwording, alleen door de invoering van een gemeenschappelijke munt?)

STRATEGIEËN EN HET BEGRIP DEELSTAAT

Het is niet nodig uit te weiden over de verschillende aspecten van het staatkundige of supranationale federalisme dat zich onderscheidt van het zogenaamde integrale federalisme. Ook heeft het weinig zin hier diep in te gaan op de discussies tussen federalisten betreffende de oprichtingsprocedure. De enen beweren, dat een federatie moet ontstaan op basis van een federale grondwet, opgesteld door een grondwetgevende vergadering, verkozen bij algemene rechtstreekse en geheime verkiezingen, d.w.z. rechtstreeks door het volk van de federatie. Het ontwerp van grondwet moet dan liefst ook nog worden goedgekeurd door het federale volk in een algemeen referendum. Andere federalisten daarentegen zijn van oordeel dat het volstaat zulk een grondwet te laten opstellen in diplomatieke onderhandelingen tussen de vertegenwoordigers van de nationale staten. De federale grondwet neemt dan de vorm aan van een federaal pact.

Melding dient gemaakt van de meningsverschillen tussen constitutionalisten en functionalisten. De eersten houden staande dat de Europese federatie slechts tot stand kan komen door de wil van de burgers die op grondwetgevende manier de instrumenten in het leven roepen om de integratie te verwezenlijken en hindernissen uit de weg te ruimen. De anderen beweren dat de soevereine federale instellingen slechts de bekroning kunnen zijn van een aantal voorafgaande functionele deelintegraties: de Europese Gemeenschap van Kolen en Staal, Euratom, de Europese Economische Gemeenschap, instellingen die alle bijdragen tot een geleidelijke afbraak van de kunstmatige hindernissen die het vrije verkeer van goederen, kapitalen en personen in de weg staan, en moeten leiden naar een douane-unie en naar harmonisatie en eenheid van beleid in bepaalde sectoren van de economie.

In hooglopende discussies over de te volgen weg hebben Europese en andere federalisten hun bewegingen verbrokkeld. 'Kon men vertrouwen schenken aan nationale regeringen?' De Franse federalist en publicist Alexandre Marc placht te zeggen dat men zich in het Europese integratieproces illusies maakte en ervan uitging dat remmen (de nationale regeringen) motoren konden worden. Na de val van het plan tot oprichting van een Europese Verdedigingsgemeenschap op 30 augustus 1954 in de Franse Assemblée Nationale meenden vele Europese federalisten dat ze zich in hun actie tegen de nationale regeringen moesten keren? De regeringen waren burchten van weerstand tegen de eenmaking. Men moest de Europese bevolking warm maken door propaganda, voordrachten, opiniepeilingen, campagnes, vrije en symbolische Europese verkiezingen. Verkiezingen voor het congres van het Europese Volk hadden plaats in meerdere steden o.a. Antwerpen en Oostende.[121]

Over de uiteindelijke doeleinden waren Europese federalisten het eens: een federatie zoals de USA of Zwitserland. Ze waren voor een democratisch en gedecentraliseerd Europa. In federaties gaat de macht uit van de basis en niet van de top. De kleine gemeenschappen, de gemeenten, steden, provincies, kantons, Länder behouden alle bevoegdheden en slechts die bevoegdheden worden overgedragen aan hogere nationale of supranationale federale instanties die in het belang van allen beter behandeld worden op hogere niveaus. Bij bevoegdheidsconflicten beslist het hoogste niveau, dat echter door zijn tweekamerstelsel – een kamer is rechtstreeks verkozen door het federale volk, de andere bestaat uit de vertegenwoordigers van de deelstaten of deelgebieden – voldoende waarborgen biedt aan de op hun autonomie gestelde deelgebieden.

Over de grondbeginselen van een federale structuur was de eensgezindheid onder federalisten groot. Waarover wel discussie ontstond was het begrip deelstaat. Het ging dan vooral over de dimensies en de grenzen van de ideale deelstaat. Moesten de grenzen van een deelstaat samenvallen met de grenzen van een etnie, een taalgroep, een economische entiteit (een attractiepool), een religieuze gemeenschap, met natuurlijke grenzen, met historische grenzen? Het thema was aanleiding tot heftige debatten.

In de loop van integratie- en federaliseringsprocessen werd over het probleem niet gediscussieerd. De voorheen bestaande onafhankelijke staten, met hun historische grenzen, werden aanvaard als deelstaten van de nieuwe staatkundige structuur. De vroegere soevereine staat kon als deelstaat in de federatie worden opgenomen, als hij maar in voldoende mate afstand deed van soevereiniteit. Afstand van soevereiniteit volstaat inderdaad wanneer de deelstaten voldoende in aantal zijn, geen enkele deelstaat een absoluut overwicht uitoefent en de politieke leiders en hun aanhangers besloten hebben het federaal belang te stellen boven het belang van de deelstaat. De afstand van soevereiniteit ten gunste van de federatie volstaat, wanneer de afmetingen en grenzen van de deelstaten door de burgers 'bij nader inzien' beschouwd worden als producten van historische omstandigheden en het toeval en niet als door God of de natuur gewilde werkelijkheden, – met de daaraan verbonden impliciete plichten en historische opdrachten.

Prof. Georges Goriély, die aan dit probleem artikels wijdde, maakte een onderscheid tussen federaties bestaande uit gefedereerde soevereine staten, federaties van linguïstisch-etnische groepen en federaties waarvan de deelstaten, Länder, kantons of provincies enigszins willekeurig afgebakend zijn. Goriély's voorkeur ging naar de laatste groep deelgebieden. Deze moeten echter groot genoeg zijn om economisch leefbaar te zijn en een autonoom beleid toe te laten en klein genoeg om de afstand tussen de geadministreerden en de overheid niet te groot te maken. Ze moeten dus overzichtelijk zijn en vormen van directe democratie moeten er kunnen bloeien. Deze mening werd in zekere zin gedeeld door Denis de Rougemont die het had over *'des espaces de participation civique'*. Denis de Rougemont meende dat bij de indeling van de samenleving het kon volstaan te denken aan de behoefte van de mens te participeren aan het publieke leven.[122]

Velen, die aan dit vaak heftige debat deelnemen, noemen het voorbarig of verdedigen de stelling, dat in een lange overgangsperiode de voorheen bestaande soevereine staten, omgevormd tot deelstaten, de bestanddelen van de Europese federatie zullen vormen. Zij menen dat het, ondanks te verwachten psychologische moeilijkheden, mogelijk moet zijn de Länder van de Duitse Bondsrepubliek uit te roepen tot deelstaten van een Europese federatie. Ze zijn nu reeds deelstaten van een bondsstaat. Duitsland zal in een Europese federatie in grotere mate verdwijnen dan de andere staten. Deze federalisten vrezen wel dat het moeilijk zal zijn unitaire staten als Frankrijk, Nederland en Italië uit elkaar te breken in administratieve entiteiten die ongeveer overeenstemmen met Duitse Länder.

Sommigen vrezen dat uit al te grote ongelijkheid een streven naar hegemonie ten nadele van de kleinere deelgebieden zal voortspruiten. Anderen vertrouwen op het federaal tweekamerstelsel dat in een senaat of hogerhuis een gelijk aantal zetels toekent aan elke deelstaat, groot of klein.

De voorstanders van de etnische-linguïstische indeling geven blijk van groter optimisme en zeggen dat de Basken, de Bretoenen, de Vlamingen, de Friezen, de inwoners van Beieren en Tirool niets beter wensen dan over te gaan tot de oprichting van semi-autonome deelstaten in federale rechtskaders. Hoe de andere miljoenen Frans-, Duits-, Italiaans-, en Nederlandssprekenden op het platteland en in de moderne grootsteden ingedeeld worden, zal hun een zorg zijn. Men kan terzake willekeurig te werk gaan en de bevolking indelen rekening houdend met bestaande administratieve grenzen. Men kan etnieën uitvinden of opdelven uit vervlogen tijden. De beslissers kunnen verwijzen naar dialecten, natuurlijke grenzen, economische polarisatiecentra, naar historische gegevens. Het gaat om een probleem dat in de praktijk zeer moeilijk op te lossen is en de passies hoog kan doen oplaaien. Wie behoort bij wie? Wie moet met wie solidair zijn? Dit zijn cruciale vragen. Ze hebben te maken met politiek, omdat ze te maken hebben met gemeenschapsvorming. (Sommigen wekken de indruk dat alleen vragen die gericht zijn op de beïnvloeding van het gemeenschapsbeleid politieke vragen zijn.)

Ondertussen hebben vooral rechtse en nationalistische bewegingen beslag gelegd op de idee van een Europa van etnieën of vaderlanden. Een voorloper was Professor Guy Héraud van de universiteit van Straatsburg en auteur van *L'Europe des ethnies*. Guy Héraud, lid van de Europese federalistische beweging, dacht dat de twisten binnen Europa zouden luwen als alle volksgemeenschappen binnen zuiver afgebakende grenzen zouden beschikken over voldoende autonomie. Dat aan de zuivere afbakening heel wat strijd zou voorafgaan en dat, eens de afbakening voltrokken was, men zou te doen hebben met entiteiten die gemakkelijker met nationalistische gevoelens te laden waren dan de 'kunstmatige staten' werd door Héraud niet in ogenschouw genomen.

Het is niet verwonderlijk dat deze visie op de toekomst van Europa werd hernomen door partijen als le Front National van Jean-Marie le Pen, het Vlaams Blok e.a. die vluchtelingen en asielzoekers willen buiten houden. Ook politici als Luc Van den Brande delen in zekere zin deze visie op Europa, maar spreken dan over een Europa van regio's. Of een Europa van meer dan 100 regio's, alle potentiële vaderlanden, gehecht aan hun zelfbeschikkingsrecht, gemakkelijker democratisch te besturen zal zijn dan een Europa van 15 of 25 lidstaten is nog zeer de vraag.

Het gaat hier om vragen die in België centraal staan. Het Brussels Hoofdstedelijk Gewest is te zien als een regio in de zin van Goriély en de Rougemont. De Vlaamse en de Franstalige Gemeenschappen beantwoorden meer aan de criteria van de voorstanders van het Europa der vaderlanden, *L'Europe des patries*. Een federale staat, hoofdzakelijk bestaande uit taal- en cultuurhomogene deelgebieden (Joegoslavië, België), is minder opgewassen tegen de macht van middelpuntvliedende nationalismen dan een federatie samengesteld uit regio's waarvan sommige meertalig zijn en waarvan geen enkel gewest samenvalt met een linguïstisch of religieus homogeen gebied (Zwitserland, het nieuwe Zuid-Afrika). In België werd 'la Belgique de papa' onder nationalistische druk 'une Belgique de patries'.

EEN DOSIS NATIONALISME VERDRAGEN

Het probleem van de dimensies, o.a. van de deelgebieden, staat centraal. Afbakeningen en benamingen houden impliciet boodschappen in. *'Hier hoort u niet thuis. Hier zijn bepaalde mensen ongewenst, – tenzij voor een kort verblijf. Hier bent u tweederangsburger.'*

Wanneer afbakeningen en indelingen verband houden met van de menselijke wil onafhankelijke kenmerken rijst er een probleem. Het trekken van grenzen kan dan duiden op het bestaan van gevoelens van onverdraagzaamheid, onverschilligheid of superioriteit ten overstaan van anderen. Dan is er geen sprake van federalisme, maar wel van institutionalisering van nationalismen. Dit is het geval wanneer afbakeningen expliciet of impliciet leiden tot uitsluiting en discriminaties. De Vlaamse zorgverzekering hield vooral in het Brusselse een discriminatie in.[123]

In dit geval wordt het nationalisme niet geïnstitutionaliseerd in een soevereine natiestaat – met al de gevaren en de broosheid die de internationale wetteloosheid met zich brengt –, maar binnen een federaal bestel, ook al berooft dit bestel het nationalisme van een gedeelte van zijn soevereiniteit en zelfbeschikkingsrecht. De sociologische basis van het nationalisme blijft echter onaangeroerd. De gevaren blijven bestaan. Het nationalisme is er, kan gemobiliseerd, politiek misbruikt en geëxploiteerd worden. Het kan leiden tot discriminaties, tot overheersing van andere deelgebieden, tot secessie, tot burgeroorlog. Als het nationalisme in een deelstaat van een federatie onderhouden wordt, is het moeilijk de burgers te bewegen tot een herziening van hun criteria van appreciatie, keuze en groepsvorming. Het is dan moeilijk middelpuntzoekende krachten te vormen om middelpuntvliedende krachten het hoofd te bieden.

(België verdient in dit verband een bijzondere vermelding. Het Belgische federalisme leidde niet alleen tot een institutionalisering van twee nationalismen, het institutionaliseert en garandeert ook in zijn grondwet – en dit is wellicht een unicum in het publiek recht – soevereine machtsuitoefening door de deelgebieden.)[124]

Denken we aan de problemen in verband met de 'Wiedervereinigung Deutschlands', de Oder-Neisse grens, Zuid-Tirool, Cyprus en aan alle spanningen, die zouden ontstaan als morgen de etnische of linguïstische eenheid en homogeniteit de basis en het doel zou worden voor federale deelstaten en hun afbakening. In de strijd die hierdoor zou ontbranden, zouden velen een uitweg zoeken in een streven naar afscheiding en onafhankelijkheid, wat de federalistische idee op de helling plaatst.

De idee van een federatie van vaderlanden en etnische gemeenschappen moet worden verworpen. Ze is te verwerpen omdat ze niet te verwezenlijken is en omdat ze steunt op de nationalistische denkwijze met haar asociale, onchristelijke, ondemocratische, fasciserende aspecten en derhalve met federalisme en democratie niets te maken heeft.

Dit betekent niet dat er in federale staten geen plaats is voor middelpuntvliedende nationalistische en regionalistische krachten. Deze moeten echter het tegengewicht ondervinden van middelpuntzoekende krachten die geregeld de bovenhand moeten krijgen. Als middelpuntzoekende krachten afwezig zijn of te vaak het onderspit delven is een federatie in gevaar.

NIET TEN DIENSTE VAN NATIONALISMEN

Als we doordringen tot het wezen van het federalisme, dan ontdekken we dat federalisme streeft naar verfijning, verdieping, verrijking en uitbreiding van de democratie en niet naar het tegenovergestelde van dit alles.

Federalisme kan bijdragen tot het behoud van de verscheidenheid, tot de instandhouding van gewestelijke tradities, gewoonten, folklore, karaktertrekken en waardeschalen. Voor velen is dit het doel, het enige doel van het federalisme. Ze herhalen het tot vervelens toe. Ze vergissen zich. Het behoud van de verscheidenheid behoort inderdaad tot de mogelijkheden geboden door federalistische structuren. Het behoud van de verscheidenheid is echter noch het doel, noch de diepere zin van het federalisme. Federalisme staat in dienst van de menselijke persoon, niet in dienst van tradities, grenzen, nationale zendingen of mythen, vooroordelen of wat dan ook. Federalisme stelt zich zeker niet ten dienste van hen die dwepend met de verscheidenheid provincialistische en gevestigde economische en andere belangen en rechten willen zeker stellen. Vandaag wordt openlijk en zakelijk gesproken over nationalistische economische belangen. Het gaat dan om het nationalisme van rijkere gewesten als Baden-Württemberg, Kroatië en Slovenië, Noord-Italië, Vlaanderen...

Federalisme streeft ernaar de problemen dichter bij de mens te brengen en ze te plaatsen op het niveau waar ze het best kunnen worden aangepakt. Dit wil zeggen op het niveau waar de problemen overzichtelijk en oplosbaar worden. Daarom verzet het federalisme zich tegen de alleenheerschappij van een nationale meerderheid die totstandkomt in verafgelegen hoofdsteden, tegen de hyperconcentratie van bevoegdheden, tegen de opeenstapeling van organismen en administraties in alles opslorpende centra.

Federalisme kent zoveel mogelijk middelen en bevoegdheden toe aan ondergeschikte democratische gezagsorganen, niet om lokale tradities, belangen of wat dan ook te eerbiedigen, maar wel om rekening te kunnen houden met de wensen van zoveel mogelijk mensen. Het doel is het creatieve, verantwoordelijke, genuanceerde 'menszijn' kansen te geven en te stellen tegenover het passieve, strakke, totalitaire, ongenuanceerde, onnuttige 'nummer zijn' in moderne staten, administraties, fabrieken.

Wanneer de vrije, verantwoordelijke, participerende mens ervoor pleit of beslist een traditie te eerbiedigen of in eer te herstellen, dan maakt hij gebruik van een mogelijkheid geboden door het democratische federalisme, doch dan doet hij niet wat het federalisme hem uitdrukkelijk of impliciet voorschrijft. Hij kan deze traditie evengoed over boord werpen. Wie het federale democratische spel speelt volgens de regels, zal een politiek vermijden waarvan de subjecten zich door uiterlijke en geografische kenmerken onderscheiden van de andere federale medeburgers en waarvan de objecten en doelstellingen slechts door deze subjecten kunnen worden gewaardeerd. Hij zal binnen de federale staat nationalisme vermijden als de pest. Zie de in dit boek voorgestelde definitie van nationalisme.

De benaming en de indeling van de deelstaten in een federatie mogen liefst geen verband houden met uiterlijke kenmerken. Deze kunnen immers in het nationalistische discours een uitgangspunt vormen en een rol spelen wanneer het nationalisme agressieve vormen aanneemt en mensen zich tegen mensen keren. Uiterlijke kenmerken als taal, gelaatskleur, klederdracht vormen een te simpel uitgangspunt voor de identificatie van de andere.

De benamingen en de indelingen moeten iets willekeurigs inhouden, juist om de algemeen menselijke en federale democratische samenhorigheid te beklemtonen. De grenzen worden willekeurig getrokken, juist om te bewijzen dat hun belang bijkomstig is. Ze worden getrokken omdat administratieve onderverdeling en decentralisatie nu eenmaal nodig zijn. De willekeurigheid – men dient ze ten minste zo te bekijken – van grenzen en van de benaming van deelgebieden benadrukt impliciet dat het vreemde er niet zal worden gediscrimineerd en zeker niet bij wet. Vreemden zullen er geen tweederangsburgers zijn.

Dit betekent niet dat er in België geen behoefte was aan het vastleggen van een taalgrens en aan wetten op het taalgebruik. Een taalgrens was nodig o.a. om rechtszekerheid te verschaffen. De vraag is echter of het nodig was deze taalgrens gaandeweg meerdere functies te laten cumuleren: naast taalgrens, administratieve, partijpolitieke, culturele, economische, infrastructurele, fiscale, sociale grens en grens inzake landbouw, buitenlandse handel, ontwikkelingssamenwerking, administratief toezicht op de gemeenten... Een taalgrens die zoveel functies cumuleert wordt stilaan een staatsgrens.

De lezer wordt uitgenodigd het hier voorgestelde democratische federalisme te vergelijken met het federalisme dat in België van toepassing is en er in hoofdzaak toe strekt de twee nationalismen te institutionaliseren zoveel mogelijk machtsmiddelen te geven en ze ook te 'bevrijden' van mede verantwoordelijkheid, o.a. inzake wapenhandel, gezondheidsbeleid, justitie,...

DERDE DEEL

Artikelen

VLAAMS-NATIONALISTEN TEGEN DE EUROPESE UNIE?

In het politieke discours van Vlaamse nationalisten komen de volgende drie gedachten vaak voor: België is een artificiële staat die moet ophouden te bestaan; de voorstanders van het behoud ervan zijn conservatieve belgicisten; niet België, maar Vlaanderen moet een lidstaat worden van de Europese Unie.

Antwoord op de eerste stelling: Alle staten zijn artificieel en producten van historische accidenten. Geen enkele staat is door de natuur gewild. Stellingen in dit verband zijn van politieke aard en gericht op machtsafbakening door te bepalen wie tot welke gemeenschap behoort en wie zich met wie verbonden moet voelen. De ware reden echter waarom mensen samenhorig en solidair zijn of zouden moeten zijn is omdat ze elkaars lijden en lijdensvermogen kennen en kunnen kennen. Het zijn de culturele en politieke leiders die er hun medemensen van overtuigen dat ze met taal-, religie- en welstandsgenoten meer solidair moeten zijn dan met andere mensen. Hier ligt het onnatuurlijke, het artificiële, het aangeleerde. Kijk naar de houding van nog niet geïndoctrineerde kinderen; vergelijk de houding van vele vrouwen met deze van vele mannen: ze staan afstandelijker t.o.v. politiek gewilde indelingen.[1]

Antwoord op de tweede stelling volgens welke de verdedigers van de 'artificiële' staat België oubollig en reactionair zijn. In alle federale staten bestaat er een spanning tussen middelpuntvliedende en middelpuntzoekende krachten. Overal vindt men die spanning normaal en democratisch gezond. Overal, behalve in België. Alleen in België is men erin geslaagd middelpuntzoekende en verzoeningsgezinde krachten te bestempelen als oubollig en reactionair. Het is wellicht een van de grootste successen van Vlaamse en Waalse nationalisten.

Nu hebben de verzoenende krachten in België ook zelf schuld aan het imago dat ze opgeplakt kregen. Ze verzuimden meestal kenbaar te maken dat het niet ging om het conserveren van een koninkrijk of om het koesteren van nostalgische herinneringen, maar wel om het behoud van een stuk meertalige democratie en multiculturele sociale solidariteit tussen mensen. Het lukten hen niet duidelijk te maken dat België een voorbeeldfunctie te vervullen had en dat een uiteenvallen van deze democratische en multiculturele entiteit een onheilspellend signaal temeer zou zijn voor de Europese Unie, – die vandaag dreigt te evolueren in de richting gewenst door Margaret Thatcher en de facto ook door Jörg Haider en Jean-Marie Le Pen.

Deze Europese en andere vormen van democratische multiculturele samenwerking, o.a. de Belgische, zijn meer en meer onontbeerlijk nu in de industriële en financiële wereld talloze fusies en bovennationale beslissingscentra totstandkomen. Deze kunnen arbeidsplaatsen creëren, maar ook bedrijven opdoeken; denken we maar aan Vilvoorde en Manage. Zelfs de effectenbeurzen fusioneren transnationaal.

Tegenover deze ontwikkelingen staan de democratieën, de partijen en de vakbonden nagenoeg machteloos. Wie beweert dat er in deze situatie geen nood is aan meertalige parlementen, partijen en syndicaten, verdedigt een asociaal en ondemocratisch standpunt. Hoe kunnen de burgers zich weren wanneer ze niet kunnen stemmen voor of tegen politieke partijen, die bekwaam zijn te ageren op het niveau van de problemen, en wanneer ze zulke partijen niet kunnen oprichten.

Derde stelling. Vlaanderen moet, los van België, een lidstaat worden van de EU. Antwoord: Vlaanderen is daarvoor niet te klein. Ook Limburg is daarvoor niet te klein. Waarom niet? Waarom geen EU met 200 lidstaten. Maar ook België kan een volwaardige deelstaat zijn van de Unie. Deelstaten moeten niet cultureel en linguïstisch homogeen zijn, zoals gesteld wordt door rechtse voorstanders van 'L'Europe des régions et des ethnies'. In Zwitserland zijn er meertalige kantons, in Zuid-Afrika zijn alle provincies meertalig.

Fundamenteler. Zal Vlaanderen er in de EU beter voorstaan als het alleen staat? Zullen de andere lidstaten van de EU dulden dat een lidstaat zichzelf opsplitst en zo een precedent schept voor andere lidstaten, waar ook middelpuntvliedende krachten aan het werk zijn? Men zegt van niet.

Nemen we aan dat Vlaanderen onafhankelijkheid en zelfbeschikkingsrecht verwerft, zal het dan aanvaarden dat dit recht onmiddellijk gekortwiekt wordt door de reglementen en richtlijnen van de EU? Zal Vlaanderen een loyale lidstaat zijn of staan op het behoud van de verlammende en ondemocratische unanimiteitsregel en het recht opeisen eveneens over vetorechten te beschikken? Zullen de vertegenwoordigers van Vlaanderen aanvaarden dat de EU verwatert tot een pure vrijhandelszone, waarin niet alleen de bedrijven, maar ook de lidstaten elkaar in een liberale en nationalistische concurrentiestrijd te lijf gaan, onder meer met fiscale, sociale en andere maatregelen?

Dit laatste is te verwachten van een Vlaanderen dat nu reeds opkomt voor fiscale autonomie en voor een eigen sociale zekerheid. Wil Vlaanderen een democratisch Europa met een open Europees parlement (waarin de beslissingen democratisch tot stand komen en dat niet gereduceerd wordt tot een 'parloir')? Zo ja, willen zij dan actief deelnemen aan de werking van dit Europa met zijn meertalige structuren, administraties, politieke fracties en partijen? Of vinden de Vlaamse nationalisten dat de EU het kan stellen zonder efficiënt Europees parlement, zonder meertalige Europese partijen en vakbonden? Menen Vlaams-nationalisten dat de toekomst is aan ééntalige parlementen, ééntalige partijen, ééntalige vakbonden, ééntalige landsbonden van ziekenfondsen? Dit zijn doelen die zij in België nastreven en al voor een deel bereikt hebben.

Als nationalisten op Europees niveau meertalige structuren aanvaarden, waarom zijn ze daar dan in België zo tegen? Of zijn ze in werkelijkheid ook tegen de verwezenlijking van wat beschouwd wordt als het meest hoopgevende staatkundige project aller tijden, de democratische eenmaking van Europa? Dan moeten ze het zeggen, zoals sommigen het overigens doen. Uit deze contradictie moeten ze zich loswerken.

(zoals verschenen in De Morgen van 25 mei 2000)

Nota bene: dit betekent niet dat alle Vlamingen bovennationale en bovenregionale democratische federalisten moeten zijn, maar wel dat ten minste een groter aantal dit moet zijn, permanent of als het nodig is.

SPLITSING VAN DE GEZONDHEIDSZORG VERBREEKT DE SOLIDARITEIT

Het is dringend nodig de argumenten van hen die pleiten voor communautarisering van het gezondheidsbeleid nader te bekijken. Ze verwijzen naar verschillen in mentaliteit, gedragingen, inzichten en politieke intenties tussen Vlamingen en Franstaligen. Ze zijn voor splitsing en communautarisering omdat dit in het voordeel zou zijn van de patiënten.

De zaak is belangrijk omdat de gezondheidszorg en de ziekteverzekering niet zomaar een onderdeel zijn van de Sociale Zekerheid; de splitsing ervan kan leiden tot het uiteenvallen van het hele stelsel en van de Belgische federatie.

Zijn de verschillen waarnaar de voorstanders van de scheiding verwijzen, zo groot, zo onoverbrugbaar? Hebben de Vlaamse specialisten een fundamenteel andere kijk op de echelonnering, de doorverwijzingsprocedure, dan hun Franstalige collega's? Zijn de Waalse omnipractici ertegen? Belangrijker: sinds wanneer zijn verschillen van deze aard redenen om solidariteit te verbreken en het besluitvormingssysteem, de democratie, op te splitsen?

De democratie werd toch uitgedacht omdat de mensen verschillend denken en handelen; indien ze allen hetzelfde zouden willen en doen, was er geen behoefte aan democratie. Dit inzien heeft ook te maken met de zo gewenste nieuwe politieke cultuur. Moest dit soort denken in verband met verschillen tussen mensengroepen een basis vormen voor het politieke denken, kan men onmiddellijk de Europese Unie opdoeken. Het zou goed zijn uit te praten welke verschillen tussen geografisch afbakenbare bevolkingsgroepen de oprichting van nieuwe natiestaten rechtvaardigt.

Sommigen zijn voor splitsing omdat dit een verbetering van het gezondheidsbeleid in Vlaanderen mogelijk zou maken. Als de Vlamingen betere ideeën hebben, mogen de Waalse zieken daar dan niet van profiteren? Moet wat men beter doet of zou willen doen, afscheiding rechtvaardigen? Mocht dit ook maar een grond van waarheid inhouden, hadden de Duitsers en de Nederlanders allang de Europese Unie moeten verlaten. Zij doen veel heel wat beter dan de Portugezen en de Grieken. Hierover nadenken past in het streven naar een nieuwe politieke cultuur. Dit heeft niets te maken met oubollige vaderlandsliefde, dit is toekomstgericht denken voor een wereld die elke dag kleiner wordt en schreeuwt om vrede en solidariteit in multiculturele en meertalige democratie.

'Solidariteit in democratie' is iets anders dan de stelling verdedigd door de voorstanders van de splitsing die een vorm van solidariteit willen behouden, maar dan wel onderworpen aan de regel 'goede rekeningen maken goede vrienden'. Rekeningen tussen bevolkingsgroepen kunnen nooit goede rekeningen zijn, omdat ze altijd aanvechtbaar zijn en om structurele redenen onjuist, maar politiek steeds dramatiseerbaar en exploiteerbaar. Willen wij morgen ook 'goede rekeningen' betreffende geldstromen van Antwerpen naar Limburg en de Westhoek? Verder, wie heeft er belang bij een verarming van buurstreken? Laten we luisteren naar Bea Cantillon als het gaat om transfers.

Solidariteit met het Waalse landsgedeelte na confederalisering van de gezondheidszorg houdt normalerwijze in dat de democratische besluitvorming terzake in het open (federale) parlement vervangen wordt door een diplomatieke besluitvorming in onderhandelingen achter gesloten deuren tussen de gewestregeringen of in interministeriële conferenties en dat de rijkere gemeenschap vanuit een machtspositie telkens kan bepalen hoe solidair ze zal zijn.

Dit alles komt neer op een terugdringen van de parlementaire democratie en is niet te beschouwen als een vooruitgang. Er ontstaat een bijkomend democratisch deficit.

De Belgische ziektekostenregeling met haar verzekeringsstelsel werd aanvaard en gewild door alle partijen, alle vakbonden, alle ziekenfondsen. Het systeem is niet volmaakt, verleidt en zet aan tot misbruiken, o.a. wegens de betaling en terugbetaling per prestatie, per verpleegdag... Al sinds 1974 wordt eraan gesleuteld, onder meer om de kostenexplosie in de klinische biologie tegen te gaan. Reeksen maatregelen werden getroffen, ook door Franstalige ministers, niet zonder resultaat, bijvoorbeeld door Philippe Moureaux in 1993.

Verbeteringen zijn mogelijk. De misbruiken kunnen worden bestreden. Maar ze worden niet bestreden door het verbreken van de solidariteitsbanden met de zieken en de zwakkeren in Wallonië. Zeg dit ten overstaan van Vlaamse mensen en je krijgt applaus. Ook dit heeft te maken met politieke cultuur, eerlijkheid en rechtvaardigheid.

Sommigen spreken van responsabilisering, o.a. van de patiënt door verhoging van de remgelden en de gedeeltelijke afschaffing van het systeem van de derde betaler. Men heeft het ook over de responsabilisering van de artsen, van de ziekenhuizen, van de mutualiteiten. Welke sancties moeten dan door wie worden getroffen? De sanctie van het faillissement? Het verlies van leden? Hoe staat het met de responsabilisering van de artsenfederaties, van de Orde van Geneesheren? Deze is een staat in de staat en een supersyndicaat. Hoe staat het met de responsabilisering van de medische raden in alle Belgische ziekenhuizen? In het verlengde hiervan spreekt men nu ook van de responsabilisering van de Gemeenschappen – niet van de provincies, zoals in de Scandinavische landen – net alsof dit eenvoudig zou zijn.

Zullen de Gemeenschappen de macht van de Orde beknotten en haar vonnissen onderwerpen aan bekrachtiging door de gewone rechtbanken? Zal de communautarisering of 'responsabilisering van de Gemeenschappen' de gezondheidszorg in Vlaanderen kwalitatief verbeteren, socialer, democratischer en goedkoper maken? (De meer conservatieve vleugel van de artsenfederatie bevindt zich in Vlaanderen.) Zal de verbitterde strijd tussen de federale regering en de artsenwoordvoerders ophouden na de communautarisering?

En dan is er nog het probleem Brussel, waarover wordt gezegd dat er dringend moet worden gepraat, maar dat er van regionalisering geen sprake kan zijn.

(zoals verschenen in De Standaard van 7 februari 1997)

Dit opiniestuk kan nog met tal van beschouwingen worden aangevuld. Zo kan worden verwezen naar Professor Herman Deleeck die eraan herinnert dat transfers behoren tot het wezen van de sociale zekerheidsstelsels en dat deze werden opgericht om transfers mogelijk te maken en te systematiseren. Ook was in de discussie te horen dat solidariteit mogelijk was als de jaarlijkse transfer niet hoger lag dan enkele miljarden, doch niet als het om 200 miljard ging. Toen werd aangetoond dat de geldstroom van Vlaanderen naar Wallonië afnam en wellicht in de toekomst niet meer nodig zou zijn, werd door sommigen gesteld dat de communautarisering er in elk geval moest komen om in Vlaanderen een gezondheidsbeleid te kunnen voeren in overeenstemming met de Vlaamse identiteit. Anderen vonden dat Vlaamse solidariteit met Franstalige gepensioneerden wenselijk was omdat de vergrijzing in Vlaanderen vlugger voortschreed en de Vlaamse gepensioneerden wel eens behoefte zouden hebben aan steun uit het zuiden van het land. Een zwak argument. Nog anderen keerden zich tegen de communautarisering door te bewijzen dat de verschillen tussen de gemeenschappen o.a. inzake medische consumptie niet zo groot waren als werd beweerd. Hun pogingen om de verschillen te minimaliseren hadden ongewild als meta-betekenis, dat het toenemen van de verschillen een communautarisering wel zou wettigen. Tegen deze bizarre redeneringen i.v.m. het behoud van de sociale solidariteit werd niet gereageerd. Ook werd nagelaten berekeningen te maken betreffende geldstromen uit Franstalig België naar Vlaamse industrieën, naar de zeehavens, die alle in Vlaanderen liggen, naar de horecasector aan de Vlaams-Belgische kust. Over de talloze moeilijkheden die een communautarisering zouden doen ontstaan in het Brussels gewest werd meestal gezwegen, ook door Norbert De Batselier in zijn boek *In goede Staat.* (VUB Press, Brussel, 1997) Ik verwijs naar mijn bespreking in *Samenleving en politiek* van januari 1998, p.31-39. Niet gezwegen hebben de auteurs van *De Vlaamse Sociale Zekerheid in 101 vragen en antwoorden* (Acco, Leuven, 1997) Volgens Jan Bertels, Danny Pieters, Paul Schaukens en Steven Vansteenkiste moeten de inwoners van het hoofdstedelijk gewest een keuze maken. Hun antwoord op vraag 78, p.175-176: *'Daarom stellen wij voor dat de inwoners van het Hoofdstedelijk Gewest gebonden zouden zijn tot betaling van de volledige bijdragen in het Vlaamse én Franse gemeenschapsstelsel en dit zolang ze geen uitdrukkelijke keuze hebben gemaakt...'* (sic)

Nog een woord over de responsabilisering van de gemeenschappen. Responsabilisering is een ander woord voor machtsuitbreiding. Responsabilisering betekent het dragen van de uiteindelijke verantwoordelijkheid, d.w.z. als er geen hogere instantie bestaat die kan sanctioneren in geval de verantwoordelijkheid niet tevredenstellend gedragen wordt. Deze hogere instantie bestaat in het Belgische coöperatieve federalisme niet. Als de staat niet in de plaats kan treden van een falende gemeenschap is responsabilisering niets anders dan uitbreiding van autonome macht.

Communautarisering of confederalisering van het gezondheidsbeleid betekent normalerwijze dat de solidariteit tussen de personen vervangen wordt door een solidariteit tussen de Gemeenschappen of tussen de Gewesten. Dit wordt gezegd en herhaald. Niemand wil immers beschuldigd worden van gebrek aan solidariteitszin.

Solidariteit tussen deelgebieden is echter niet hetzelfde als solidariteit tussen personen omdat dan de machtsrelatie tussen de deelgebieden de graad van solidariteit kan bepalen. Dit kan ten nadele uitvallen van de zwakkere partner. In een confederale staat zoals België, met zijn zogenaamd coöperatief federalisme, wordt het zelfbeschikkingsrecht van de gebieden grondwettelijk beschermd: geen normenhiërarchie, de regel 'Bundesrecht bricht Landesrecht' bestaat niet in België, de federale wet staat niet boven het decreet of de ordonnantie van het hoofdstedelijk gewest, (behalve wanneer België door het Europees Hof van Justitie veroordeeld wordt omwille van nietnaleving van een Europese richtlijn door een gewest of een gemeenschap), er is geen grondwettelijk hof dat kan sanctioneren indien de in de grondwet vermelde 'federale loyaliteit' niet wordt geëerbiedigd, er bestaat geen instantie die belangenconflicten tussen de deelgebieden kan beslechten (bijvoorbeeld als een gemeenschap maatregelen treft binnen haar bevoegdheid die schadelijk zijn voor de belangen van een andere gemeenschap, maar die wel getroffen worden binnen de toegekende bevoegdheid). Dit betekent dat het voor elk deelgebied mogelijk is elk jaar ongestraft te beslissen in welke mate het solidair wil zijn met de andere deelgebieden. Dit zelfbeschikkingsrecht inzake solidariteit met de anderen wordt door de nationalisten nagestreefd en door de andere partijen als doelstelling niet uitdrukkelijk afgewezen. Nogmaals: confederalisme laat samenwerking tussen de gewesten toe, maar evenzeer eenzijdige weigering en verbreking van de samenwerking en dit in België zonder sanctie. Dit vergeten zij die zich verheugen over sommige bereikte samenwerkingsvormen, o.a. in het Brusselse.

ZUID-AFRIKA EEN TOONBEELD?

'In het nieuwe Zuid-Afrika willen politieke leiders verzoenen en verenigen. Ze komen ervoor uit. In ons land, België, zijn politieke leiders tevreden als ze kunnen aantonen dat ze kunnen scheiden en splitsen.'

Duizenden moesten erbij worden betrokken om miljoenen op een eerlijke en vrije manier te laten deelnemen aan de eerste democratische verkiezingen in Zuid-Afrika. Deelnemen aan deze verkiezingen betekende voor velen een bijdrage leveren tot de totstandkoming van een nieuw Zuid-Afrika.

Duizenden monitoren waren weken druk bezig, niet alleen met het opleiden van voorzitters en assistenten (tien per kieskantoor), maar vooral van de massa, vaak ongeletterde kiezers, die voor het eerst hun stem zouden uitbrengen. Het uitoefenen van het kiesrecht werd massaal ingeoefend in gesimuleerde verkiezingen in fabrieken, boerderijen, op voetbalvelden, in townships en sqatter-camps, waar de armsten der armen huizen. Het resultaat was positief. In de vaak geïmproviseerde kieskantoren gedroegen de kiezers zich voorbeeldig. Bijna ingetogen brachten ze hun stem uit. Het was een grote dag.

In de media, in de kerken, op de meetings van de grootste partijen waren positieve geluiden te horen. Het kwam erop aan samen te bouwen aan het nieuwe, multiculturele, multiraciale, meertalige (11 erkende talen) Zuid-Afrika. Er werd gepleit voor samenwerking en verzoening. F.W. de Klerk en zijn Nationale Partij vroegen openlijk om vergiffenis voor het aangedane onrecht. F.W. de Klerk deed het nog eens in zijn TV-debat van 14 april 1994 met Nelson Mandela. Deze laatste reikte hem, na enkele flinke kritieken, de hand en zei: *'Met deze man wil ik samenwerken.'* Hartverheffende uitspraken.

Blanken weten dat ze offers zullen moeten brengen, dat ze afstand zullen moeten doen van een deel van hun vaak arrogant aandoende welstand. Dit wordt ook verkondigd in de kerken. Leiders van het ANC zeggen en herhalen dat er zal moeten worden gewerkt en gestudeerd: *'Now is the time. Open the doors of learning.'* En dat alles niet onmiddellijk zal veranderen. Vele zwarte kiezers weten dat ze geduld moeten oefenen, maar vragen 'om vredeswille' vlug enkele concrete zichtbare realisaties ten behoeve van de armsten. Sommigen weten hoe de verschillen in huidskleur, taal en cultuur door gefrustreerde politici kunnen worden uitgespeeld, hoe gemakkelijk herkenbare volksgroepen tegen elkaar kunnen worden opgejaagd, hoe geweld geweld uitlokt en kan escaleren.

Vele Zuid-Afrikanen weten hoe belangrijk deze democratische omwenteling is voor Afrika en de wereld. Hoe rampspoedig een mislukking, weten ze eveneens.

Zal Zuid-Afrika, dat eens het verwerpelijkste voorbeeld was van rassendiscriminatie, nu het toonbeeld worden van een multiraciale samenleving die niet totstandkomt zoals in Brazilië door een spontane ontwikkeling, maar door het sluiten van een sociaal contract waarvan de bepalingen zijn neergelegd in een nieuwe grondwet? Wordt dit een triomf voor Jean-Jacques Rousseau en een nederlaag voor de vaders van het Duitse staatsromantisme, volgens welke de grenzen van de etnie en van de volks- en taalgemeenschap moeten samenvallen met deze van de staat? Zullen de Klerk en Mandela hun visie laten zegevieren of zullen uiteindelijk toch autonomisten als Constand Viljoen en Buthelezi de democratische solidariteit tussen zwarten, kleurlingen en blanken verbreken?

Niemand weet hoe dit historisch belangrijk avontuur zal aflopen. Wat zal de politieke werkelijkheid zijn binnen enkele jaren? Wat zal de mensheid hebben geleerd?

Vandaag is de politieke werkelijkheid in Zuid-Afrika er een van ongewone moed en vertrouwen in de toekomst. Het politieke discours, dat ook behoort tot de politieke werkelijkheid, is hoopgevend. Het is een discours dat in Europa en België zelden werd gehoord. In Zuid-Afrika pronken culturele, kerkelijke en politieke leiders ermee te verzoenen, te vergeven, vergiffenis te vragen, goed te maken en een voorbeeld te willen zijn voor de wereld. Ze willen een multiculturele, democratische samenleving, een federale staat met negen multiculturele provincies – ja, met negen provincies – een parlement met 400 leden, een grondwetgevende vergadering met 490 leden, een grondwettelijk hof dat nationale en provinciale wetten ongrondwettelijk kan verklaren, een normenhiërarchie en eenheid van beleid. (Ze willen zowat alles wat wij in de Belgische confederale staatsstructuur niet willen.)

In het nieuwe Zuid-Afrika willen politieke leiders verzoenen en verenigen. Ze komen ervoor uit. In ons land, België, zijn politieke leiders tevreden als ze kunnen aantonen dat ze kunnen scheiden en splitsen: partijen, universiteiten, ministeriële departementen, het meertalige parlement, vandaag de economie, het milieubeleid, de buitenlandse handel, morgen de ziekteverzekering, overmorgen de hele sociale zekerheid.

In Zuid-Afrika worden op radio en televisie het nieuws en de sportcommentaren afwisselend gebracht in het Engels, het Afrikaans en één of meer inheemse talen. Zelfs in populaire tv-series spreken acteurs door elkaar Engels en Afrikaans en dit zonder ondertitels. Iedereen vindt dit normaal, niemand gaat steigeren. Het Afrikaans lijdt er niet onder. In België hebben BRTN en RTBF gescheiden restaurants. In het Brussels hoofdstedelijk gewest kunnen grondwettelijk zelfs geen tweetalige lijsten worden ingediend... Van verschillen gesproken. In ons land pleiten politici, publicisten en universiteitsprofessoren voor splitsingen, voor confederalisme, voor separatisme. In Zuid-Afrika hoort men vooral pleidooien voor vrede, solidariteit en eenheid in democratie. Zuid-Afrika is een toonbeeld voor Afrika, voor Europa, voor de wereld.

Het Zuid-Afrika van vandaag heeft een aantal schrandere, wijze, politieke leiders. België heeft een bedaarde, verstandige bevolking. Er is nog hoop. We kunnen ons vertrouwde denken nog afleggen. Ook wij Vlamingen, Walen en Brusselaars hebben een grensoverschrijdende verantwoordelijkheid. Of niet soms?

(Opiniestuk zoals gepubliceerd in De Morgen van 9 mei 1994. Geschreven na een verblijf van vier weken in Zuid-Afrika als EU-waarnemer bij de eerste democratische verkiezingen.)

NATIONALE CULTURELE IDENTITEIT

*Een kritische reactie op 'Hoe Vlaams zijn de Vlamingen? – Een boek over Vlaamse identiteit'**

De vraag en het antwoord staan in de inleiding en het woord vooraf. *'Bestaat er zoiets als een Vlaamse identiteit? Ja, er loopt slechts één rode draad door het geheel: de diverse auteurs zien het belang in van het Vlaamse identiteitsconcept.'* En omdat de 20 auteurs van het boek het onderling zo eens zijn, is er, met het oog op de bevordering van de Vlaamse debatcultuur, behoefte aan een afwijkende mening.

BELIEVERS EN NEGATIONISTEN

De 20 auteurs van *Hoe Vlaams zijn de Vlamingen?* hebben voor een gedeelte gelijk. De negationisten, hun tegenstanders, hebben ongelijk, ook voor een deel. Negationisten zijn volgens Peter De Roover en Eric Ponette *'mensen in Vlaanderen die afkerig staan tegenover alles wat zou ruiken naar Vlaamse identiteit'*. (p.9)

---

* De auteurs van *Hoe Vlaams zijn de Vlamingen? – Een boek over Vlaamse identiteit* zijn: Ludo Abicht, Louis Baeck, Raoul Bauer, Ludo Beheydt, Yvan Vanden Berghe, Boudewijn Bouckaert, Urbain Claeys, Jozef T. Devreese, Dirk Heremans, Herman-Emiel Mertens, Karel de Meulemeester, Harold van de Perre, Eric Ponette, Roland Renson, Peter de Roover, Manu Ruys, Robert Senelle, Matthias Storme, Guido Vanheeswijck, Fernand Vanhemelryck. Het boek telt 137 pagina's en is uitgegeven door Davidsfonds, Leuven, 2000.

Over het bestaan van culturele nationale identiteiten kan inderdaad zwaar worden getwist. Raymond Detrez zegt dat ze bestaan in zoverre men erin gelooft. Volgens hem is het een kwestie van geloof. Voor de auteurs van het boek daarentegen is identiteit een bijna grijpbare werkelijkheid, één waar je niet naast kan kijken.

VERLANGEN NAAR IDENTITEIT WEL EEN REALITEIT

Is het een werkelijkheid of een mythe? Een identiteit is wellicht geen tastbare duidelijk omschrijfbare werkelijkheid, maar wat ontegenzeglijk wel werkelijkheid is – en dit wordt niet steeds gezien –, is het verlangen ernaar. Een normale mens wil een identiteit hebben, wil iemand zijn. Niemand wil niemand zijn. De mens wil bestaan, in zijn eigen ogen en in die van medemensen. Dit geldt ook voor de zelfmoordenaar. Waarschijnlijk niet voor dieren. Het verlangen naar identiteit is een gevoelige aangelegenheid. We moeten er behoedzaam mee omgaan. Schampere bemerkingen zijn misplaatst. Negationisten moeten uitkijken.

Identiteit is wellicht een vaag, ongrijpbaar iets. Wat wel onder de zinnen valt is dat waarmee mensen zich identificeren. Met wie voelen ze mee? Met wie juichen en treuren ze? Met een partij, een voetbalploeg, een filmster, een koningshuis, een natie? Als de politiek de mensen ertoe beweegt zich maar met één enkele entiteit te identificeren verglijden we naar totalitarisme.

INSPELEN OP HET VERLANGEN NAAR IDENTITEIT

De aanwezigheid bij alle aardbewoners van een identiteitsbehoefte verklaart waarom leiders spontaan hun aansporingshefbomen op deze behoefte plaatsen. Culturele en politieke leiders doen dit vaak. Ze worden door grote groepen graag aanhoord. Ze weten hoe in te spelen op deze algemeen menselijke behoefte. Ze spreken opwekkende taal door te zeggen dat hun toehoorders niet niemand zijn, maar een eigen identiteit hebben o.a. door te behoren tot een entiteit die hen overstijgt, een religie, een volk, waarmee ze zich kunnen identificeren. Sommige leiders gaan hierin te ver: ze verheerlijken de identiteit van de eigen groep, zeggen dat mensen behorend tot andere volksgroepen minderwaardig zijn en insinueren dat volksgenoten zich mogen verheffen door anderen minder te achten. Geen van de 20 auteurs doet hieraan mee. Ze zijn wel voor samenwerking en concurrentie tussen de volksgemeenschappen, tussen volksgemeenschappen bewust van hun identiteit.

DE POLITIEKE META-BETEKENIS

In het Duitse taalgebied zegt men *'Kulturelle Identität ist eine politische Vokabel'*, d.w.z. een begrip waarmee men aan politiek doet, macht vestigt en machtsgebieden afbakent. Niet alle politieke instigatoren doen even 'grootschalig' aan politiek. Zo zijn er die hun medemensen een hart onder de riem steken door te wijze op het belang van hun identiteit als arbeider, kunstenaar, ambtenaar, ondernemer, arts, huisvader, grootgrondbezitter... Zij bereiken slechts een deel van de bevolking. Instigatoren die de identiteitsidee verbinden met de taal, de religie, de geschiedenis of het grondgebied spreken grotere groepen aan, vaak de hele bevolking. Hier ligt een belangrijk verschil.

HET CRITERIUM TAAL ALS HOOFDELEMENT

Als de taal wordt aangewezen als een essentieel bestanddeel van de groepsidentiteit en tevens verheven wordt tot criterium voor solidariteit en gemeenschapsvorming, kan dit meerdere voordelen inhouden: een taal wordt normaal gesproken door miljoenen, de identificatie met taal en grondgebied vindt moeiteloos plaats en kent grote bestendigheid. Normaal spreken mensen hun hele leven dezelfde taal. Ze zijn echter niet hun hele leven jong, gelovig, arbeider, socialist... Een taal is als criterium gemakkelijk waarneembaar en het behoren tot een taalgroep is meestal onbetwist en onbetwistbaar. Dit is niet het geval met alle identificaties. 'Je denkt een kunstenaar te zijn maar je bent slechts een amateur; je denkt een betrouwbaar partijlid te zijn, maar je bent niet voldoende berekenbaar...' Iemand die Pools spreekt en zich als Pool aandient loopt dit risico niet. Dit betekent: identificatie op basis van taal komt gemakkelijk tot stand, is voor zeer grote groepen toegankelijk, kent ongewone duurzaamheid en wordt normaal door medemensen niet betwist. Ze leidt niet tot frustraties.

Deze benadering is wellicht al te rationeel, – iets waaraan de 20 co-auteurs zich niet bezondigen. Ook moeten we eraan denken dat de taal slechts recentelijk verheven werd tot criterium voor natievorming.

IDENTITEITSDRANG EN SAMENHORIGHEID

Wel mogen we ons verwonderen over een grote tegenstelling: enerzijds vertoont het menselijke ras opvallende éénheid, anderzijds een bestendige tendens tot verdere opdeling in zelfstandige, zelfbeschikkende staatjes. *'La condition humaine'* zou moeten aanzetten tot medevoelen en samenhorigheid met alle mensen over alle grenzen heen. Als de cultuur en een bepaalde soort politieke opvoeders er zich niet al te veel mee bemoeien kunnen aardbewoners het best met elkaar vinden: kinderen spelen probleemloos met elkaar en alle mannen kunnen samen met alle vrouwen aan gezonde kinderen het leven schenken.

Enerzijds is er de éénheid van het menselijke geslacht, anderzijds is er de zijns- en identiteitsdrang van individuen en groepen. Dit is het probleem dat door de auteurs van het boek over Vlaamse identiteit niet wordt belicht. Hoe de identiteitsdrang bevredigen zonder de eenheid en de solidariteit aan te tasten? Hoe streven naar meer 'zijn' als mens, zonder andere mensen minder te laten 'zijn'? Meer macht voor de enen is minder macht voor de anderen, meer welvaart voor de enen is minder welvaart voor de anderen, meer werkgelegenheid in één land kan betekenen (niet noodzakelijk) meer werkloosheid, meer muntontwaarding in andere landen...

IDENTITEIT EN ZELFBESCHIKKINGSRECHT

Om genoemde zijns- en identiteitsdrang te bevredigen moet men, zo wordt gesteld, vrij kunnen handelen. Daartoe moet men beschikken over het zelfbeschikkingsrecht, dit wil zeggen: het recht zelf te bepalen wat goed en kwaad is. Als individuen of kleine benden dit doel nastreven is dat misdadig en belanden ze al vlug in instellingen; als volksgemeenschappen en naties dit doen wordt de kwestie anders bekeken. Alle volkeren hebben het heilige recht te streven naar onafhankelijkheid en soevereiniteit. Dit heeft als gevolg dat de solidariteit tussen de aardbewoners ononderbroken bedreigd wordt en dat koude en warme conflicten (vaak met miljoenen slachtoffers) voortdurend aan de orde zijn.

Dit aspect van de identiteitsproblematiek wordt door de auteurs niet bekeken. Ze zouden moeten inzien dat de verantwoordelijkheid voor onrecht en geweld niet alleen ligt bij de leiders-boosdoeners die de volksgemeenschappen tegen elkaar ophitsen, maar ook bij hen die de criteria, – waaraan moet worden voldaan voor het hebben van een nationale identiteit –, aanwijzen, propageren, verheerlijken en sacraliseren. Eerst worden de compartimenten gevormd, dan tegen elkaar in het harnas gejaagd, niet omgekeerd. Dit wil zeggen dat ook culturele leiders, dichters, denkers, publicisten, historici, politici,... verantwoordelijkheid dragen en niet alleen de boosdoeners die de koude en warme oorlogen ontketenen.

VERLEIDELIJK IN ELKAARS VERLENGDE

Er wordt gestreefd naar het verwerven en het bewaren van de eigen identiteit, maar om deze eigen identiteit te bewaren en te ontwikkelen is er behoefte aan eigen instellingen, eigen wetten, eigen regering, eigen fiscaliteit, eigen sociale zekerheid, eigen buitenlandse politiek, eigen staat. Deze bestrevingen worden voorgesteld als liggend in elkaars verlengde. Zien de auteurs hoe verleidelijk misleidend deze gedachtegang kan zijn voor een wereld die behoefte heeft aan eenheid en solidariteit en daarom het zelfbeschikkingsrecht van de naties aan banden moet leggen? Met dit soort denken kan niet worden gewerkt aan de toekomst van de wereld, Europa en wellicht ook niet van België. *De vraag is: heeft de identiteit behoefte aan een eigen staat of hebben zij die een eigen staat willen, behoefte aan een nationale identiteit?*

KENNIS VAN DE IDENTITEIT

Matthias Storme schrijft op p.117 over *'postmoderne nihilisten, die alleen nog de mensheid en het ik kennen'* en alles wat daartussen ligt verwaarlozen. Wellicht zijn er inderdaad jonge mensen die meer belang hechten aan wereldsolidariteit dan aan *'de cohesie van de eigen cultuur, de samenhorigheid, het bewustzijn van een gezamenlijke identiteit, en dus van het gezamenlijk bewustzijn'* en niet vinden dat er eerst moet worden gestreefd *'naar vertrouwen in de eigen culturele identiteit'*, vooraleer men zich met de wereld kan bezighouden. Worden de prioriteiten hier niet verkeerd gelegd? Wij leven in een zeer rijk land, de nood elders is immens. Ook stelt Storme op p.119 dat *'op economisch vlak culturele samenhorigheid leidt tot betere prestaties en meer welvaart'...* Dit moet dan wel worden bewezen, zeker niet door de transnationaal gefuseerde bedrijven die meertalige beslissingscentra oprichten, waarin ook Vlamingen een rol spelen. Storme schrijft nog dat *'een moderne democratische staat niet kan overleven wanneer daarbinnen ten gevolge van duidelijke verschillen in de politieke cultuur bepaalde politieke breuklijnen alle andere overstijgen.'* Dit is een belangrijke stelling. Voorbeelden van verschillen en breuklijnen die door een rechtsstaat (een federale?) niet kunnen worden verwerkt of overwonnen worden door de auteur niet gegeven. Waarom geen blik werpen op de grote interne spanningen die wij in het Belgische verleden overbrugd hebben en een kijkje nemen in staten en federaties waar gepronkt wordt met meertaligheid en extreme culturele diversiteit?

Toch hebben we nog niet geantwoord op, volgens Storme, de meest fundamentele vraag die mensen zich kunnen stellen: *'Wie zijn wij? in de zin van: Waartoe behoren wij?'* (p.117). Deze vraag is zeker de moeilijkste vraag. Er is ongetwijfeld behoefte aan kracht, eerlijkheid, ongewone schranderheid en geheugen om in een voortdurende inspanning van introspectie en in een aangehouden dialectische beweging iets over de eigen persoon te kunnen zeggen, laat staan over een volksgemeenschap. Ik verwijs naar de Vlaamse Regering die in de brochure *Vlaanderen-Europa 2002* ook niets wist te zeggen over de concrete inhoud van de Vlaamse culturele identiteit. (geciteerd in hoofdstuk 'Begint nationalisme bij de indeling van de samenleving?')

Als de herkenbare culturele identiteit van een volk zou bestaan uit het geheel van verspreide typische gewoonten, gedragingen, aandachtspunten, voorliefden, goede en slechte eigenschappen, dan kan deze identiteit niet anders zijn dan het product van de imitatiedrang en het nabootsingsvermogen van de mens, nu niet bepaald het edelste in een samenleving. Vlaanderen werd Het wielerland omdat Vlaamse wielerhelden vele jongeren aanzetten tot navolging. Waarom zeggen vele Nederlandstaligen, ook in Nederland, niet meer 'hij zei toen: kijk eens', maar wel 'hij zei toen van kijk eens'? Het creatieve, het zich voortdurend vernieuwende, het speels wisselvallige is niet wat een groep herkenbaar maakt, kan niet behoren tot dat wat zijn specificiteit uitmaakt. Een mensengroep kan geen collectieve 'identiteit' hebben als de leden ervan van elkaar niets overnemen.

HET DUNNE LAAGJE VAN DE UNIVERSELE WAARDEN

Over één punt zullen de 20 auteurs het met mij eens zijn. Ook wanneer de culturele verschillen en identiteiten van groot belang blijven zal er toch in België, Europa en de wereld behoefte zijn aan meertalige en multiculturele bewegingen, partijen, vakbonden, administraties, parlementen, democratische instellingen die stelselmatig en niet occasioneel de nadruk leggen op het eerbiedigen en naleven van universele waarden. Maar Matthias Storme besluit zijn bijdrage met: *'Universele waarden kunnen per definitie nooit de samenhang "gronden" voor een particuliere gemeenschap en vormen weliswaar het hoogste laagje, maar toch een dun laagje, van onze culturele identiteit.'*

Hier vergist Storme zich wellicht, want dit dunne laagje is van levensbelang ook voor onze bevolking, wil ze niet verbrijzeld worden in een wereld zonder universele waarden, zonder transnationale democratische sociale solidariteit, zonder bovennationale federale rechtsorde en instellingen om vrede en solidariteit te garanderen en niet te hervallen in gewelddadige conflicten die alle hun diepere oorzaak vinden in het zelfbeschikkingsrecht en de soevereiniteit der naties.

POST SCRIPTUM
BETREFFENDE ENKELE STELLINGEN

Op p.91 pleit Eric Ponette *'voor de uitbouw van de eigen Vlaamse identiteit en voor eerlijke samenwerking met andere volkeren.'* Hij zegt niet of deze samenwerking democratisch of diplomatiek, federaal of confederaal moet zijn en of zijn pleidooi te verzoenen is met het streven naar fiscale autonomie en eigen Vlaamse Sociale Zekerheid. Voorheen op p.21 had Ludo Abicht geschreven dat *'we grenzen nodig hebben om te overleven en goed te leven'* en woorden van A. Gramsci geciteerd: *'Alleen een nationalist kan een ware internationalist zijn.'* Abicht pleit ook voor solidariteit met andere volkeren, *'deze moet echter wel berusten op vrijwilligheid.'* Is dit solidariteit in democratie? Over solidariteit met de naaste buur, Wallonië, zegt hij geen woord.

Guido Vanheeswijck heeft het in zijn bijdrage over *'de meestal jonge rabiate tegenstanders van de Vlaamse identiteit'* (p.124) en over nationalisme. *'De technocratische afbraak van de politieke dimensie schept een postideologische situatie, waar eigenlijk alleen het nationalisme nog in staat is om samenhorigheid te vertolken. Het is immers, ook in zijn extremere versie, de geschikte ideologie, als er geen ideologieën meer zijn. Het enige wat ons rest om te verdedigen, als er geen ideeën meer zijn, is de idee van het wij, tegen de dreigende anderen. Als het volk niets meer heeft om te aanbidden, aanbidt het zichzelf. Het wordt enthousiast voor zijn eigen enthousiasme.'* (p.128) Met deze woorden van Van Heeswijck, die hij ontleent aan Frans De Wachter, zullen velen het roerend eens zijn. Verder schrijft hij echter: *'Een formeel nationalisme, terend op een vals gevoel van nostalgie, is gevaarlijk. Een Vlaams nationalisme, op zoek naar inhoudelijke herbronning,... kan mee de rijkdom van Europa vertolken waarin we in culturele verscheidenheid willen meewerken aan de toekomst waarin we, eindelijk vrij, nu eens de tijd nemen voor wat echt goed en echt belangrijk is.'* Van Heeswijck zegt over het goede nationalisme dat hij nastreeft geen woord meer, waardoor hij de stelling van Frans De Wachter riskeert te bevestigen.

28 januari 2000

TE RADE BIJ SADE

De lezer wordt uitgenodigd dit stuk te lezen na kennis genomen te hebben van het inleidend hoofdstuk 'Het nationalisme bestuderen omdat het onbegrijpelijk is' waarin de nadruk gelegd werd op de bekwaamheid van de mens medelijden te tonen. Daar tegenover staat zijn 'zijns- en geldingsdrang'. Het artikel 'Te rade bij Sade' houdt verband met het hoofdstuk 'Het succes van het nationale denken', meer bepaald met de door dit denken geboden ongehoorde perspectieven. Het helpt na te denken over wezen en succes van nationalisme en racisme.

CONFLICT MET DE NATUUR

Vele atheïsten verwerpen de godsdienst maar aanvaarden de grote lijnen van de christelijke moraal. Markies de Sade gaat een stap verder. Hij verwerpt ook de christelijke moraal. Volgens hem ligt de misdadigheid en de vernietigingsdrang in de natuur. *'Denk eraan zegt ons de natuur, alles wat je niet wilt dat je geschiedt is juist wat je moet doen om gelukkig te zijn; want het staat in de natuurwet geschreven dat jullie jullie wederzijds moeten vernietigen en pijn doen.'* Deze zin uit *Juliette* toont volgens Antoine Adam, professor aan de Sorbonne, wat het atheïsme geworden is in de geest van de Sade: niet meer de verheerlijking van de natuur, die de plaats inneemt van God, maar de verwensing van de natuur (la malédiction de la nouvelle idole)[1]

De houding van de Sade ten aanzien van de natuur staat

tegenover die van de ecologisten, die meestal menen te moeten streven naar de meest volmaakte harmonie met de natuur. Dit is niet de mening van Gui Quintelier die stelt dat harmonie maar te bereiken is door onderdrukking of zelfonderdrukking. Rudolf Boehm en Gui Quintelier maken een onderscheid tussen het goede en het slechte conflict. Zij menen dat het goede conflict met de natuur noodzakelijk, wenselijk en mogelijk is, namelijk het conflict, waarin geen van de partijen, noch de mens, noch de natuur, die zich kan wreken en terugslaan, vernietigd of uitgeschakeld wordt door de andere. De vraag is maar of de visie van le Marquis de Sade het niet aan het halen is in onze samenleving die vernietigt en zichzelf vernietigt.

GENOT IN HET LEED VAN ANDEREN

In *Histoire de Juliette ou la prospérité du vice* verlangt Juliette van Paus Pius VI (Brashi) een filosofische uiteenzetting over de moord. Deze bijzonder misdadige kerkvader gaat in op haar verzoek en geeft een eindeloos overzicht van de manier waarop in de verschillende landen mensen worden gemarteld en ter dood gebracht. Hij besluit met de hypothese dat de mens er in de grond voldoening in vindt het bloed van zijn evennaaste te vergieten. *'Steeds heeft de mens er genot in gevonden het bloed van zijn gelijken te laten vloeien en om zich te bevredigen heeft hij deze passie nu eens verborgen achter de sluier van het recht, dan weer achter de sluier van de godsdienst. Doch in de grond was de ware reden, daaraan mag niet worden getwijfeld, het plezier dat hij erin vond.'*[2]

Overdrijft de Sade, die het nodig vond in ontelbare taferelen en volumineuze boeken het misbruiken, folteren en slachtofferen van vooral beeldschone maagden en jongelingen te beschrijven? Stond hij met zijn drang alleen? En quid van de massa's die naar de gladiatorenspelen kwamen kijken, naar de openbare terechtstellingen, naar de brandstapels? Hebben de verantwoordelijken in de vernietigingskampen van de twintigste eeuw hun werk alleen maar met weerzin verricht? Wat is vandaag voor velen ontspanning? Toch ook die films waarin Japanners, Duitsers, indianen, maffiosi worden neergemaaid. Binnen de eerste zeven minuten van het scenario moet de held een zware klap ondergaan; in het verdere verloop van de film krijgt hij dan het recht zich eigenmachtig en eigenhandig te wreken en zich van zijn tegenstanders te ontdoen. Deze moeten dan één na één in een finale buiteling het leven laten. Het ontspannend effect is gewaarborgd. Dit is niet helemaal zo als het gaat om helden waarmee de toeschouwer zich volgens het scenario moet identificeren, – alhoewel ook droevige films kunnen ontspannen.

Waarin bestaat het ontspannende in een ontspanningsfilm waarin velen spectaculair doodgaan, soms zelfs op een gruwelijke manier? Voelen we ons 'meer zijn' door 'het minder zijn' of 'het niet meer zijn' van anderen? Wordt onze geldingsdrang gestild door het 'zijnsrecht' anderen te ontnemen? Volstaat het voor het goede geweten de anderen, waarmee we ons volgens de leer van het ogenblik niet moeten of mogen identificeren, als groep af te zonderen? De Japanners, de Duitsers, de Joden, de Marokkanen, de Kroaten, de Serviërs, de Moslims, de Vlamingen, de Walen...

ZICH VERHEFFEN DOOR HET MINACHTEN VAN ANDEREN

In het vijfde deel van *Juliette* schrijft de Sade: *'Het is het leed van de anderen die aan onze genietingen reliëf geeft. Zonder het leed van de anderen zouden we nooit tevreden zijn. Daarom is dit leed nodig.' (Si donc c'est le spectacle des malheureux qui doit compléter notre bonheur... il faut se garder de les soulager.)* In *Augustine de Villebranche* waarin hij het heeft over de homoseksualiteit en over het plezier dat velen vinden in het laken van anderen, schrijft hij: *'Spreken over de gebreken van anderen is zichzelf lof toezwaaien.' (C'est une espèce d'éloge sur soi-même)*[3]

De ondergang, de dood, het leed en de gebreken van de anderen helpen onze geldings- en zijnsdrang te bevredigen. Alles wat ons uit onze nietigheid helpt, wat onze bestaansdrang tegemoetkomt zou 'ontspanning' kunnen zijn. Hetzelfde geldt wellicht voor alles wat onze wordings- en voortplantingsdrang werkelijk of schijnbaar bevredigt. Ontspanning heeft te maken met toegevingen aan de dubbele oerdrang: leven en overleven, bestaan en voortbestaan, zijn en worden, als individu en als soort. In 'de ontspanning' zetten het fatsoen, de cultuur, de moraal een stap terug en kan men zich laten gaan. Daarom komt ontspanning vaak in de buurt van moord en geweld en van seks en erotiek: neergeknalde mannen en naakte of halfnaakte mooie, gezonde vrouwen.

FICTIEF EN REËEL GEWELD

Niet alleen het geweld in verhalen en films, maar ook het reële geweld speelt een rol in de samenleving, zorgt voor afwisseling, boeit betrokkenen en toeschouwers. Zoals bevestigd door polemologen als Gaston Bonthoul.

Tot voor kort kon in Europa het bevredigen van het oerzijnsinstinct een uitlaat vinden in het agressieve nationalisme: de andere, de buitenlander, mocht worden verjaagd, veracht, benadeeld, geëlimineerd, aan zijn lot overgelaten: Waalse werkloosheid is de zaak van de Walen, enz... In onze kleiner wordende en overbewapende wereld die niet kan voortbestaan zonder solidariteit, is er geen plaats meer voor nationalistische uitlaatoperaties.

Ook is het al te eenvoudig te zeggen dat de mentaliteit veranderd is en dat de schuld voor de nationalistische en racistische gruweldaden uit het verleden ligt bij bepaalde volkeren en niet bij andere. Het is voorbijgaan aan diepere oorzaken.

Oppervlakkige waarnemers en denkers (meer overdenkers dan denkers) leggen de schuld voor het aangerichte onheil bij Duitsland, Irak, Servië, Israël, de USA... Morgen zullen zij wellicht Frankrijk, Groot-Brittannië, de EU, de Russische Federatie beschuldigen.

DE EERSTE STAP: WIE ZIJN DE ANDEREN?

Aantijgingen, waarbij volkeren en staten als collectiviteiten beschuldigd worden, bevestigen het gangbare denken: de volkeren en naties zijn collectiviteiten vergelijkbaar met levende lichamen, met een hoofd en ledematen, met een hart en een geest, met een verleden en een toekomst, met goede en slechte eigenschappen. Ze ontwikkelen zich, kennen op- en neergang, winnen en verliezen, zijn schuldig of onschuldig, verwerven een goede naam of moeten boeten voor hun daden. Alle leden van de natie zijn schuldig, daarom mag men alle leden laten boeten voor de collectieve schuld.

Wellicht ligt de oorzaak in het diepere wezen van de mens – waarschijnlijk meer nog van de man – die aangespoord door politieke en culturele leermeesters en goedpraters, tamelijk gemakkelijk het door de Sade vermelde plezier vindt in het afzonderen, discrimineren en slecht behandelen van andere mensen, voorgesteld als behorend tot een andere groep, een ander volk, een ander ras.

Wat er ook van zij, de eerste stap bestaat in het bepalen van wie de anderen zijn, de anderen die men mag minachten, die minder zijn, die men mag mishandelen, in wier lijden men plezier en ontspanning mag vinden. De eerste stap is niet de minachting, niet de mishandeling, de eerste stap bestaat in het bepalen van de groep van de anderen. Als niet eerst verkondigd wordt dat ze anders zijn, dat ze andere mensen zijn, kan men ze niet minachten, want dan minacht men zichzelf, kan men ze niet mishandelen, want dan treft men de eigen mensen. Het is pas als deze eerste stap gezet is dat men de volgende kan zetten: minachten, discrimineren, uitwijzen, uitstoten, beschuldigen, bestraffen (omdat ze tot de groep van de anderen behoren – op basis van de fictie van de collectieve schuld), slachtoffer maken van eenzijdige economische en andere maatregelen, martelingen, bombardementen, zelfmoordaanslagen. Omdat ze tot een andere groep behoren, tot een, andere natie, een ander 'ras' kan men gevoelens van onverschilligheid, voldoening en plezier ervaren wanneer leden van de andere groep, natie of ras getroffen worden. Deze gevoelens kunnen intenser beleefd worden wanneer in educatieve processen, in het discours, het anderszijn onderstreept wordt (ze zijn niet alleen anders, ze zijn ook nog parasieten, profiteurs, onmensen, ongedierte); wanneer angstgevoelens gewekt en gruweldaden en vernederingen uit het verleden in herinnering worden gebracht (zoals tijdens de oorlog in ex-Joegoslavië). (Zie ook hoofdstuk 'Nationalistisch reductionisme')

ANGST EN MINACHTING

Vaak hoort men dat angst aan de basis ligt van nationalisme en racisme. Angst kan inderdaad een rol spelen. Maar mensen kunnen ook verachting hebben voor medemensen die geen enkele bedreiging vormen. Zij compenseren het gebrek aan achting dat ze persoonlijk of als groep ondervinden door verachting van anderen. Volgens mij is de individuele en collectieve zijn- en geldingsdrang (ook op economisch gebied) de eerste drijvende kracht. (zie 'Het succes van het nationalistische denken')

Voor nationalistische leiders is het niet moeilijk. Vele mensen voelen zich eenzaam, klein en ongeacht. Het gebrek aan ervaren aandacht en achting, slaat gemakkelijk om in de behoefte dit gemis te compenseren door een minachten en verachten van anderen. De opeenvolging van deze gevoelens is in de nationalistische strijd expliciet en impliciet exploiteerbaar. Dit zal ook in de toekomst het geval zijn.

HET GOEDE GEWETEN VAN DE BEUL

Naast het plezier dat sommigen beleven, is er het gebrek aan moed van de duizenden die liever hun mond houden (ook in democratieën waar vrijheid van meningsuiting gewaarborgd is). De meesten schikken zich gemakshalve en geven er de voorkeur aan niet in te gaan tegen het officiële verwachtingspatroon. Het is het officiële verwachtingspatroon dat zelfs aan kampbeulen een goed geweten verschaft. Ze hebben hun plicht gedaan en eerbiedig opgekeken naar de culturele leiders die de mensheid opdeelden in rassen, naties, etnieën, volkeren... en genieten van het familieleven en van klassieke muziek.

We gaan niet naar een conflictloze, spanningsloze samenleving. Daarvoor zorgt onze aard, de nakende schaarste en de overbevolking. Zeer veel agressiviteit zal moeten worden ontladen. Dit kan gebeuren in de geweldloze democratische debatten op alle nationale en Europese beslissingsniveaus, op de voetbalvelden en voor de TV-schermen. En dan moet er ook nog veel worden ondernomen tegen de sociale en regionale ongelijkheden en tegen de vereenzaming en de frustraties in de moderne samenleving.

*(Dit artikel verscheen in het maandblad
Eco Groen van oktober 1992)*

NOTEN

NATIONALISME: MACHT EN MYSTERIE

1 Reeds in 1964 wees Eugen Lemberg erop dat er heel wat feitenmateriaal was verzameld, maar dat men nog steeds niet beschikte over een theorie. 'Sie alle haben mehr oder minder gut erzähltes, wertvolles Faktenmaterial beigebracht, aber im Unklaren gelassen, was dieser Nationalismus war und worauf er sich bezog. Mangels durchgehender und vergleichbarer Kategorien blieb auch die Wertung der verschiedenen Nationalismen verschieden. Darum verfügen wir heute über eine ganze Menge wertvollen empirischen Materials, haben aber keine Theorie des Nationalismus.' (Eugen Lemberg, Nationalismus II Soziologie und politische Pädagogik, Rowohlts deutsche Enzyklopädie, Hamburg, 1964, p.11, geconsulteerd na 1967)

2 Dat in Vlaanderen nooit ernstig gedebatteerd werd over de verschillende soorten nationalisme bleek in de week van 7 mei 2001. Door *De Morgen* werd die dag bekend gemaakt dat Johan Sauwens, minister van de Vlaamse regering, had deelgenomen aan een viering van het Sint-Maartensfonds, een vereniging van gewezen oostfrontstrijders en leden van de Waffen-SS-Vlaanderen. De leidingen van de regeringspartijen SP, Agalev, VLD en ID21 hadden twee dagen nodig om in te zien dat ze het ontslag moesten eisen. Dat ze daarvoor zoveel tijd nodig hadden was enigszins begrijpelijk. Nooit was in Vlaanderen openlijk gezocht naar het verschil tussen democratisch en

rechts nationalisme. De 'democratische' nationalisten van de VU bleven Sauwens steunen. Verder is er de vraag of partijen die ijveren voor de splitsing van het gezondheidsbeleid, de ziekteverzekering, de ontwikkelingssamenwerking, het landbouwbeleid, de buitenlandse handel en zelfs van de NMBS te beschouwen zijn als formaties die een democratische of een rechtse nationalistische politiek voeren. Wat te zeggen over de CVPers, waaronder de partijvoorzitter, en de VUers die op 6 mei 2001 samen met het Vlaams Blok te Gent betoogden tegen het Lambermont-akkoord? In Vlaanderen werd nooit ernstig nagedacht en openbaar gedebatteerd over nationalisme, fascisme en racisme.

NATIONALISME BESTUDEREN OMDAT HET BELANGRIJK IS

3 Verwezen mag worden naar het beruchte artikel van Francis Fukuyama *The end of the history* vertaald als *La fin de l'histoire* door Paul Alexandre en gepubliceerd in *Commentaire*, automne 1989, volume 12, numéro 47. Fukuyama stelt vast dat de hele wereld, zelfs China, opteert voor de liberale markteconomie, maar vreest dat deze wereld in toenemende mate te maken zal hebben met etnisch en nationalistisch geweld. 'Il y aurait toujours un niveau élévé, voire croissant, de violence ethnique et nationaliste, car il s'agit là de pulsions qui ne sont pas complètement apaisées, même dans certaines parties du monde "posthistoriques".'

4 Zie de hoofdstukken 'Quot sint genera militiae et de mercenariis militibus' uit *Il Principe* en 'Quale pericolo porti quel principe o quella republica che si vale della milizia ausiliare o mercenaria' uit *Discorso sopra la prima deca di Tito Livio, libro II, Tutte le opere di Machiavelli*, ed. Sansoni, Milano. De tweede tekst begint met de woorden: 'Se io non avessi lungamente trattato, in altra mia opera, quanto sia inutile la milizia mercenaria ed ausiliare, e quanto utile la propria, io mi stenderei in questo discorso assai più che non faro,...'

5 In dit verband mag worden verwezen naar het boek *Taal en politiek* van Els Witte en Harry Van Velthoven (VUB University press / Balans, Brussel, 1998). In twee inleidende hoofdstukken reiken de auteurs hun referentiekader aan. Hierin staat te lezen dat 'de taal onlosmakelijk samenhangt met de concepten natie en volk.' Of dit steeds zo was en of dit in de toekomst ook zo moet zijn wordt door de auteurs niet onderzocht. Dit is de taak niet van geschiedkundigen. Ook lezen we: 'Het besef van een nationale identiteit is dus geen fictie, het is ook geen statisch gegeven, maar een maatschappelijk gegeven dat instabiel is en naast andere collectieve gevoelens bestaat.' Dat er andere meningen bestaan over dit politiek zeer geladen begrip 'nationale identiteit' wordt niet vermeld. Ook wordt niet gevraagd of beweringen betreffende het bestaan van deze niet te definiëren identiteit moeten uitmonden in de oprichting van een eigen staat om deze identiteit te verdedigen.

Over het boek van Els Witte en Harry Van Velthoven kan worden gezegd dat het een wetenschappelijk werk is waarmede Vlaams-nationalisten en andere nationalisten geen problemen zullen hebben. (zie commentaar in B Flash nr 7 november 2000)

EEN DUBBELE EVOLUTIE

6 Ook in België zorgt de criminaliteit ervoor dat niet al te veel gedacht wordt aan defederalisering van de justitie. In het kamerdebat van 14 maart 2001 over het Wetsvoorstel van enkele volksvertegenwoordigers waaronder Fred Erdman inzake het federaal parket dat o.a. voorziet in de aanstelling van een federale procureur en dat in de commissie door geen enkele partij verworpen werd, werd door Vincent Decroly de link naar de internationale criminaliteit gelegd. Hij had het, gezaghebbende bronnen citerend, over de tekortkomingen en lacunes op het vlak van de internationale samenwerking. 'Dit alles speelt in de kaart van de georganiseerde economische en financiële crimi-

naliteit en vereist de oprichting van een Europees parket. Het voorliggend wetsvoorstel is een stap vooruit aangezien een van de taken van het federale parket erin zal bestaan de internationale samenwerking te vergemakkelijken.' (Beknopt verslag van Plenumvergadering)

7 In Chypriote (Question) uit Encyclopedia Universalis, France S.A., 1997 lezen we: 'Il faut dire que les relations entre les deux communautés furent la plupart du temps pacifiques. Tout en vivant chacune ses croyances et coutumes, elles entretinrent des relations commerciales et sociales. La conscience de leurs différences n'empêchait pas le Grec et le Turc de Chypre de vivre ensemble, de partager les mêmes lieux, les mêmes cafés de village, de participer aux fêtes de mariage des uns et des autres. En près de quatre siècles de cohabitation, de la fin du XVIe siècle aux années 1950, d'abord sous les Ottomans, ensuite sous les Britanniques, les incidents graves furent rares.' Uit de evoluties die zich voordeden in Bosnië en Cyprus kunnen vreedzaam samenlevende Belgen lessen trekken. Actie van nationalistische leiders kan in de geesten omwentelingen teweegbrengen, vooral wanneer door religieuze en culturele leiders voorafgaandelijk frontvormend compartimenteringswerk werd verricht.

ALS EEN LUIE RIVIER

8 Alain Maskens zegt het met passie. In de Franse versie van zijn boek lezen we: 'On nous impose l'apartheid linguistique. Moi, qui suis domicilié à Bruxelles, et qui parle quatre langues modernes, je suis obligé de déclarer une appartenance linguistique unique! Les listes électorales, pour le fédéral et la région, doivent être 'linguistiquement pures'! Je dois choisir entre un réseau d'enseignement francophone ou un réseau d'enseignement néerlandophone. Mon club sportif ne sera subsidié que s'il est linguistiquement pur! (p.37) ... Ainsi le conservatoire de musique – et Dieu sait pourtant si la musique représente bien un langage universel par excellence – a été scindé.' (p.97) Uitgegeven door 'La longue vue', Brussel, 2000.

9 Men moet jurist zijn om de door de nationalisten geboekte

successen te ontwaren. Er zijn in België voor de gewone man en buitenlandse journalisten geen gewelddadigheden te zien. Op 18 juli 2002 was de TV-uitzending *Kwesties* gewijd aan Hugo Schiltz, die in het parlement verklaarde dat de slag om Vlaanderen in het Staatsblad was uitgevochten, wat volgens hem een goede zaak was omdat er zo geen bloed was gevloeid.

MARKANT SUCCES VOOR NATIONALISTEN

10 Stefan Zweig vertelt in zijn mémoires *Die Welt von Gestern, Erinnerungen eines Europäers* hoe hij samen met Romain Rolland poogde vooraanstaande auteurs uit Duitsland en Frankrijk ertoe te bewegen samen een vredesoproep de wereld in te sturen. Hij stootte op de onwil en excuses van Gerhart Hauptmann, Walther Rathenau, Thomas Mann, Rainer Maria Rilke, Richard Dehmel, Hugo von Hofmannsthal, Jakob Wassermann. Allen hadden de ene na de andere partijgekozen voor Duitsland. Romain Rolland, auteur van *Au-dessus de la mêlée (Boven het krijgsgewoel),* had evenmin succes bij Franse denkers en auteurs. 'So war von deutscher Seite nicht viel zu hoffen, und Rolland erging es in Frankreich kaum besser.' Rolland werd door zijn beste vrienden tegengewerkt. In een brochure tegen Rolland stond te lezen: 'Ce qu'on donne pendant la guerre à l'humanité est volé à la patrie.' Fischer Taschenbuch Verlag, Frankfurt am Main, november 2000, p.276-279.

VERBREIDING VAN CRITERIA – POLITIEKE ACTIE

1 Dat vandaag de tijd van het algemene ideologische discours in Vlaanderen, in België en in heel Europa voorbij is zal niet worden ontkend. Door socialisten, christen-democraten, liberalen en zelfs groenen wordt niet meer gepronkt met een samenhangend gedachtegoed. Voor groenen is dit verwonderlijk omdat zij met een totaal nieuwe visie op de samenleving en de rijkdom van mens en natie voor de dag komen. Van de ware originaliteit en de samenhang van hun ideologie zijn vele groenen zich niet

bewust. (zie *De groene idee en de rijkdom van mens en natie)* Alle partijen doen zich pragmatisch voor en verbergen delen van hun al dan niet gehavende basisideologie achter concrete voorstellen. Ook zij die beweren de ideologieën af te zweren hanteren waarden, meestal niet de meest progressieve.

EEN EERSTE INDELING VAN DE POLITIEKE BEWEGINGEN

2 Eugen Lemberg had het reeds in 1964 over de uitwisselbaarheid van de criteria voor de vorming van grote mensengroepen. Na de dynastische en religieuze gingen de linguïstische domineren. 'Die Merkmale, nach denen sich grosse Gruppen zu mehr oder minder bewussten und aktionsfähigen politischen Verbänden organisieren, sind austauschbar. Sie wechseln mit der Epoche und der Gesellschaft.' (Nationalismus II, p.50 op. cit.) Lemberg schrijft over 'Glaubensgemeinschaften', over de 'dynastisch-territorialen Nationsbegriff' en de 'philologischen Nationsbegriff', die elkaar verdringen in de loop der tijden.

EEN DEFINITIE VAN NATIONALISME

3 Dit voorstel van definitie daterend van 1964 werd in 1996 geplaatst tegenover andere omschrijvingen o.a. van L.H.M. Wessels, Rudolf Boehm, Marc Reynebeau, Frans De Wachter, Hans Kohn, Ernest Gellner, Ernst B. Haas. Zie verder in dit boek *Definities van nationalisme vergelijken* van 5 maart 1996.

4 De manier waarop hier nationalisme als vorm van politieke bedrijvigheid geplaatst wordt tegenover andere politieke gedachtestromingen is wellicht voor herziening vatbaar. Preciseringen zijn zeker gewenst.

DEFINITIES VAN NATIONALISME VERGELIJKEN

5 Dit en de twee volgende hoofdstukken· stammen voor een deel uit een uitvoerige bijdrage tot een Belgisch-Brits seminarie over het thema *Reflections on two multicultural societies,* georganiseerd door de Britisch Council en het

Centre d'Etude de l'Ethnicité et des Migrations de l'Université de Liège, te Brussel, 29-31 januari 1996. Deze bijdrage verscheen onder de titel 'Is nationalism an undefinable phenomenon?' in het maandblad *The federalist debate,* Via Schina 1, 10144 Torino, februari 1996. Een versie in het Frans werd onder de titel 'Le nationalisme, obstacle au fédéralisme: une définition' opgenomen in Régionalisme, fédéralisme, écologisme – Un hommage à Denis de Rougemont, Presses interuniversitaires européennes, ed. Mark Dubrulle, Bruxelles, 1997.

6 Veranderende Grenzen, Nationalisme in Europa, 1815-1919, p.16, Uitgeverij Sun, Nijmegen 1992.

7 *EcoGroen* nr 4, mei 1994, p.23-25, Blekersdijk 14, 9000 Gent.

8 Uitgeverij Van Halewijck, Leuven, 1995.

ENKELE BEKENDE BEGRIPSOMSCHRIJVINGEN

9 'Der Nationalismus ist in erster Linie und vor allen Dingen eine Geisteshaltung, eine Bewusstheit, die seit der französischen Revolution in steigendem Masse Allgemeingut der Menschheit geworden ist. Im geistigen Leben der Menschen herrschen gleichermassen ein Ichbewusstsein und ein Gruppenbewusstsein. (p.17) ... Nationalitäten entstehen nur, wenn Gemeinschaftsgruppen durch bestimmte gegenständliche Merkmale von einander abgesondert werden. Im Allgemeine verfügen Nationalitäten über mehrere derartige Merkmale, aber nur wenige über alle. Die häufigsten sind: gemeinsame Abstammung, Sprache, Landschaft, politisches Wesen, Sitten, Traditionen und Religion.' (p.20) *Die Idee des Nationalismus,* S. Fischer Verlag, Frankfurt am Main, 1962.

10 What is nationalism?' in International Organisation 40.3, Summer 1986 (p.707-744).

11 Hugo Schiltz in *De Standaard* van 4 maart 1996 antwoordend op de vraag: 'Blokkeren de Franstaligen een crisisplan omdat ze vrezen er te veel bij in te schieten?' 'Ik begrijp die vrees wel, maar dat maakt mijn zaak niet uit. Een Vlaamse politicus is in de eerste plaats verantwoordelijk voor het algemeen welzijn in Vlaanderen.' Van deze

mening week Patrick Dewael enigszins af in zijn dialoog met Jean-Claude Van Cauwenberghe in *De Morgen* van 14-15 september 2002: 'Er bestaan in België geen federale partijen meer. En dat is vrij uniek in de wereld. Daardoor is de verleiding veel groter om stoere verklaringen af te leggen, om een externe vijand te zoeken waarmee je bij je eigen achterban kan scoren. Daar bezondigen zowel Vlaamse als Franstalige partijen zich al eens aan op hun congressen. Ik vind dat betreurenswaardig.'

NATIONALISME: STROOMOP- EN STROOMAFWAARTS

12 In *Het Klauwen van de Leeuw* (opus cit.) schrijft Marc Reynebeau: 'Van een eis tot het congruente samenvallen van de natie met een eigen staat, wat hier verderop als Vlaams-nationalisme wordt aangeduid, is de hele 19de eeuw door geen sprake' (p.119-120). Wel echter vanaf het begin van de 20ste eeuw, zoals te lezen staat in de memoires van F. Van Cauwelaert.

13 Het is immers niet omdat de onafhankelijkheid werd verworven dat de sociale, ecologische, economische interdependenties ophouden te bestaan. Het is omdat de volkeren in hun onafhankelijkheid toch van elkaar afhankelijk blijven dat nationalistische politiek zo desastreus kan zijn. Als binnen België en de EU de deel- en de lidstaten eigenmachtig kunnen beslissen over hun fiscale en sociale politiek kunnen zij elkaar schade berokkenen. Zonder interdependeties, was dit niet het geval.

14 Ook komt het voor dat binnen een staat of een deelstaat ijverig gepleit wordt voor het respecteren van minderheden en voor het vrijwaren van het multiculturele binnen de eigen grenzen, maar dat dit minder het geval is in een grensoverschrijdend perspectief. Zo zijn er in Vlaanderen voorstanders van een multicultureel Vlaanderen, niet echter van het behoud van het multiculturele België, contradictie waarover ze behoedzaam zwijgen. Zeg van een Marokkaan dat hij een parasiet is, en je bent een racist; zeg dat van een Waal en je bent een goed Vlaming.

15 Deze visie op de ontwikkelingsstadia werd later herzien. Door wetenschapsmensen, etnologen, sociologen, geschiedkundigen, geografen, denkers, auteurs, culturele leiders, wordt de mensheid ingedeeld in volkeren, naties, taalgroepen, geloofsgemeenschappen etnieën, dit wil zeggen in vakken. Zij die de vakken tegen elkaar in het harnas jagen worden dan de boosdoeners, de boze politici, zij die de vakken vormden in de geesten en de instellingen blijven eerbare figuren en gaan vrij uit. Hoe komt het dat onschuldige burgers, mannen, vrouwen en kinderen behorend tot een groep vijanden kunnen zijn die men mag discrimineren, vervolgen, bestoken met bommen? Dit kan slechts het resultaat zijn van een leerproces waarvoor niet alleen de oorlogstokers verantwoordelijk zijn. Wanneer een individu de agressie van een ander individu ondergaat is de reactie onmiddellijk en instinctief en is er geen leerproces nodig.

16 Ideeën betreffende politiek, politieke aansporing, invloed en macht, beïnvloeding van het gemeenschapsbeleid en van de gemeenschapsvorming, de rol van het politieke conflict, politieke integratie... werden uitgaande van publicaties van Amerikaanse en Europese 'political scientists' samengebracht en besproken in de inleidende hoofdstukken (p.8-123) van *Het Europese besluitvormings- en het Europese integratieproces.* Zie ook *De groene idee, het monetaire en de macht.*

BEGIN BIJ DE INDELING VAN DE SAMENLEVING?

17 Dit hoofdstuk stamt uit hetzelfde artikel als de hoofdstukken 'Definities van nationalisme vergelijken' tot 'Een delicate opdracht' en is te zien als een herziening van het vorige hoofdstuk.

18 Zo kon in België worden vastgesteld hoe de in de jaren 1962- 1963 vastgelegde taalgrens mettertijd meerdere functies ging cumuleren: hij werd een administratieve, een culturele, een universitaire, een partijpolitieke, een economische, een sociale, een fiscale en moet volgens sommigen een staatsgrens worden.

19 Dat het niet gemakkelijk is een nationale identiteit te omschrijven blijkt uit de brochure Vlaanderen-Europa 2002, herwerkte versie van de Vlaamse Regering, uitgegeven door het Ministerie van de Vlaamse Gemeenschap, Departement Leefmilieu en Infrastructuur, 184 pagina's, geen datum. Daarin lezen we zinnen als 'Vlaanderen zoekt nog steeds naar zijn eigen plaats, zijn eigenheid in het nieuwe België, in het nieuwe Europa' (p.7-8) 'De Vlaamse culturele identiteit is een geheel van kenmerken op basis van onze eigen geschiedenis en van een voortdurende confrontatie met andere culturen... Daarbij mogen we niet vergeten dat ons eigen verleden het beeld vertoont van een transitgebied en een doorstromingszone'... 'Eigenheid is geen statisch gegeven, maar een bewuste attitude die de dynamiek van de geschiedenis ondergaat'. p.83 In de hele brochure wordt ook geen enkele Vlaamse eigenschap aangehaald, wellicht uit vrees onmiddellijk geconfronteerd te worden met aanvechtingen.

GROEPSBEWUSTZIJN

20 Aan de zaak van de nationale (culturele) identiteit wordt verder in dit boek aandacht gewijd, o.a. in 'Hoe Vlaams zijn de Vlamingen?'. Wellicht mag worden gezegd dat velen niets of bijna niets weten te zeggen over hun nationale identiteit, maar wel weten wie ze niet heeft.

21 Zoals dit het geval is in Zwitserland.

22 Vandaag ook de profiteur of de parasiet genoemd.

DE POLITIEKE STADIA

23 Vooral wanneer deze gemeenschappelijkheden in het politieke discours aangewezen worden als redenen om tot gemeenschapsvorming over te gaan. Determinerend is het politieke discours. Als gemeenschappelijkheden niet opgenomen worden in het politieke discours zijn zij politiek betekenisloos. Er zijn gemeenschappelijke kenmerken die gemakkelijk waarneembaar zijn en waarnaar de politicus bij voorkeur verwijst. Hij zal eerder zeggen dat de mensen met elkaar moeten solidair zijn omdat ze bin-

nen dezelfde natuurlijke of taalkundige grenzen leven, dan dat ze dit moeten zijn omdat ze dezelfde vrijheids- en gelijkheidsidealen huldigen.

24 Hier ligt het verschil tussen de in dit boek voorgestelde definitie van nationalisme en deze van Ernest Gellner en Ernst B. Haas. Zie hierboven 'Definities van nationalisme vergelijken'.

25 Eigen aard, eigen taal, eigen mentaliteit, eigen identiteit, eigen wetten, eigen regering, eigen sociale zekerheid, eigen legermacht, enz... liggen zo verlokkend in elkaars verlengde.

26 Het lijkt dat dat het doel is van de Vlaamse politieke wereld en van de Vlaamse media. In Vlaanderen gebeurt de staatshervorming langs wegen van geleidelijkheid. De burgers worden niet overrompeld, niet verontrust. De hervormingen volgen elkaar geruisloos op. Zie hiervoor 'Als een luie rivier'.

27 Natiestaten worden soeverein eigenaar van bodemschatten, petroleumbronnen, watervoorraden... ongeacht de groei van de wereldbevolking en de enorme schaarste in andere landen. Dit laat ze toe zich schaamteloos te verrijken en zich te onttrekken aan elke solidariteitsplicht. Ze zijn niet alleen bezitters van goederen, ze beschikken ook eenzijdig over de vervoerwegen: infrastructuurwerken, wegen, tunnels, bruggen, spoorweglijnen, kanalen...

28 In dit verband wordt gedacht aan de financiële middelen die de Vlaamse regering ter beschikking stelt van de sportverenigingen die zich terugtrekken uit de Belgische nationale sportfederaties.

29 Dat alle Belgische partijen sinds de publicatie van *Belgen op de tweesprong* in 1964 deze dialectiek ondergaan hebben zal wel duidelijk zijn.

30 Dat dit het geval was voor een paar Vlaamse politici zal niet worden geloochend.

31 Vooral te vermelden is het indrukwekkende boek van Emery Reves, *Anatomy of peace,* Elsevier, Amsterdam-New York, 1947.

32 Dat in de lente van 2002 ongeveer deze taal gesproken werd door vooraanstaanden van de partij SPIRIT is niet te loochenen.

33 Dit is politiek-nationaal reductionisme. De waarde van een mens is die van zijn nationaliteit, vooral in oorlogstijd. Dit is te vergelijken met het klassiek-economisch reductionisme. De waarde van goederen en diensten wordt herleid tot hun ruilwaarde uitgedrukt in geld. (zie: *De groene idee, het monetaire en de macht)*

34 In zijn werken poogt Johann Gottfried Herder aan te tonen dat de natie ontstaat uit de taal en dat de taal voortkomt uit de natuur. Het zijn volgens hem de klanken van de natuur die de mens helpen in de bezinningsact waaruit het woord ontstaat. 'die ganz vieltönige, göttliche Natur ist Sprachlehrerin und Muse'... 'der Mensch erfand sich selbst Sprache aus Tönen lebender Natur!'. Elders schrijft hij: '... nun wird die Sprache schon Stamm!' De verscheidenheid van de talen vindt volgens Herder, die opmerkte dat het menselijke geslacht eigenlijk slechts één alfabet kent, zijn verklaring in 'gegenseitiger Familien- und Nationalhass'. Dit concretiseert zich sinds de oorlog in de relaties tussen Kroatisch, Bosnisch en Servisch. O.a. de Kroatische overheid poogt een ander woordgebruik op te leggen, één waardoor de Kroaten zich onderscheiden van de andere volkeren die Servo-Kroatisch spreken. Zie in verband met de ideeën van Herder uitvoerige citaten in *De groene idee, Mens en Natie,* p.59-80.

DE EXCESSEN

35 Voor de Duitse filosoof Johann Gottlieb Fichte kon de edele mens zijn eeuwigheidsstreven bevredigen door zich te identificeren met de onvergankelijke natie. 'Der Glaube des edlen Menschen an die ewige Fortdauer seiner Wirksamkeit auch auf dieser Erde gründet sich demnach auf die Hoffnung der ewigen Fortdauer des Volks, aus dem er selber sich entwickelt hat, und der Eigentümlichkeit desselben nach jenem verborgenen Gesetze, ohne Einmischung und Verderbung durch irgendein Fremdes und in das Ganze dieser Gesetzgebung nicht Gehöriges. Diese Eigentümlichkeit ist das Ewige, dem er die Ewigkeit sei-

ner selbst und seines Fortwirkens anvertraut, die ewige Ordnung der Dinge, in der er sein Ewiges legt; ihre Fortdauer muss er wollen denn sie allein ist ihm das entbindende Mittel, wodurch die kurze Spanne seines Lebens hienieden zu fortdauerndem Leben hienieden ausgedehnt wird. (Geciteerd in *Mens en Natie,* p.94) Deze tekst stamt uit de achtste *Rede an die deutsche Nation* van 1808. *Die Reden an die deutsche Nation* was onder het nazi-regime verplichte schoollectuur.

36 De idee dat de delen slechts bestaan door het geheel vinden we bij Othmar Spann, auteur van *Gesellschaftslehre* eerste uitgave 1914. Deze invloedrijke Oostenrijkse socioloog-filosoof wordt beschouwd als inspirator van de fascistische stroming in Europa. Uit zijn boek wordt uitvoerig geciteerd in *Mens en Natie,* p.99-114.

37 Denken we maar aan de Duitse filosoof Johann Gottlieb Fichte die in zijn Reden an die deutsche Nation, 14 lezingen uitgesproken in 1807 en 1808, stelde dat alleen het Duitse volk een oervolk was en dat alleen het Duits, weliswaar evenals het Grieks van Demosthenes, een levende taal was. Volgens Fichte waren neo-Latijnse talen geen oorspronkelijke levende talen omdat ze hun wortels hadden in een dode taal, het Latijn. Het Duits was volgens Fichte een natuurgebonden levende taal die de Duitser toeliet buitenlanders beter te verstaan dan deze zichzelf. De buitenlanders daarentegen kunnen alleen maar mits grote inspanningen het Duits verstaan, en dan nog kunnen zij de Duitser en het echt Duitse niet doorgronden en vertalen. In *Mens en natie* wordt een hoofdstuk gewijd aan genoemde toespraken van Fichte (p.81-98).

38 In België is de compartimentering aan de gang, zowel in de geesten als in de instellingen. Verwezen mag worden naar de talrijke splitsingen op taalbasis, zoals o.a. wordt beschreven in het boek van Alain Maskens *Monoflamands et Monowallons* op.cit.

PRO EN CONTRA I

39 De uitdrukkinggen 'bestrijder van het nationalisme' en 'anti-nationalist' moeten worden begrepen als 'hij die kri-

tisch staat tegen over het nationalisme'. In de aan de universiteit gevoerde discussies ging het er vaak heftig aan toe. Het milderen van de nog in 1964 gebruikte benamingen is ingegeven door de wetenschap dat sommige nationalismen, vooral de defensieve van geminoriseerde bevolkingsgroepen, begrijpelijk en aanvaardbaar zijn. Of Vlaanderen nog langer kan worden beschouwd als geminoriseerd, is zeer de vraag. Op welke gebieden is het Vlaamse landsgedeelte niet de meerdere van het Franstalige? Verwonderlijk is wel dat het Vlaamse nationalisme zich radikaler opstelt nu het steeds minder redenen heeft om dit te doen. Het is de Vlamingen nog nooit zo goed gegaan en toch stellen hun leiders steeds meer nationalistische eisen.

40 Zulke zinnen vindt men in de strooibiljetten van het Vlaams Blok over Vlaamse onafhankelijkheid.

41 In het jaar 2002 pleitte de voorzitter van de CD&V, Stefaan De Clerck, vaak voor 'Verbondenheid'. Eens vroeg men hem of dit ook gold tegenover de Walen. Hij vond dit zichtbaar een vervelende vraag.

42 Er dient te worden nagegaan of er in de Evangelies één enkele zin voorkomt die een steunpunt kan vormen voor het nationalistische denken en voor nationaal of regionaal egoïsme. Denken we maar aan het verhaal van de barmhartige Samaritaan, aan de leerlingen die de gave ontvingen meerdere talen te spreken. De boodschap van Jezus Christus was universalistisch. Hij wilde geen nationalistisch leider zijn.

43 Deze visie vinden we ook bij Jean-Jacques Rousseau in een ander geschrift dan *Du contrat social ou Principes du Droit Politique*. In *Discours sur l'économie politique*, verschenen 7 jaar voor *Le contrat social* vergelijkt Rousseau de staat met een menselijk lichaam: 'De soevereine macht is het hoofd; de wetten en de gewoonten zijn de hersenen..., de handel, de nijverheid en de landbouw zijn de mond en de maag...; de openbare financiën zijn het bloed dat door een wijs economisch beleid, dat de hartfunctie vervult, teruggestuwd wordt om doorheen heel het lichaam voedsel en leven te verdelen; de burgers vormen het lichaam en de ledematen; zij doen de machine leven

en werken... Le corps politique est donc aussi un être moral qui a une volonté,...' Zie het hoofdstuk gewijd aan de ideeën van Jean-Jacques Rousseau in *Mens en natie*, p.49-58.

44 Als commentatoren het op de Franse radio (France-culture) in lange uitzendingen hebben over Bach, Mozart of Nietzsche dan zijn dat geen kunstenaars van een vreemd land maar dat zijn dat hun Bach, hun Mozart en zelfs hun Nietzsche.

45 In dit verband mag worden verwezen naar de culturele ambassadeurs van Vlaanderen die elk jaar door de Vlaamse regering worden aangesteld.

DEMOCRATISCH SAMENLEVEN

46 Hoezeer deze de democratie schaden en hoe zij leiden tot de dictatuur van de diplomatieke beslissing wordt op andere plaatsen in dit boek beschreven.

47 Deze tendens bestaat in de confederale relatie tussen de Gewesten in België. Dit bleek begin 2001. De gewestregeringen verklaarden zich bereid samen te werken o.a. in het vlak van de Buitenlandse Handel en samen onder de leiding van de Prins Philip handelsmissies te organiseren. De bereidheid hield echter ook in dat elke Gewestregering kon weigeren deel te nemen en zich kon verzetten tegen de deelname van de Prins. Ook kon elke regering eenzijdig beslissen over haar participatie in de financiering van gemeenschappelijke initiatieven. De bereidheid tot samenwerking tussen autonome machten houdt in dat samenwerking kan worden geweigerd. Dat de mogelijkheid van eenzijdige weigering in tal van samenwerkingsverbanden binnen de confederale staat aanwezig is wordt door weinigen gezien als een bedreiging voor de goede gang van zaken. Zie ook in dit verband de resultaten van een enquête door B Plus o.l.v. Olivier de Clippele bij 5000 bedrijven betreffende de regionalisering van de Belgische Dienst voor Buitenlandse Handel.

48 Dit zou kunnen worden gezegd over de hereniging van de twee Duitslanden, die zich sinds 1945 uit elkaar geleefd hadden.

49 Wie wil er alleen thuis thuis zijn?

50 Hij is dit omdat de economische en financiële machten niet nalaten multinationale en meertalige beslissingscentra op te richten en de politieke logica vereist dat tegenover deze machten bovennationale meertalige democratische tegenmachten geplaatst worden. In België vervangen democratische politici systematisch tweetalige instellingen door eentalige en noemen zich progressief.

51 Wie nog steeds vindt dat België, de Franstaligen in België, en Europa bedreigingen vormen voor het Nederlands in België en voor de 'Vlaamse cultuur' moet het volgende bedenken. Er was een tijd dat Vlaanderen geen scholen, geen universiteiten, geen gerechtsinstellingen had. Desondanks kon het zich weren, een bloeiend cultuurleven ontwikkelen en glorierijk aan de verfransing weerstaan. Als Vlaanderen, nu het over al deze intrumenten, en nog meer, wel beschikt, zich toch zou laten overspoelen, is het zijn eigen schuld, geeft het blijk van een zwak cultureel weerstandsvermogen en moet het de gevolgen maar dragen.

NATIONALISME EN DEMOCRATIE

52 Op de problematiek 'nationalisme versus democratie' wordt dieper ingegaan in het hoofdstuk 'Democratie en basisdemocratie' uit *Groen is de helling* p.71-100, en hierna in het hoofdstuk 'Democratische en diplomatieke besluitvorming'. De centrale idee is dat nationalisme leidt tot de vorming van onafhankelijke staten en hun voortbestaan wettigt. Het is echter niet omdat staten over het zelfbeschikkingsrecht beschikken of omdat deelstaten in semi-confederale stelsels (zoals België) in grote mate autonoom zijn dat de economische, juridische, ecologische en andere interdependenties tussen deze entiteiten en hun burgers ophouden te bestaan. Deze interdependenties doen problemen rijzen en deze moeten worden opgelost. Dit gebeurt dan niet meer door middel van democratische maar door middel van diplomatieke besluitvormingsme-

thoden (verdragen, Europese richtlijnen, protocollen, samenwerkingsakkoorden met kracht van wet...) waarop de verkozenen geen of een zeer geringe greep hebben. Ook kunnen de diplomatieke beslissingsorganen door de verkozenen niet bedreigd en ten val gebracht worden.

53 Het gesprek kan wel slaan op de manier waarop bestaande democratische en sociale banden worden verbroken en op de manier waarop bevoegdheden en middelen worden verdeeld. De nationalist gelooft wel in het nut van het gesprek op het diplomatieke vlak tussen vertegenwoordigers van uitvoerende organen, nationale of regionale regeringen, maar niet in het democratische debat tussen burgers binnen meertalige partijen, vakbonden, parlementen, ministeries... Tegen meertalige discussies binnen multinationale economische beslissingscentra heeft de nationalist normaal geen bezwaar.

54 Door de federalisering of confederalisering (federalisme zonder normenhiërarchie) werd een toenemend aantal probleemgebieden niet meer behandeld in het Belgisch tweetalig parlement, maar alleen nog in de parlementen van de gewesten en de gemeenschappen. Deze soort opsplitsing op taalbasis kon worden begrepen als zouden, bijvoorbeeld inzake milieubeleid, de Franstaligen zo onbekwaam en zo onbetrouwbaar zijn dat voor Vlamingen van hen in de besprekingen nooit een goede idee te verwachten was, en omgekeerd. Iemand noemde dit institutioneel racisme. De ideeën en leden van de andere taalgroep zijn minderwaardig en onbruikbaar. Dit is een ondemocratische houding. In het Europees Parlement denkt men anders over de ideeën van anderstaligen.

55 Een socialist kan hopen van alle aardbewoners min of meer goede socialisten te maken. Een Slowaak kan niet hopen van alle mensen ooit eens goede Slowaken worden.

DEMOCRATISCHE VERSUS DIPLOMATIEKE BESLUITVORMING

56 Verschenen in *Samenleving en Politiek*, jg. 2 / 1995 nr 1. Verscheen ingekort onder de titel 'Democratic decisions versus diplomatic decisions' in *The federalist debate* van juli 2000.

57 Dit werd bevestigd door Eerste Minister Jean-Luc Dehaene in antwoord in de Senaat op een interpellatie van de auteur van dit boek op 31 maart 1995: 'Uiteraard kunnen de wetgevende vergaderingen die het samenwerkingsakkoord dienen goed te keuren het akkoord omwille van zijn conventioneel karakter niet wijzigen.' De integrale tekst van de interpellatie werd gepubliceerd in het *Tijdschrift voor Bestuurswetenschappen en Publiekrecht*, december 1995, p.722-727.

58 De verkozenen kunnen ook niets ondernemen indien een samenwerkingsakkoord geen voldoening schenkt of niet nageleefd wordt. In zijn antwoord op de hierboven aangehaalde interpellatie verklaarde de heer Jean-Luc Dehaene: 'Een samenwerkingsakkoord lijkt dus niet te kunnen ontstaan uit een parlementair initiatief daar een samenwerkingsakkoord geen wet, decreet of ordonnantie is en de parlementsleden geen enkele hoedanigheid hebben om de staat, de gemeenschappen en de gewesten te vertegenwoordigen. Ze kunnen wel door middel van moties en resoluties de uitvoerende macht uitnodigen onderhandelingen aan te vatten over een samenwerkingsakkoord.' Uit deze laatste zin blijkt in welke mate de macht van de verkozenen wordt beperkt. Men weet wat de betekenis is van een parlementaire motie of resolutie.

DEMOCRATISCHE VERSUS DIPLOMATIEKE RELATIE

59 zie ook: *Groen is de helling*, hoofdstuk 'Democratie en basisdemocratie', p.71-100.

60 Wel kan men de vraag stellen of wat tot op heden bereikt werd op het niveau van de EU had gekund zonder deze dictatuur die de parlementen en de publieke opinie voor voldongen feiten plaatst. Had men er beter aan gedaan de burgers te laten stemmen over de invoering van de Euro en over de uitbreiding met Oost-Europese lidstaten?

61 Het is moeilijker communicatieproblemen te overwinnen naarmate men te doen heeft met kleinere transnationale organisaties. Zo zal een Duitser veel vlugger vernemen wat er verklaard wordt door de Franse president dan een Italiaanse vakbondsleider wat men denkt in de D.G.B.

(Deutsche Gewerkschaftsbund). De verklaringen van president Chirac komen in de kranten en op TV. Die van vakbondsleiders komen in gespecialiseerde bladen die door zeer weinig mensen worden gecontroleerd. In kleine organisaties kan men om financiële of andere redenen vlug beslissen een tekst niet te vertalen, niet te publiceren. Een democratische relatie kan dan ook maar groeien uit een menigvuldigheid van intense communicaties op alle niveaus en niet alleen op de hoogste.

62 Men mag terecht spreken van een verschraling en een verkilling van het politiek-ideologische leven in Europa en België. Het gedachtegoed van de meeste partijen vervaagt; politici gaan er prat op pragmatisch te denken en niet ideologisch; belangrijke probleemgebieden, die ideologisch zouden moeten worden benaderd, worden onttrokken aan de parlementaire democratie. In dit perspectief is het niet verwonderlijk dat parlementsleden vlot overstappen van de ene partij naar de andere, dat personages zonder ideologische bagage uit de sport- en mediawereld verkiesbare plaatsen toegewezen krijgen en dat politici meer en meer aan TV-spelletjes deelnemen en op hun amusementswaarde worden getaxeerd.

63 Kritak, Leuven 1994.

64 Door een parlementaire actie kan tegen een samenwerkingsakkoord niets worden ondernomen buiten het richten van oproepen tot de uitvoerende macht. Een samenwerkingsakkoord kan wel worden aangevochten door particulieren en rechtspersonen die bewijzen schade te hebben geleden. Ook een VZW kan volgens Prof. Paul Martens, lid van het Arbitragehof, optreden in rechten ter behartiging van een algemeen belang als ze kan verwijzen naar doelstellingen vastgelegd in haar statuten.

65 *De samenwerking tussen de federale Staat, de Gemeenschappen en de Gewesten.* Roger Moerenhout, Jan Smets; Kluwer Rechtswetenschappen 1994.

66 Zie ook verslag van de studiedag georganiseerd door de VZW B Plus in samenwerking met de heer Karl-Heinz Lambertz, Minister van de Duitstalige Gemeenschap, en de Ambassade van Canada over het thema *De burger dichter bij het beleid van de gemeenschap.* Deze studiedag

vond plaats te Eupen op zaterdag 29 januari 1999. Het integrale verslag verscheen in het oktobernummer 1999 van het *Tijdschrift voor Bestuurswetenschappen & Publiekrecht.* Het bevat de teksten van de uiteenzettingen van Karl-Heinz Lambertz, Yves Kreins, Conseiller d'Etat, Roger Moerenhout, Referendaris bij het Arbitragehof, Amaryllis Verhoeven, Instituut voor Europees Recht van de KUL, Prof. Dr. Gérald Beauduin, Sénateur et Professeur émérite de l'Université d'Ottawa, Dr. Horst Risse, secretaris van de Duitse Bondsraad, alsook een samenvatting van de discussies door Ludo Dierickx, voorzitter van B Plus.

PRO EN CONTRA II

67 Wel wordt gezegd dat het gewenst is trots te zijn op zijn nationaliteit. Zo ontstond binnen Duitsland in het begin van 2001 een discussie op politiek niveau over het begrip 'Nationalstolz'. Sommigen vonden het ongepast openlijk te verklaren dat men trots was Duitser te zijn.

68 Tegen wispelturigheden in het vlak van de monetaire politiek werd gereageerd door de verwezenlijking van de Europese Muntunie. Op de sociale dimensie van de muntunie heb ik gewezen in 'Niet ontwaarde dimensies van de muntunie' *(De Standaard* en *De Morgen* van 16 mei 1998) De bloeiende economieën, vooral van Noord-Europa, zorgen ervoor dat pensioenen en andere uitkeringen in zwakkere regio's uitbetaald worden in een stevige munt en niet in zwakke munten.

69 Zie *Rapporto sull' Europa,* Edizione di Comunità - Milano 1965. Medewerking aan een onderzoek betreffende de pressiegroepen in de Eurosfeer onder leiding van Altiero Spinelli.

NIET SOCIAAL, NIET CHRISTELIJK, NIET LIBERAAL, NIET ECOLOGISCH

70 Het zou wenselijk zijn na te gaan hoe de ideeën evolueerden binnen de twee Belgische socialistische partijen, vooral in verband met de federalisering van het land. Verwezen kan worden naar het debat dat binnen de SP in alle open-

heid in 1998 gevoerd werd tussen Norbert De Batselier, auteur van het boek *In goede staat,* en Freddy Willockx, die zoals zijn tegenvoeter met een persconferentie en een lijvig document reageerde. Zie bespreking *In goede staat* in *Samenleving en politiek* jan. 1998. In 2002 werd door N. De Batselier, voorzitter van het Vlaams Parlement, voorgesteld een Vlaamse grondwet op te stellen. De meningsverschillen binnen de SP leidden niet tot sancties.

71 Elders in dit boek schrijf ik dat geen enkele zin uit het Evangelie de keuze van de CD&V in 2002 voor nationalisme en confederalisme rechtvaardigt. Eén zin kan aanzetten tot herziening: 'Geef aan de keizer wat de keizer toekomt.' Hij duidt op de noodzaak de machthebbers te erkennen en nationalisme heeft vaak te maken met machtsvorming, ook in België. In de confederalisering gaat het in essentie om meer macht voor nieuwe machtscentra.

72 Het internationalisme leeft nog steeds in de sociaal-democratische bewegingen, vooral aan de basis. Socialisten nemen deel aan vredesbetogingen, optochten tegen kernbewapening, betogingen van antiglobalisten. De participatie aan dergelijke manifestaties stoort niet, wordt niet opgemerkt. De hereniging van de Belgische socialisten in één federale partij zou internationaal meer indruk maken en voor vrede en samenwerking meer betekenis hebben dan alle betogingen en vredestentoonstellingen.

73 In de Europese Unie zijn er liberale conservatieve krachten die menen dat binnen de Unie niet alleen de bedrijven maar ook de lidstaten met elkaar moeten kunnen concurreren o.a. met sociale en fiscale maatregelen. Ze weren zich tegen pogingen tot fiscale harmonisatie o.a. inzake roerende voorheffing en maken gebruik van het vetorecht. Ook in België zijn ze voorstander van fiscale autonomie voor de gewesten. Ze gaan Europees en in België met nationalisten hand in hand. Op 2 juli 2002 zei Karel De Gucht aan een delegatie van B Plus dat de VLD niet zou toetreden tot een volgende federale regering als de Franstalige partijen niet eerst de eisen uit het *Vlaams Manifest* van Dewael hadden aanvaard.

74 Zie ook opiniestuk 'De splitsing van de gezondheidszorg verbreekt de solidariteit' verder in dit boek.

75 Cf. de Wet op ter handhaving van 's lands concurrentievermogen die de Federale Regering buitengewone volmachten verleent.

76 Deze thematiek wordt uitvoerig behandeld in *De groene idee, mens en natie.*

77 Hetzelfde kan worden gezegd over het hoofdstuk 'Flanders wings' uit het boek *Curieuze gedachten,* Houtekiet 2002, van Jos Geysels.

NATIONALISME EN CONSERVATISME

78 Wel moet gezegd dat elk fascisme stoelt op volksnationalisme, dat fascisme zonder nationalisme en meertalig fascisme m.i. nergens bestaan.

79 Dit is dus niet waar. Bij het lezen van de werken van Johann Gottlieb Herder stelt men vast dat deze auteur ook worstelt met het nationalisme. Hij heeft het over de eenheid van het menselijke geslacht (dat slechts één alfabet heeft) en over de nationale waandenkbeelden. '... ze worden bezongen door de dichters, door de filosofen toegelicht, door de volksmond verkondigd. Wie niet meewaant is een idioot, een vijand, een ketter, een buitenstaander...' uit 'über Wahn und Wahnsinn der Menschen und Völker'. Zie *Mens en Natie,* p.72.

80 Op het einde van de twintigste eeuw ontstaan in vele landen extreem rechtse nationalistische partijen die zich o.a. tegen de EU keren. Deze partijen zijn oppositiepartijen maar geen nieuwe partijen. De groene partijen zijn wel nieuwe partijen, maar van 2000 af geen oppositiepartijen meer. Ze zijn ideologisch de ware oppositiepartijen maar lieten zich deze rol door de nationalisten ontfutselen.

81 Dit was in bijna alle lidstaten het geval toen het erop aankwam de Maastrichtnormen te bereiken met het oog op de toetreding tot de Europese Muntunie.

82 Hoe meer bevoegdheden overgeheveld worden naar bovennationale democratische, diplomatieke en semi-diplomatieke beslissingsorganen, hoe minder discussiepunten en beslissingsmogelijkheden er overblijven voor nationale en regionale politieke beslissers. De EU streeft naar liberalisering. Dit wil zeggen: minder discussiestof tussen libe-

ralen en socialisten op nationaal niveau. Dit leidt mee tot de vervaging van de partijpolitieke grenzen en tot een verschraling en verkilling van het politieke leven voor de burgers.

IS NATIONALISME ONONTBEERLIJK?

83 De rijkdom van het democratische federalisme (niet van het federalisme dat nationalismen dient en institutionaliseert) ligt in de mogelijkheid voortdurend te discussiëren niet alleen over de inhoud van de te treffen beslissingen maar ook over het niveau waarop ze het best getroffen worden.

84 In zijn werk over de eerste wereldoorlog *Die letzten Tage der Menschheit* laat Karl Kraus een officier zijn manschappen voor de aanval aanblaffen met de woorden, 'Mensch willst du ewig leben?'

85 Vaak wordt gezegd dat de tendens de staatsstructuren steeds meer te decentraliseren, nationale taken te deconcentreren, aan ondergeschikte bestuursorganen uitgebreide bevoegdheden toe te kennen en staten op te splitsen zijn verklaring vindt in het toenemend aantal jonge ambitieuze mensen dat in de bestaande nationale gezagsstructuren niet meer aan de bak komt en uitwegen zoekt.

HET SUCCES VAN HET NATIONALISTISCHE DENKEN

86 De rol van Machiavelli werd kort belicht in voetnota 4 van deel 1.

87 Ook in België wordt de verbondenheid van de burgers en de bedrijven met de Gewesten en hun regeringen tastbaar. Vlaamse bedrijfsleiders deinzen ervoor terug te laten blijken dat zij voor Belgischgezinde verenigingen sympathieën hebben en deze financieel steunen. Zij laten weten dat zij op heel wat gebieden van de Vlaamse regering afhankelijk zijn en liever geen risico's willen lopen. Bedrijfsleiders zijn zich van hun maatschappelijke verantwoordelijkheid niet bewust. Al te gemakkelijk verschuilen ze zich achter de idee dat het bedrijfsleven met politiek niets te maken mag hebben en laten toe dat bestaande sociale solidariteits-

banden tussen Vlamingen en Walen worden verbroken.

88 Dat ook in Vlaanderen minder nationalistische verbale en andere inspanningen zullen worden geleverd eens de onafhankelijkheid is bereikt, ligt voor de hand.

89 Het belangrijkste resultaat is – en dit werd niet belicht – dat er macht kan worden uitgeoefend. Wanneer het nationale belang, de grootheid van de natie, de onafhankelijkheid van de land, de integriteit van zijn territorium algemeen erkende waarden zijn kunnen politici en alle politiek bedrijvige mensen succesvol hun aansporingshefbomen op die waarden plaatsen om de burgers te bewegen dingen te doen en te laten. Als de waarden voldoende diep ingeworteld zijn moet zelfs geen dwang worden uitgeoefend. Dit geldt natuurlijk ook voor andere waarden (criteria) dan deze voorgehouden door nationalisten. Zie ook het hoofdstuk 'Wat is politieke macht?' in *Het Europese besluitvormingsproces...*, p.71-84 en *De groene idee, het monetaire en de macht.*

90 Mensen willen bestaan, niet alleen in hun eigen ogen, maar ook in de ogen van anderen. Is dit typisch menselijk?

91 Volgens Prof. Rudolf Boehm, RUG, is de mens meer gedreven door narcisme dan door egoïsme. Hij verwijst naar Adam Smith. 'What are the advantages which we propose by that great purpose of human life we call bettering our condition? To be observed, to be attended, to be taken notice of with which we can propose to derive from it.' *A theory of moral sentiments* I, III, 2,1.

92 Dit hoofdstukje is overgenomen uit *De groene idee, mens en natie,* p.123.

93 Denken maar aan de veralgemenende verdachtmakingen en beschuldigingen die geuit werden tegenover andere naties en hun burgers in conflictsituaties en bij andere gelegenheden. Wat werd er niet allemaal openlijk verklaard door journalisten, publicisten en politici met betrekking tot de Duitsers, de Britten, de Fransen, de Italianen, de Serviërs, de Bosnische moslims, de Hutu's en de Tutsi's voor en tijdens de slachtpartijen en ook in vredestijd. Ook door Waalse en Vlaamse leiders werden dingen gezegd over de leden van de andere taalgemeenschap die ze zich niet zouden permitteren uit te spreken met betrekking tot de

Turkse of Marokkaanse inwijkelingen. Op goede vrijdag 13 april 2001 vierde het Vlaams Economisch Verbond zijn 75 jarig bestaan. Door Voorzitter Prof. J. Roos werd verklaard dat Vlaanderen zijn eigen weg moest gaan en werd de relatie tussen Vlaanderen en Wallonië vergeleken met deze tussen West-Duitsland en de D.D.R.

94 Door hun driest optreden lukken extreme nationalisten er soms in zich voor te doen als de enige oppositiepartij en de kiezers voor de keuze te stellen: alle anderen of wij. Als de kiezer de indruk krijgt dat de politieke voetbalmatch slechts tussen twee ploegen wordt gespeeld is dit voor een nationalistische partij als het Vlaams Blok strategisch een groot voordeel. Alle ontevredenen hebben dan maar één keuzemogelijkheid. Het opkomen van nationalistische anti-Europese partijen in meerdere lidstaten van de EU en in België zou de universalistische politieke partijen ertoe moeten aanzetten zich te bezinnen over een strategie. Ze zouden zich over de staats- en taalgrenzen heen stevige structuren moeten geven en (opnieuw) optreden als nationale en Europese partijen. Daardoor kunnen ze de nationalisten schaakmat zetten. Die kunnen hier niet volgen. Ze moeten er ook aan denken andere conflicten te organiseren dan deze met de nationalisten om de aandacht van hen af te wenden.

95 Bij gebrek aan koude en warme oorlogen zijn er nog de sportwedstrijden waarin het volk zijn nationale gevoelens kan uitleven. Het is niet voor niets dat Vlaams Minister Johan Sauwens er geld voor over had om de nationale voetbalbond ertoe te bewegen zich op te splitsen in een Vlaamse en Franstalige federatie.

96 Naast het succes van het nationalisme als geheel van politieke aansporingen is er het succes van het nationalistische conflict. Boeit het conflict tussen nationalismen meer mensen, langduriger en intenser dan andere conflicten? Voor dit reflectiethema zie verder 'het succes van nationaliteitenconflicten'.

97 'Wer auf Stein bauen will, muss sich der Gewalt und der Begierden bedienen. Dann wird der Mensch plötzlich eindeutig, berechenbar, fest,... Mit der Güte kannst du nicht rechnen. Mit den schlechten Eigenschaften kannst

du rechnen. Gott ist wunderbar, mein Kind, er hat uns die schlechten Eigenschaften gegeben, damit wir zu einer Ordnung kommen.' uit *Der Mann ohne Eigenschaften* van Robert Musil, Adolf Frisé, Rowohlt, Reinbek bei Hamburg, 1999, p.1624. In de *Broeders Karamasow* laat Fjodor Dostojewski de Grootinquisiteur zeggen: 'en ze zullen ons beminnen als kinderen omdat we hun de toelating geven te zondigen... en ze zullen ons vergoddelijken en vereren als weldoeners omdat we de verantwoordelijkheid voor hun zonden op ons nemen', dtv Weltliteratur, Dünndruck-Ausgabe, München, 1983, p.349. Dit is een verklaring voor de macht van misdadige despoten.

HET SUCCES VAN HET NATIONALITEITENCONFLICT

98 Dit hoofdstuk stamt uit *De groene idee, mens en natie.*

99 o.a. de volgende werken werden geconsulteerd: Lewis A. Coser, *The functions of social conflict,* Routledge & Kegan Paul Ltd., London, 1965; Georg Simmel, *Conflict and the web of group-affiliations,* The Free Press, Glencoe, lllinois, 1955; Kenneth E. Boulding, *Conflict and Defense,* Harper & Row, The University Library, New York, 1962; Anatol Rapoport, Fights, games and debates, The University of Michigan Press, Ann Arbor, 1960; Ralf Dahrendorf, Class and class conflict in an industrial society, Routledge & Kegan Paul Ltd., London.

100 'Les minortés ethniques et religieuses tendent à polariser contre elles les majorités. Il y a la un critère de sélection victimaire relatif, certes, à chaque société mais transculturel dans son principe. Il n'y a guère de société qui ne soumettent leurs minorités, tous leurs groupes mal intégrés ou même simplement distincts, à certaines formes de discrimination sinon de persécution.' (p.28-29)
'Lorsque les infirmités ou les difformités sont réelles, elles tendent a polariser les esprits 'primitifs' contre les individus qui en sont affligés. Parallèlement, lorsqu'un groupe humain a pris l'habitude de choisir ses victimes dans une certaine catégorie sociale, ethnique, religieuse, il tend a lui attribuer les infirmités ou les difformités qui renforceraient la polarisation victimaire si elles étaient réelles.' (p.29-30)

'A la limite ce sont toutes les qualités extrèmes qui attirent, de temps à autre, les foudres collectives, pas seulement les extrèmes de la richesse et de la pauvreté, mais également ceux du succès et de l'échec, de la beauté et de la laideur, du vice et de la vertu, du pouvoir de séduire et du pouvoir de déplaire;... Très régulièrement les foules se retournent contre ceux qui ont d'abord exercé sur elles une emprise exceptionelle.' (p.30-31) René Girard, *Le bouc émissaire,* Ed. Grasset et Fasquelle, 1982.

101 'Or il est impossible de juger de l'égalité soit physique, soit morale autrement que par l'apparence, d'où il résulte que le citoyen qui ne veut pas être persécuté, s'il n'est pas fait comme les autres, ou pire, doit employer toute son étude pour le paraître. S'il a beaucoup de talent, il doit le cacher; s'il est ambitieux, il doit faire semblant de mépriser les honneurs; s'il veut obtenir, il ne doit rien demander; s'il a une jolie figure, il doit la négliger: il doit se tenir mal, se mettre encore plus mal, sa parure ne doit rien avoir de recherché, il doit tourner en ridicule tout ce qui est étranger; faire mal la révérence, ne pas se piquer d'une grande politesse, ne pas faire grand cas des beaux-arts, cacher son goût s'il l'a fin; ne pas tenir un cuisinier étranger; il doit porter une perruque mal peignée, et être un peu malpropre. M. Dolfin Bucinforo n'ayant aucune de ces qualités ne pouvait donc pas faire fortune dans Venise sa patrie.' Jacques Casanova de Seingalt, Robert Lafont, Parijs, 1993, p.273.

102 'La France a besoin de l'opulence de la Pologne et de la Moscovie, comme la Guyenne a besoin de la Bretagne, et la Bretagne de l'Anjou. L'Europe est un Etat composé de plusieurs provinces.' *Montesquieu par lui-même,* Jean Starobinski, Ed. du Seuil, Parijs, 1953, p.150-151.

103 Nooit werden berekeningen gemaakt betreffende geldstromen van Wallonië naar de Vlaamse horecasector aan de kust en naar de zeehavens die alle in Vlaanderen liggen. Heeft Vlaanderen belang bij een verarming van zijn naaste buur en bij een industrialisering en betonnering van de Ardennen?

104 Ligt hier niet de reden waarom vetes tussen volksgemeenschappen langduriger zijn dan andere? Men kan minder

gelovig, minder sociaalvoelend, minder liberaal, minder ecologisch worden, niet minder Slowaak.

105 Dit is dus een reden om in de conflictsituatie tussen Vlaanderen en Franstalig België omzichtig te zijn en gewelddadige uitspattingen te voorkomen.

106 Droemersche Verlaganstalt, Th. Knaur Nachf., München, 1967, p.230.

DE TAAL

107 Deze zin uit 1964 wordt herzien. Uit het taalgebruik wordt dikwijls de nationaliteit afgeleid en die is vaak behept met vooroordelen.

108 Dat de taal reeds in de 16 de en 17de eeuw een rol heeft gespeeld bij de afbakening van machtsgebieden blijkt uit een artikel van André Belmans van 21 januari 1999 getiteld: 'De oorsprong van het taalgebonden nationalisme.' Belmans citeert Hendrik IV die in 1601 de vertegenwoordigers van een pas aangehecht deel van Savoy toespreekt: 'Il estoit raisonable que puisque vous parlés naturellement françois vous fussiés subjects à un roy de France. Je veux bien que la langue espagnole demeure à l'espagnol, l'allemande à l'allemand, mais toute la françoise doit être à moy.'

109 Toen Altiero Spinelli ter voorbereiding van de Campagne voor het Congres van het Europese Volk (vrije symbolische verkiezingen o.a. te Antwerpen in 1957 en 1961) voor een Antwerps publiek het woord nam begon hij zijn toespraak als volgt: 'Vous voudrez entendre le néerlandais, moi, je voudrais parler italien, alors massacrons ensemble le français.'

110 Het gaat hier om een plicht van de intellectuelen en de burgerij, een plicht die de welstellenden in Vlaanderen lange tijd verzuimden door dialect of Frans te spreken. Hoe kan een taal zich in brede volkskringen verrijken en ontwikkelen als bepaalde klassen zich van het volk verwijderen niet alleen door welstandsniveau en omgangsvormen maar ook door het spreken van een andere taal?

111 In Zambië met zijn zeventig talen wordt in het parlement Engels gesproken.

112 Zonder ook maar in het minste te willen pleiten voor de reductie van het aantal talen, toch even de volgende overweging in verband met 'de rijkdom die voortvloeit uit de grote taalverscheidenheid'. De mogelijkheid aan verscheidenheid, variatie en creativiteit binnen één literaire taal is oneindig. De mogelijkheid tot variatie en creativiteit binnen meerdere talen is evenzeer oneindig.

113 Zouden morgen alle Amerikanen Chinees verstaan en alle Chinezen Engels dan is dit nog geen garantie voor het behoud van de wereldvrede. In Joegoslavië spraken alle mensen, behalve de Slovenen, dezelfde taal. Vaak worden door politici naïeve voorstellen geformuleerd: 'elkaar beter leren kennen', zeggen ze dan. In België pogen sommigen de evoluties te verklaren door het feit dat Vlamingen en Franstaligen elkaar niet meer kennen. Net alsof dit belang heeft. Het elkaar kennen is geen middel tegen meningsverscheidenheid.

114 Hier verwijs ik naar het door mij samen met Ecolo-Kamerlid Brisart ingediende wetsvoorstel 'betreffende de communicatieloyaliteit en de taalhoffelijkheid vereist voor de uitoefening van bepaalde politieke mandaten bij ondergeschikte besturen in de Brusselse agglomeratie en in de gemeenten met een bijzondere taalregeling'. Kamer van Volksvertegenwoordigers, 24 juli 1986, doc. 580 nr 1, 2 en 3. Opnieuw ingediend door Mieke Vogels en Henri Simons van Ecolo op 4 maart 1988.

115 Moet het tegengewicht tegen de multinationale economische en diplomatieke machts- en beslissingscentra worden gevormd door taalhomogene parlementen, politieke partijen, vakbonden, pressiegroepen, bewegingen, gerechtsinstanties?

116 Politieke en culturele leiders zien in de idee van de wereldtaal een bedreiging voor het voortbestaan van de andere talen. Deze vrees is ongewettigd. Bestaat er in de wereld één culturele hoofdstad die dominanter is en beschikt over meer uitstralingsmogelijkheden dan Wenen? Desondanks worden de dialecten in Oostenrijk gecultiveerd en onderhouden en slaagt Wenen er helemaal niet in het Weens of het Hoogduits op te dringen aan de andere Länder. Wanneer het bijna onmogelijk is dialecten terug te dringen zal het zeker niet lukken nationale talen uit te roeien.

117 Nu reeds worden wetenschappelijke werken bij voorkeur in het Engels gepubliceerd.

118 Dit hoofdstuk stamt uit de basistekst voor de *Denkdag* van B Plus op 23 maart 2002, Mortsel.

DEMOCRATISCH FEDERALISME

119 Sommigen doen alsof ze het warme water hebben uitgevonden en vergeten beroemde voorlopers, zoals Erasmus (Querela pacis), Charles. I.C. Abbé de Saint Pierre (Projet pour rendre la paix perpétuelle en Europe 1711), Immanuel Kant (Zum ewigen Frieden 1795) en anderen.

120 Dat het aantal drukkingsgroepen rond de Europese instellingen toeneemt (er wordt reeds sinds een paar jaar gestreefd naar een reglementering van de bedrijvigheid van de 'lobbyisten') bewijst dat de Europese beslissingsorganen door de economische wereld ernstig worden genomen. Zie *Rapporto sull'Europa*, op.cit.

121 In de periode 1957-1962 organiseerde de Europese Federalistische Beweging o.l.v. Altiero Spinelli, Raymond Rifflet, Alexandre Marc en vele anderen, vrije Europese verkiezingen in meerdere Europese steden o.a. in Antwerpen, Mons, Oostende en Sint-Joost-ten-Node. Deze campagne kende vooral succes in Italië. De kiezers (de kiesburelen bevonden zich op de openbare weg) stuurden afgevaardigden naar het Congres van het Europese Volk. Dit congres streefde naar het laten goedkeuren van een Europese federale grondwet. De actie kende een hoogtepunt te Antwerpen in oktober 1961: 56000 personen brachten een stem uit op kandidaten en lieten hun identiteitskaart afschrijven.

122 Denis de Rougemont heeft het over regio's die hij omschrijft als 'des espaces de participation civique'. 'Le besoin de participation civique peut suffire à lui seul, en l'absence de "problèmes" ethniques et de "défis" économiques, à susciter des projets régionaux sans précédents historiques, tournés vers un avenir où l'homme pourra de nouveau faire entendre sa voix, agir en citoyen libre et responsable dans une communauté à mesure humaine.' *Rapport au Peuple européen sur l'état de l'union de l'Europe,* 1979, Stock, Groupe Cadmos, 1979, p.118.

123 De Vlaamse zorgverzekering waarvan in Brussel alleen de Vlamingen kunnen genieten zou in dit licht kunnen worden gezien. In *De Morgen* van 26 april 2001 in het artikel 'Zorgverzekering helpt ook jonge zorgbehoevenden' stond te lezen: 'Brusselaars kunnen vrijwillig instappen als ze zich inschrijven in een zorgkas en een tijd bijdragen betalen. Wel is er een probleem met het beperkte aanbod van Vlaamse zorg in de hoofdstad. De meeste instellingen zijn Frans of tweetalig, beide zijn niet toegelaten. Minister Vogels stelt dat Vlaamse Brusselaars net als iedereen een beroep kunnen doen op mantelzorg.' (DDW)

124 In België doet zich het merkwaardige feit voor dat de soevereiniteitsidee, die in het internationale verkeer toch meer en meer beschouwd wordt als een hinderpaal in de samenwerking tussen staten, door de Belgische grondwet en de Bijzondere Wet niet beknot, maar gegarandeerd wordt. Inderdaad België heeft geen volwaardig grondwettelijk hof, kent geen normenhiërarchie en heeft geen instanties die belangenconflicten tussen de deelgebieden daadwerkelijk beslechten of de niet-naleving van de federale loyaliteit kunnen sanctioneren. België heeft alleen een Arbitragehof vooral bevoegd voor de beslechting van bevoegdheidsconflicten.

TE RADE BIJ SADE

1 Inleiding van Antoine Adam tot *Opuscules, Historiettes, Contes et Fabiaux, Oeuvres complètes,* Tome quatorzième, à Paris au Cercle du Livre Précieux, 1963.

2 'De tout temps, l'homme a trouvé du plaisir à verser le sang de ses semblables, et, pour se contenter, tantôt il a déguisé cette passion sous le voile de la justice, tantôt sous celui de la religion. Mais le fond, le but, était, il n'en faut pas douter, l'étonnant plaisir qu'il rencontrait.'

3 En de Sade voegt eraan toe: '... on consent même à s'unir aux autres, à faire cabale pour écraser l'individu dont le grand tort est de ne pas penser comme le commun des mortels.'

TOELICHTING

In het Eerste Deel worden recente evoluties in Europa en België bekeken. Uit de waarnemingen blijkt hoe omvangrijk en rijk aan invalshoeken het probleemgebied is. Talloze vragen moeten worden gesteld. In het hoofdstukje 'Een dubbele waarschuwing' wordt gewezen op de wenselijkheid de problemen multidisciplinair aan te pakken.

Met de bedoeling de benadering eerlijk en overzichtelijk voor te stellen grijp ik in het tweede deel terug naar een aantal hoofdstukken uit *Belgen op de tweesprong* uit 1964. Deze hoofdstukken werden uitgedund maar inhoudelijk niet gewijzigd. De schrijfstijl werd lichtelijk opgefrist maar bleef in essentie bewaard. Deze hoofdstukken worden aangevuld en becommentarieerd in voetnota's en sommige tussen haakjes geplaatste zinnen. De hierna vermelde hoofdstukjes werden aan de teksten van 1964 toegevoegd. Ze werden alle geschreven na 1988.

In het hoofdstukje volgend op 'Een dubbele waarschuwing' werden enkele reacties, gepubliceerd bij het verschijnen van *Belgen op de tweesprong,* opgenomen.

Het hoofdstukje 'Waarden en macht' werd ingevoegd na 'Waarderings- en keuzecriteria'.

De in 'Een definitie van nationalisme' voorgestelde omschrijving van politiek nationalisme wordt kritisch bekeken en vergeleken met omschrijvingen en definities uit latere publicaties oa. van Ernest Gellner en Ernst B. Haas. Dit gebeurt in de ingevoegde hoofdstukjes: 'Definities van nationalisme vergelijken', 'Enkele bekende begripsomschrijvingen', 'Nationalisme stroomop- en stroomafwaarts', 'Een delicate opdracht'.

Het hoofdstukje 'Wetenschap en romantisme' wordt kritisch bekeken in het ingevoegde 'Begin bij de indeling van de samenleving?'.

Het hoofdstukje 'De excessen' werd aangevuld met 'Bij ons' en 'Het nationalistische reductionisme'.

In 'Democratisch samenleven' werd een derde paragraaf betreffende bijkomstige overeenstemmingen ingelast.

Aan 'Democratische eerbied voor de medemens' werden zeven hoofdstukjes toegevoegd: 'Democratische versus diplomatieke besluitvorming', 'Wetten of samenwerkingsakkoorden?', 'Dictatuur van de diplomatieke besluitvorming', 'Democratische versus diplomatieke relatie', 'Gevaren van diplomatie voor democratie', 'Van bevel naar overleg, zegt Luc Huyse' en 'Overleg in België'.

Aan 'Niet sociaal, niet christelijk, niet liberaal, niet ecologisch' werden enkele paragrafen betreffende de groene beweging toegevoegd.

In het hoofdstuk 'Het succes van het nationalistische denken' werd na 'Verspreide aanwezigheid van de criteria', 'Hoge duurzaamheid van de criteria' ingevoegd.

Het hele hoofdstuk 'Het succes van het nationaliteitenconflict' werd overgenomen uit *De groene idee, mens en natie* van 1989.

Aan het hoofdstuk 'De taal' werden de hoofdstukjes 'Taal en staatsvorming bij Gellner en Anderson', 'Niet op te heffen verschillen', en 'Woordgebruik: een voorbeeld' toegevoegd.

In 'Soorten relaties tussen staten' werden de 2de, 4de, 5de, 6de en 9de alinea ingevoegd.

Aan 'Strategieën en het begrip deelstaat' werden drie alinea's toegevoegd.

'Niet ten dienste van de nationalismen' werd met drie alinea's vervolledigd.

Het derde deel van het boek omvat vier artikelen en een boekbespreking.

REGISTER

INHOUD

Derde deel
Artikelen 199